시간을 빼앗긴 여자들

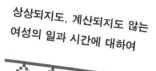

상상되지도, 계산되지도 않는
여성의 일과 시간에 대하여

시간을
빼앗긴 여자들

갈라파고스

[TIME OVER
06:59]

나의 엄마 김여숙씨에게, 사랑을 담아

추천의 글

노동시간 단축은 장시간 노동이라는 한국 노동자들의 현실을 바꾼 노동운동의 승리로 간주된다. 저자는 새롭고 흥미로운 관점으로 이 승리가 모든 노동자에게 같은 의미를 갖지 않는다는 사실, 특히 재취업 중년여성들에게는 의미가 다르다는 사실을 드러냈다.

중년여성의 노동을 가정, 가족과의 관계 밖에서 조명하고 중년여성이 자신들의 노동과정을 어떻게 인식하며 문제시하는지를 질문하며, 그 결과 사회로의 복귀를 원하는 경력단절 중년여성 노동자들에게는 '사회성을 회복하게 하는 시간'이 임금만큼 중요했고, 노동시간 단축이 그 같은 '사회성'을 삭제하게 된다는 점을 밝혔다. 경력단절 중년여성의 노동을, 여성노동자들의 시민성을 이해하는 중요한 책으로 추천한다.

—김은실,『더 나은 논쟁을 할 권리』저자

이 책은 차이를 둘러싼 여성주의 이론과 한국 노동시장의 상호작용을 예리하게 포착한 모범적인 연구서이자 일상의 이야기이다.

여성의 차이, 여성 노동자의 차이 특히 연령을 둘러싼 차이는 나를 포함한 모든 여성들의 현실이다. 이 책은 이러한 차이를 만들어 내는 권력의 장소를 드러냄으로써 한국 페미니즘의 대중화가 정체성의 정치로 흐를 수 있는 취약성에 단호히 저항한다. 행간마다 가득 찬 연구자의 진정성과 학문적 열정은 여성주의 사상에서 왜 윤리와 연구 방법론이 그토록 중요한가를 새삼 각인시킨다.

—정희진, 『페미니즘의 도전』 저자

일러두기
- 구술 인용 등 본문 일부에 입말체를 살리기 위해 비표준어가 쓰였다.

들어가며 엄마의 일과 시간을 이해하기

여성학은 나에게 항상 엄마의 삶을, 나의 삶을 이해하는 언어였다. 어렸을 때부터 나는 엄마가 살아 내는 삶이 끝없이 이어지는 고통과 같다고 생각했다. 그래서 나라도 독립을 해야겠다고도 생각했다. 엄마의 어깨 위에 얹혀 있는 '나'라는 존재의 무거움을 덜기를 바랐다. 엄마는 중학교를 졸업하고 버스 안내양을 거쳐 '기술의 상징' 금성에서 일을 하다 결혼하여 아주 잠깐 전업주부의 삶을 살다가 쇼핑백을 접는 부업을 시작했다. 이후 옷 가게 점원, (노동 강도가 심하기 이루 말할 수 없다는) 함바집, 김밥집 아줌마를 거쳐 지금은 화장품 공장에서 화장품을 주입하고 포장한다. 엄마의 삶은 흔한 노동계층 중년여성의 삶 그 자체다.

엄마의 하루는 일로 시작해 일로 끝난다. 새벽 6시에 일어나 몸을 씻고, 간단한 요기를 하고, 옷을 갈아입는다. 7시에는 지하철에 몸을 싣고, 다시 통근 버스를 갈아타고 일터로 향한다. 일을 마치고 집에 돌아오면 저녁 7시(간혹 8시나 9시)가 훌쩍 넘는다. 하지만 엄마는 돈을 벌기 위해 다시 노동시장에 진입한 그때부터 지금까지 집에서도 일을 했다. 간혹 장을 봤고, 이틀에 한 번 꼴로 가족이 먹을 음식을 만들었다. 그런 생활이 힘들지 않느냐는 내 질문에, 엄마는 이렇게 답하곤 했다. "예전엔 철야도 했는데, 뭘."

엄마는 열일곱 살 무렵부터 공장에서 일을 했다. 열일곱 살 엄마와 막 고등학생이 됐어야 할 꽃다운 소녀들에게 철야는 일상이었다. 그녀들은 금요일 아침 집을 나가 다음 날 해가 뜰 때가 되어서야 집으로 돌아올 수 있었다. 나이 어린 소녀들이 그렇게 자기 몸을 갈아 넣어, 다섯 개의 별*을 빛나게 했다. 그때 엄마의 몸은 어떻게 견딜 수 있었을까? 젊었기 때문이었나? 그럼 지금 엄마의 몸은 어떻게 견디고 있을까? 하루 종일 서서 화장품을 충전하다 집에 와서도 여전히 앉지 못하고 서서 요리를 해야만 하는, 그래야만 한다고 생각하는 그 삶의 무게가 나는 너무 싫었다. 덜 벌고 덜 쓸 수는 없나? 그러나 엄마는 일평생을 그렇게 살았다. 내가 상상조차 못하는 삶을 그리 살아 내었다.**

* 지금은 합병되어 사라진 전자회사 금성의 로고에는 다섯 개의 별이 그려져 있다.

** 주부로 재현되는 중년여성의 노동을 드러내기 위해서 고된 생애를 강조하는 방식으로 글을 썼다. 하지만 그녀의 삶을 '착취'로만 점철된 피해의 서사로 재현하는 것과는 거리를 두고자 한다. 그녀들은 그렇게 일하던 와중에도 여행을 가고 동료들과 놀기도 하면서 젊음을 즐겼다. 그녀들의 에너지는 어디서 나왔을까?

과거 엄마에게 철야가 선택이 아니었던 것처럼, 여성을 주로 고용하는 사업장에서 노동자들은 자신의 시간을 통제할 수 없다. 그리고 지금도 엄마는 시간을 통제하지 못하는 삶을 산다. 누군가에게는 당연한 권리가 그녀에게는 사치인 것이다. 엄마가 다니는 회사는 공장 지대에 있다. 허허벌판에 공장뿐인 곳. 인적이 없어 가끔 사람들이 강아지를 유기하는 곳. 사람이 살지 않아 대중교통으로는 오갈 수 없고, 통근버스로 드나들 수밖에 없는 곳. 이런 현장에서 노동시간은 선택의 문제가 아니다. 회사가 두 시간 잔업을 공표하면 따를 수밖에 없다. 밖으로 나올 버스가 없으니까.

문재인 정부가 노동시간을 단축하겠다고 발표했을 때, 그에 발맞추어 대기업인 H그룹은 자사 노동자들의 근무시간을 주 40시간에서 주 35시간으로 줄이겠다고 선언했다. H그룹은 추가 고용도 임금 삭감도 없을 것이라 말했다. 임금 감소 없는 표준노동시간 단축. 연장 근무가 아닌 표준노동시간을 단축하는 회사로는 최초라 할 만했다. 그때 나는 그 노동자들의 생활이 어떻게 굴러가는지는 알지도 못한 채 책에서 읽은 것만을 생각하며 드디어 한국에도 이런 회사가 생기는구나 싶어 기뻐했다. 나는 퇴근을 하고 싶은데도 퇴근을 할 수 없어 울며 겨자 먹기로 잔업을 하는 엄마를 떠올렸다. 그에 비하면 H그룹의 B대형마트는 상황이 좋아 보였다. 나의 엄마는 가지지 못했으나 그녀들에게는 선사된 한 시간의 여유. 그 한 시간은 나의 엄마처럼 압축적인 시간을 살고 있을 그녀들의 생활을 어떻게 바꾸었을까? 매일같이 혹사를 당하고 있을 그녀들의 다리는 한 시간의 여유라는 선물을 받았을까? 그녀들의 삶은, 어떻게 달라졌을까?

그러나 나의 예상과 달리, B대형마트 노동자들은 노동시간 단축을 반대하고 있었다. 노동자들은 임금이 감소했다고 했다. H그룹은 임금 감소가 없을 것이라고 발표했는데, 노동자들은 임금이 감소했다고 주장했다. 노동시간이 한 시간이 줄어든 것은 아무 의미가 없다고도 했다. 임금을 줄이려는 '꼼수'라고도 했다. 이미 자녀들이 학교를 졸업하고, 취직을 하고, 독립을 했을 나이인 그녀들에게 아직도 한 시간치 임금이 그토록 중요한가? 우리 엄마는 지금도 억지로 한 시간 잔업*을 하는데, 다른 사람들에게는 '억지'가 아닌 걸까? 아직도 나는 나를 중심으로만 사고하나? 그래서 이런 궁금증을 품는 걸까? 이 책은 이런 질문에서 시작했다.

＊ 제조업 노동자들에게 연장노동은 남은 일을 마저 한다는 의미로 '잔업'이다. 제조업 노동자에게는 하루치 생산량이 정해져 있고, 이 생산량을 채우지 못할 경우 연장노동에 돌입하기 때문이다. 반면, 사무직 노동자들에게 연장노동은 '야근'인데, 아침에 출근하여 밤에 퇴근하는 일과로 인해 연장노동은 반드시 '밤'에 하는 일이기 때문이다.

엄마는 가끔 나에게 노동법에 대해 상담한다. 엄마의 질문은 언제나 똑같다. "이거 불법 아니야?" 그리고 나의 대답도 언제나 똑같다. "불법인데?" 처음 그런 이야기를 들었을 때, 불법을 저지르면서도 너무나 당연하게 아줌마들을 깔아뭉개는 말들을 죄책감 없이 하는 회사 간부들에게 분노했다. 불법적인 일을 자행하면서 윽박지르고, 협박하면서 합법인 양 뻔뻔하게 사기를 치는 그들의 태도에 격노했다. 하지만 이제는 그렇게 화를 내지는 않는다. 그런 일을 너무 자주 들어서, 그런 일이 너무 많아서, 그럼에도 불구하고 내가 할 수 있는 일이 별로 없어서, 익숙해져 가는 것이다.

중년 유자녀 여성이 일할 수 있는 대부분의 사업장에는 노동조합이 존재하지 않고, 대다수가 300인 미만 사업장이기에 노동법을 피해 간다. 누군가는 그런 곳에서 일하지 않으면 되지 않느냐고 반문할지도 모르겠다. 하지만 중년여성에게는 선택지가 존재하지 않는다. 다른 일자리로 옮겨 갈 수 없다. 그래서 이 여성들은 사업장에 불만을 이야기하지도 못하고, 회사 또한 이러한 그들의 사정을 너무나 잘 알고 있기 때문에 이를 무기로 폭력을 행사한다.

마트 캐셔와 같은 '블루칼라' 중년여성 노동자들은 늘 그러한 폭력에 노출되어 있다. 여성 집중 사업장 중에서도 중년여성 집중 사업장은 가장 폭력적인 환경에 놓여 있다. 급격한 산업화를 거치며 이 여성들은 노동권을 주장할 수조차 없었던, 시키는 대로 일할 수밖에 없었던 과거의 노동환경에 익숙해져 있고, 그래서 유순하고, 노동조합을 조직할 만큼 정치나 사회 문제에 관심을 두지 않고, 그래서 안전하다(고 여겨진다). 이 여성들은 돈을 벌어야만 하나 갈 곳이 마땅치 않고, 남성관리자에게 대들지도 못한다(고 여겨진다). 돈을 벌어야만 하는 여성들이지만, 생계부양자는 아니기에 높은 임금을 지급할 필요도 없다. 착취하기에 안성맞춤인 것이다.

그러나 내가 실제로 만나 본 그녀들은 편견과 달랐다. 그녀들은 누구보다 똑똑했다. 그들은 그들을 향한 세상의 시각을 모르는 것이 아니라, 그럼에도 불구하고 살아 내고 있을 뿐이었다. 이제 우리는 물어야 한다. 노동시장은 왜 중년여성을 그런 시선으로 바라보는지, 우리는 물어야 한다. 중년여성을 둘러싼 편견과 오해가 이들의 일과 일터를 넘어서 그들의 생활과 삶에 어떠한 영향을 미치는지 질문해야 한다. 노동자의 시각이 아닌, 여성노동자의 시각에서, 일평생 노동자로 살아가고 있음에도 불구하고 엄마이기 때문에 언제나 주변적인 노동자로 인식되는 이유를 묻고 답해야 한다.

따라서 이 책은 여성의 삶에서 출발한다. 이 책은 내가 4개월 남짓한 시간 동안 B대형마트에서 아르바이트로 일하면서 보고, 듣고, 경험했던 기록과 나와 함께 일했던 중년여성들의 말들로 구성되어 있다. 우리는 여성의 삶을 다양하게 상상하지 못한다. 여성들은 젊음을 경계로, 여성과 아줌마로 상상된다. 그렇다면 모든 여성들은 동일한 삶을 사는가? 그렇지 않다. 이들도 각기 다양한 삶을 산다. 우리가 모를 뿐이다. 이 글은 이러한 엄마를 둔 딸의 입장에서, 동일한 노동을 경험해 본 동료의 입장에서 중년여성들의 노동과 삶을 바라보고자 한다. 그리고 여성의 삶이라는 맥락 위에서 이 여성들이 노동 현장에서 어떻게 일을 하는지, 일이 끝난 후에는 무엇을 하는지, 이들은 어떻게 사회생활을 하고, 어떻게 취미생활을 하는지, 그리고 이 여성들이 우리에게 하고자했던 말은 무엇인지를 깊이 들여다볼 것이다.

3부로 나뉘어 있는 이 책 1부에서는 노동시간 단축과 '워라밸'이라는 이상을 '아줌마'들의 시간과 엇갈리게 만드는 한국의 노동시장을 조명한다. 이를 위해 우선 노동시간 단축이 '돈'으로 이야기될 수밖에 없는 한국의 특수한 임금 제도와 오래 일하는 문화에 각인되어 있는 남성중심적인 조직문화를 다룬다. 또한 '임금 감소 없는 노동시간 단축'이라는 H그룹과 B대형마트에서 시행하고 있는 표준노동시간 단축제도를 살펴본다. H그룹은 생산성을 증진시키는 방식으로 노동시간을 단축하고자 했는데, 이런 전략이 얼마나 유효했는지, 이 제도가 서로 다른 노동환경에서 일하는 노동자들의 삶을 어떻게 변화시켰는지 들여다본다.
2부에서는 본 연구의 대상이 되는 대형마트 캐셔 '아줌마'를 집중적으로 조명한다. 1장은 마트의 일자리가 어떻게 중년여성의 일자리로 고착화되었는지를 들여다본다. 중년여성의 일자리로서 대형마트 일자리가 최저임금 수준으로 유지되는 이유, 불규칙하고 예측할 수 없는 노동시간으로 운영되는 이유를 중년여성에 대한 왜곡된 사회적인 인식을 중심으로 규명한다. 이어지는 두 장에서는 중년여성 노동자의 일과 생활에 대해 다룬다. '일'을 말하는 2장에서는 중년여성 노동자들이 B대형마트에 입사하게 된 삶의 궤적에서 출발해 단순한 '용돈벌이' 이상인 이들의 일의 의미를 들어 본다. 3장에서는 아줌마들의 '생활'을 추적한다. 일을 하지 않는 시간에, 출근을 하지 않는 시간에 '정말 아무것도 하지 않는다'는 아줌마들의 말이 진실일지, 이 말이 갖는 의미는 무엇일지 고민해 본다.

마지막 3부는 내가 이 연구를 시작할 즈음 가졌던 의문 "왜 노동자들은 노동시간 단축을 반대하는가?"에 대한 나의 대답이다. 캐셔 일은 시간과 밀접한 관련을 지닌다. 그저 시간급으로 임금을 받기 때문이 아니라, 그들의 노동이 시간에 따라 쪼개지고 배치되고 있기 때문이다. 여기서는 캐셔 노동의 과정을 전반적으로 살피고, 노동시간 단축으로 인해 '사라진 한 시간'이 노동 현장 그리고 생활에서 어떻게 작용하는지 들여다볼 것이다. 이를 통해서 이들이 노동시간 단축을 반대한 진정한 이유를 찾아낼 것이다.

석사논문을 책으로 다시 쓰면서, 나는 재미있으면서도 어렵고 어려우면서도 쉬운 글을 쓰고자 노력했다. 그 어느 때보다 말에 대해서, 언어에 대해서 생각했다. 일부 상류층 여성을 제외하고 여성은 예로부터 '집 밖의 노동자'이면서 동시에 '집 안의 노동자'였지만, 여성이라는 이유로 '집 안의 노동자'로만 간주되었다. 사회보다는 가정이 그녀들의 공간으로 여겨졌다. 여성들을 집 안의 노동자로 상상하는 사회에서, 여성들은 자신의 경험을 설명할 말들을 찾지 못한다. 여성들이 자신의 경험을 설명하기 위해서는 말들의 의미를 바꾸고, 다시 위치시키면서 남성/여성으로 구분된 사회의 경계를 허물어야 한다. 그리고 그 과정에서 언어가 어려워진다. 하지만 나는 우리 엄마가 나의 글을 재미있게 읽어 주기를 바랐고, 그래서 쉽게 쓰고자 노력했다.

우선 이 책의 여러 곳에서 중년여성을 가리키는 말로 쓰인 "아줌마"라는 말에 대해서 짚어 두고 싶다. 아줌마라는 단어는 기존에 중년여성을 비하하는 언어로서 의미화되어 왔다. '아가씨'와 대척점에 있는 단어로서, 젊지 않고, (결혼을 이미 했기에) 성적 매력이 없고, 억척스럽고, 이기적인, 나이 든 여성을 뜻한다. 반면 남성에게 쓰이는 '아저씨'는 결혼의 유무와 상관없이, 성적 매력의 유무와 상관없이 통용된다. 이러한 쓰임은 여성을 단순히 성적인 대상으로 인식했기 때문이다. 그러나 아줌마가 정체성의 전부인, 스스로를 아줌마라 생각하고 있는 아줌마에게 '아줌마'는 그저 자신을 호명하는 단어에 지나지 않는다. 아줌마라는 말을 들으면 기분이 나쁘지 않냐는 나의 말에 엄마는 "그럼 나를 뭐라고 불러? 나는 아줌만데?"라고 대답했다. 아줌마라는 말 외에, 중년여성을 지칭하는 말이 존재하지 않는 것 또한 사실이다. 그래서 나는 전복적으로 이 말을 사용하기로 했고, 애정을 담아 그녀들을 아줌마로 호명했다.

이처럼 개념과 그 의미는 고정된 것이 아니라 끊임없이 만들어지고, 변화하고, 기존의 개념으로부터 강화된다. 운동하고 있는 것이다. 언어가 이 변화를 포착하기는 쉽지 않다. 학계에서는 '의미화', '여성화' 같이 단어 끝에 '화化'를 붙여 이 변화를 표현한다. 일상생활에서 자주 사용하지 않는 표현이기 때문에 그 의미가 정확하게 와닿지 않는 것도 사실이다. 그럼에도 불가피하다고 생각한 곳에서는 이런 표현을 사용했다. 의미가 구성되는 역동을 생각하며 읽어 주시기를 당부한다.

마지막으로 무언가를 '안다'는 것은 다른 사람에게 쉽게 설명할 수 있는 능력이라고 생각한다. 단순히 내가 '안다'는 사실에서 안주할 것이 아니라, 언제든 누구에게 그 의미를 전달할 수 있어야 '앎'에 의미가 있는 것이리라. 듣는 사람이 얼마나 배운 사람인지는 중요치 않다. 짧고 간결하지만 핵심이 담긴, 그래서 쉽고, 재미있는 문장을 쓰는 것은 전달하는 사람의 능력에 달려 있다. 만약 당신에게 이 글이 어렵게 느껴진다면, 그것은 어디까지나 나의 배움이 짧은 탓이니 당신 자신이 아닌 나를 비판해 주기를 바란다.

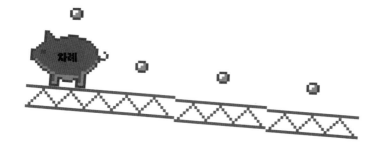

3부 계산대 앞에서 사라진 한 시간이 바꾼 것

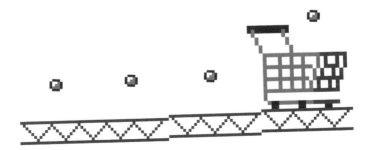

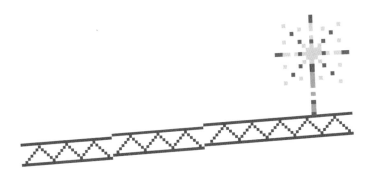

1부
계산대와 '워라밸' 사이에 선 여자들

1장   아줌마에게 '워라밸'은 필요 없다?
─노동시간 단축과 지워진 목소리들

2017년 문재인 정부는 법적으로 허용되는 노동시간을 단축했다. 그러나 정부의 단축안은 사실 연장노동시간을 단축하는 법안이었기 때문에 사업체들이 하루 8시간이라는 표준노동시간을 단축할 필요는 없었다. 정부는 연장노동시간을 단축한 후, 이에 맞추어 최저 시급을 단계적으로 인상하여, 2020년까지 1만 원을 달성하겠다고 발표했다. 그러자 B대형마트의 모기업인 H그룹은 빠르게 자사 노동자의 표준노동시간을 단축하겠다고 발표했고, 이에 따라 2018년 1월부터 H그룹 산하 노동자들의 노동시간은 하루 8시간에서 하루 7시간으로 한 시간 단축되었다. B대형마트 또한 자정까지였던 마트 영업시간을 23시*로 한 시간 단축하고, 추가 고용도, 임

---

* 월드컵이나 올림픽과 같은 국제 대회 기간이나 여름 휴가철과 같이 야간 매출이 높을 것으로 기대되는 기간의 경우에는 영업시간을 한 시간 연장하여 운영하기도 한다.

금 감소도 없는 노동시간 단축을 시행하겠다고 밝혔다.

사실상 노동시간 단축은 경영자 입장에서도, 노동자 입장에서도 '돈' 때문에 반대하는 정책이다. 노동시간이 단축되면 회사는 기존의 노동력으로는 동일한 양의 일을 할 수 없게 되어 노동자들을 추가로 고용해야 한다. 노동자들에게 추가적인 노동을 시키는 것보다, 새로운 노동자를 추가로 고용하는 게 '돈'이 많이 든다. 반면, 노동자들은 노동시간이 단축되면 기존에 받던 '돈'보다 적게 받을 수밖에 없어 노동시간 단축을 반대한다. 누군가는 돈을 더 쓰게 되어서 싫고, 누군가는 돈을 덜 벌게 되어서 싫은 것이다.

그런데 H그룹은 추가 고용도, 임금 감소도 없는 노동시간 단축을 발표했다. 국내에서는 처음 있는 일이었고, 획기적인 전환이었다. 그것도 한국의 내로라하는 대기업에서 드디어 장시간 노동이 효율적인 제도가 아님을 깨닫고, 이를 바꾸려고 한다니 놀라웠다. 여성노동 수업 학기말 과제를 위한 주제를 찾고 있던 나에게 이 사건은 하늘에서 뚝 떨어진 황금처럼 보였다. 자녀를 둔 여성이라면 돌봄의 필요 때문에 상시적으로 시간의 압박에 시달리고 있을 테고 B대형마트는 대표적인 중년여성 사업장이니, 노동자들은 두 팔 벌려 임금 감소 없는 노동시간 단축을 환영할 것이라 생각했다.

그러나 현실은 달랐다. 노동시간 단축이 결정된 2017년 12월경 발표된 기사에 따르면 B대형마트 노동조합*은 노동시간 단축에 반대하고 있었다. 문제는 '임금'이라 했다. H그룹은 분명히 "임금 감소가 없을 것"이라고 발표했지만 실제로는 임금이 감소할 것이라는 게 핵심적인 주장이었다. 캐셔와 같은 직군은 시간급으로 임금을 받기 때문에 당장 2018년에는 임금 감소가 없지만, 이후에 최저임금이 인상되면 지금처럼 8시간치 시간급을 기준으로 임금을 인상해 줄지 알 수 없다는 것이었다. 실제 노동시간 단축이 시행된 이후의 기사는 찾아볼 수 없었다.

그리고 운 좋게도 2018년 5월에 나는 B대형마트 노조 지부장과 조합원을 인터뷰할 수 있게 되었다. B대형마트의 노동시간 단축에 관심이 많은 것을 알고 있었던 지인을 통해 마트노조의 활동가를 소개받았기 때문에 가능한 일이었다. 당시 B대형마트 노조는 H그룹 백화점 본점이 위치한 명동에서 규탄 집회를 열고 있었기에 집회 현장에서 인터뷰를 하기로 했다. 노동시간 단축에 반대하는 이유에 대한 현장의 목소리를 들을 수 있는 기회였다. 집회 시간이 다가오자 오픈타임 근무를 마친 노동자들은 삼삼오오 백화점 앞으

---

* B대형마트에는 총 3개의 노동조합이 존재한다. 민주노총과 한국노총, 그리고 무소속 노조이다. 이 책에서 별다른 언급 없이 B대형마트 노동조합이라고 할 때에는 민주노총 소속 노동조합을 의미한다. 한국노총 소속 조합은 사무직 노동자들을 중심으로 조직이 되어 있어 유통업 노동자들을 대표하기 어렵고 회사 측에서 민주노총 소속 노동조합을 견제하고자 구성한 노동조합이기도 하다.

로 모여들었다. 인터뷰 참여자는 노조 측에서 연결해 주었다. 노동자들은 집회에 참석하는 대신 나와 함께 노동조합 측 차량에 앉아 인터뷰를 진행했다.

기대와 달리 인터뷰 이후에도 여전히 마트 노동자들의 입장을 명확히 이해하기 어려웠다. 나는 정보가 넘치고 넘친다는 인터넷에서 대형마트 캐셔에 대한 모든 것을 읽어 보고, 얻을 수 있는 모든 정보를 내 머릿속에 넣어 인터뷰에 임했지만 현실은 그와 달랐다. 그녀들이 말하는 마트는 너무나 복잡했다. 무엇보다 인터뷰에서 이들이 사용하는 업계 용어를 이해할 수 없었다. 사용하는 말들이 하나같이 생소해서 대화의 흐름을 깨지 않는 선에서 전부 물어보는 것도 불가능했다. 나는 첫 인터뷰에서 그녀들의 말을 절반도 알아듣지 못했다. "출근 세싱해서 옷 갈아입고 휴게실 올라가서 조금 앉을라고 하면 시간이 지나가서 금방 또 틸 찾으러 가야 한다니까요."

복잡한 업무 스케줄도 마찬가지였다. 교대제라는데, 내가 익히 알던 교대제와 달랐다. 내가 아는 교대제는 노동자들을 '조'로 나누어, 주 단위로 업무 스케줄을 바꾸는 형태였다. 그래서 주 단위로 출퇴근시간이 바뀌기는 하지만, 스케줄이 정해진 한 주 동안은 출퇴근시간이 동일했다. 주기적으로 순환되는 출퇴근시간도 몇 가지로 제한되어 있었다. 그러나 B대형마트 교대제에서는 근무시간대가 고정되어 있지 않은 것 같았다. 분명히 오전, 중간, 오후로 나뉘어 있다고 했는데도, 그 '조' 안에서도 사람마다 출근시간이 달랐다.* 게다가 노동자들은 언제 출근해야 하는지 미리 알 수 없다고 했다. 조를 배정해 정해진 시간에 번갈아 근무하는 게 교대제인데 어떻게 언제 출근하는지를 모를 수 있다는 말인가. 궁금한 점이 너무 많아 다 물을 수 없기도 했지만, 집에 돌아와 녹음본을 다시 들으며 글로 옮겨 보아도 답을 찾기 어려웠다. 게다가 처음 인터뷰로 나를 이끈 질문, '노동자들이 왜 노동시간 단축에 반대하는가'라는 물음에 대한 답을 찾을 수 없었다. 그래서 나는 직접 일을 해 보기로 결정했다.

이런 방법을 '참여관찰'이라고 한다. 대개 노동 연구에서는 노동자가 되어 직접 일을 해 보는 것을 의미한다. 이 연구 방법은 연구자가 단순히 관찰자가 아닌 노동자라는 당사자성을 가지고 연구를 할 수 있기 때문에 노동 현장의 문제점을 직접적으로 파악하고, 연구참여자와 가까운 거리에서 친밀한 관계(라포)를 형성하여 노동 현장의 문제 해결에 도움이 될 수 있다. 직접 일하지 않더라

∗ 노동자들이 '근무조'와 근무시간대를 동일한 언어로 표현하고 있어 이러한 혼동이 발생하였다. B대형마트에서 근무시간대는 3가지로 분류되나 실제 노동자들이 속한 '조'는 그보다 세분화되어 있다. 매일 근무시간이 변동되는 노동의 특성상 노동자들은 근무시간을 더 중요하게 생각하고 있어, 마감조, 오픈조와 같은 표현을 사용하나 이는 실제 '근무조'와는 차이가 있으므로, 본문에서는 이를 오픈타임, 마감타임, 중간타임으로 표기한다. 그러나 인터뷰의 경우에는 노동자들의 언어를 살리고자 마감조, 오픈조와 같은 용어를 수정 없이 적었다.

도 현장에 상주하면서 노동현장을 관찰하는 방법도 참여관찰에 해당한다. 그러나 이 경우 사업주의 동의가 있어야만 연구를 진행할수 있기 때문에 현실적으로 수행에 어려움이 있어 선호되는 방법이아니다.

내가 참여관찰을 선택한 이유는 크게 네 가지였다. 첫째, 나는 노동시간 단축에 대한 반대가 노동자들의 의견인지 노조의 의견인지 궁금했다. 첫 인터뷰 당시 노동자들은 노동조합이 제기하고있는 문제를 자신의 생각처럼 이야기했다. 인터뷰 자리에서 만나 인사를 나누고 처음 질문을 했을 때, 이들에게 들은 답은 노동시간이 단축된 이후 임금이 줄어들었고, 그래서 노동시간 단축이 싫다는 말이었다. 임금을 줄이려는 '꼼수'라고도 표현했다. 하지만 인터뷰를 지속하면서 노동시간 단축뿐 아니라 노동 현장이나 평소 생활에 대해서 묻자 인터뷰 초반과는 전혀 다른, 오히려 상반되는 이야기를 해 주었다. 임금이 줄어든 것은 감수할 수 있다는 것이다.

사실 처음에 노동자들은 나를 '기자'라고 생각했고 그래서내가 묻는 질문에 '조합원다운' 대답을 했다. 인터뷰가 마련되는 과정에서 잘못 전달된 것 같았다. 하지만 노동시간이 단축되고 나서어떤 점이 바뀌었는지, 일을 하지 않는 시간에는 무엇을 하면서 시간을 보내는지 같은, 기자들이 물어보지 않는 색다른 질문을 하자나를 신기하게 여겼다. 생각보다 긴 시간 동안 이야기를 나누면서,

내가 노동조합의 문제 제기에는 큰 관심을 두지 않고 오히려 그와 상관없어 보이는 노동자들의 경험을 질문하며 거기에 더 관심을 갖자 노동자들은 노동조합의 입장이 아닌 노동자로서 자신의 경험을 이야기하기 시작했다. 사실 한 시간의 임금보다는 한 시간의 휴식이 더 좋다고.

　　내가 참여관찰을 선택한 두 번째 이유가 여기에 있다. 노동조합이 문제를 인식하는 틀은 여성노동자들의 문제를 온전히 대변할 수 없다. 여성 활동가보다 남성 활동가가 다수인 노동조합은 남성간부를 중심으로 운영되고 있어 여성노동자들의 삶을 알지 못하고, 기존 노동운동계가 수호해 왔던 남성생계부양자와 가족임금이라는 인식틀을 기준으로 여성노동자의 상황을 파악한다.

　　그러나 여성노동자는 남성노동자와는 다른 삶을 산다. 회사 밖에서, 집에서 휴식을 취하는 것 외에 다른 일을 할 필요가 없는 남성노동자들에게 한 시간의 추가 노동은 사실 그리 중요하지 않을 수 있다. 집에서 노느니 한 시간이라도 더 돈을 벌고 싶을 수도 있다. 집은 그들에게 '휴식의 장소'이지 '노동의 장소'가 아니기 때문이다. 그러나 여성노동자들은 살림을 살아야 하기 때문에 가족을 위한 돌봄노동을 수행해야 한다. 따라서 일터에서 줄어든 한 시간이 그제야 주어진 '휴식의 시간'이 될 수 있다. 누군가에게는 '고작'인 시간이 이들에게는 '비로소' 다가갈 수 있는 시간인 것이다. 여기에서 인식의 차이가 발생한다.

　여성노동자들이 중요하게 여기는 문제는 '임금'보다는 '시간'이다. B대형마트는 여성노동자가 다수인 사업장임에도 불구하고 마트노조 해당 지부는 남성간부가 많다. 노동조합의 문제의식과 여성노동자들의 생각 차이는 노동조합의 남성중심적 구조와도 연관이 있다고 보인다.*

　참여관찰을 선택한 세 번째 이유는 힘든 노동도 힘들다고 의미화하지 않는 여성노동자의 화법에 있었다. 첫 인터뷰 당시 노동자들은 '힘들지만 재미있다', '그렇게 힘든 건 아니다'라는 말로 자신의 노동을 설명했지만, 이 말을 그대로 믿을 수는 없었다. 내가 초등학교 3학년일 때부터 나의 엄마는 이런저런 전일제 노동을 했는데, 일의 형태는 다 달라도 공통점이 하나 있었다. 하루 종일 서서 일해야 한다는 것이다. 엄마가 어디서 무슨 일을 하든 하루 종일 서 있는 일이었고, 그래서 늘 엄마의 다리는 퉁퉁 부어 있었다. 하지만 '내가 얼마나 힘들게 일하는지 아냐'고 불평하는 엄마의 말은 들은 적이 없었다. 엄마는 언제나 일에 대해 말할 때 '힘들기는 하지만 재미있다'거나 '힘들기는 하지만 할 만하다'고 했다. 그렇지만 하루 종일 서 있는 일이 어떻게 힘들지 않을 수 있겠는가.'

* 물론 여성간부라고 반드시 여성의 입장에서 문제를 바라볼 수 있는 것은 아니다. 이미 남성중심적인 환경이 고착화되어 있는 노동조합 내에서 여성 한 사람이 문제를 인식하고 변화시키기는 어렵기 때문이다.

내가 직접 일을 해 보기로 결정한 마지막 이유는 내가 인터뷰를 통해 알고 싶었던 것이 일의 결과가 아닌 과정이었기 때문이다. 나는 마트 '캐셔'인 이들이 하는 '일'의 특성과 그로 인해 노동 현장에서 겪는 세세한 내용들이 궁금했지만 인터뷰만으로 노동과정을 파악하기는 어려웠다. 마트노동의 경우 고객의 일방적인 '갑질'이 주로 문제시되어 왔고, 그래서인지 내게 노동자들은 감정노동의 어려움에 대해서 상세히 이야기해 주었다. 그렇지만 이들은 캐셔가 어떤 일을 하는지에 대해서 누군가에게 자세하게 말해 본 적이 없었고, 누구나 할 수 있는 일이라고 생각했기에 내가 그걸 도대체 왜 알고 싶어 하는지도 이해하지 못했다. 그래서 일터에서 무엇을 하냐고 물으면 과정에 대한 설명이 아닌 '계산을 한다'와 같은 추상적인 답을 하곤 했다. 왜 이 여성들이 노동시간 단축에 반대하는지 이해하기 위해서는 그 이상으로 일하는 과정에 대한 자세한 정보가 필요했다. 임금 감소가 노동시간 단축의 핵심적인 문제가 아니라면, 노동시간 단축이 이들의 일터를 어떻게, 그리고 얼마나 바꿔 놓은 것인지 알아야 했다.

이 답답함을 해소하기 위해 여러 번 시간을 가지고 노동자들을 만날 수 있다면 좋았겠지만, 그래서는 안 된다고 생각했다. 나의 엄마처럼 하루 종일 서서 일한 뒤, 집안일까지 도맡고 있는 이들의 달콤한 휴식 시간을 나의 이기심으로 빼앗고 싶지 않았다. 인터뷰를 한다 하더라도, 내가 일을 직접 해 보고 이 여성들이 하는 말들을 이해할 수 있게 된 이후에 이들의 노동에 공감하면서 삶을 들여다보는 대화를 나누고 싶었다. 그래서 나는 직접 캐셔가 되어 이들의 자리에 서 보기로 했다. 인터뷰에서 들었던 노동자들의 언어를 노동자에게 '묻기'보다는 직접 몸으로 부딪혀 가며 '경험하기'를 택한 것이다. 나는 직접 B대형마트에 이력서를 보냈다. 그리고 일을 시작했다.

아줌마의 자리에서 보다

대학을 졸업하고 가족으로부터 독립하여 나의 생계를 유지하기 위해 영어학원 데스크, 빙수집 매니저, 디저트 카페 스태프, 커피숍 바리스타 등 여러 가지 서비스직 알바를 전전한 나에게 대형마트 캐셔 일은 그다지 어려워 보이지 않았다. 그래서 별다른 결심 없이 자연스럽게 H그룹 채용 홈페이지를 통해 집에서 상대적으로 가까워 보이는 B대형마트 (가)지점과 (라)지점 두 곳에 바로 이력서를 냈다.

H그룹은 아르바이트를 포함한 모든 채용을 H그룹 채용 홈페이지를 통해서 하고 있었는데, 한 번 제출한 지원서는 수정하거나 삭제하는 것이 불가능했다. 당시 B대형마트는 중년여성 노동자를 주로 모집하는 캐셔와 같은 직무에서는 신규 채용을 하지 않고

있어 전일제 노동자로 채용되기는 어려웠다. 그래서 나는 주말에만 근무하는 주말 스태프 사원에 지원했다. 주말 스태프는 초단기간 계약직으로, 1년 미만으로 계약해 주말에만 근무하는 아르바이트였다.

약 3주라는 시간이 흐른 뒤에도 채용 연락이 오지 않아 초조해질 무렵, (가)지점 인사과 직원을 통해 면접 연락을 받았다. 며칠 후 간단한 면접을 거쳐 채용이 결정되었다. 면접에서는 당연히 여성학을 공부하는 대학원생이라고 밝히지 않았다. 이력서에도 적지 않았다. 대신에 철학을 전공하고 드라마 작가가 되기 위해서 학원에 다니고 있다고 말했다. 내가 지원한 직무에는 학력이 필요하지 않기 때문에 고학력을 꺼려서 오히려 채용에 불이익을 받거나, 채용이 되더라도 관리자가 다른 노동자들과 동일하게 대우하지 않고 차이를 둘지 모른다는 판단 때문이었다.

취업 준비생이라고 하는 편이 가장 그럴싸한 거짓말이기는 했지만 나는 실제 취업을 준비해 보지 않아 경험을 그럴듯하게 꾸며 낼 자신이 없었다. 대신, 대학을 졸업한 후 드라마 작가가 되기 위해서 아카데미를 다니면서 여러 아르바이트를 전전했던 경험을 살려 드라마 작가 지망생으로 위장했다. 면접을 통과한 나는 2018년 7월부터 2018년 11월까지 약 4개월간 서울 시내에 있는 (가)지점의 캐셔 파트에서 근무했다. 근무 부서를 선택할 수는 없었다. 해당 지점의 인사팀에서 노동력이 부족하다고 판단한 부서가 캐셔 파트였을 뿐이었다.

근무 첫날 인사팀에서 근로계약서, 비밀유지서약서, 연장근로동의서를 작성했다.* 계약서를 작성하고 난 후 간단한 고객 응대 교육과 30분가량 계산대 전담 교육을 받고 바로 업무에 투입되었다. 스태프직(아르바이트)을 위한 교육이 따로 존재하지 않아 모든 것을 스스로 알아 가야 했다. 내가 배운 것은 오로지 물건을 계산하기 위한 아주 초보적인 수준의 계산대(포스) 사용법이었다. 대형마트는 계산할 때 할인되는 카드도 많고, 적용할 쿠폰도 많고, 결제 방법도 가지각색이어서 짧은 시간에 모든 것을 습득하기가 어려웠다.

게다가 뉴스에서는 대형마트에 손님이 없다고, 매출이 매년

---

* 근로계약서는 사본을 받았지만 비밀유지서약서와 연장근로동의서는 사본을 받지 못했다. 비밀유지서약서에는 B대형마트 업무와 관계된 보안 사항을 유출하지 않는다는 내용이 담겨 있었는데, 나는 알바생일 뿐이고 당연히 보안 사항을 알 수 없을 것이기에 관행적인 서류라 여겼다. 당시에는 어떻게든 고용되어 직접 일을 하는 것이 목적이었기 때문에 대수롭지 않게 여겼지만, 이런 서류를 쓰게 하는 것은 마땅히 사라져야 할 관행이다. 비밀유지서약서에는 '업무와 관계된 보안 사항'이 무엇인지 구체적으로 적혀 있지 않았다. 이런 추상적인 문구는 그저 노동자들을 압박하기 위한 것이라고 보인다. 또한 서약서의 사본을 제공하지 않았기 때문에 나중에라도 노동자가 서약 내용을 확인하고 싶다 한들 할 수 없었다. 연장근로동의서도 마찬가지인데, 법적으로 연장근로는 노동자가 자유롭게 선택할 수 있어야 한다. 회사 측에서 강제로 수행하게 할 수 없는 것이다. 이런 동의서는 법적으로 아무런 의미가 없지만 실제 노동 현장에서는 압박용 무기나 해고 사유로 악용될 수 있다는 점에서 문제적이다.

급감하고 있다고 분기마다 떠들어 댔지만 실제로는 바쁘지 않은 시간이 없었다. 주말은 특히 그랬다. 언제나 사람이 미어터졌다. 나는 계산을 하면서 고객의 질문에 대답도 해야 했고, 고객이 아무런 말 없이 주는 각종 쿠폰을 처리하기 위해 끊임없이 머리를 굴려야 했다. 행사는 매주 바뀌었는데, 가끔씩만 출근하는 나는 그 내용을 따라잡을 수 없었다. 그럴 때면 나는 가끔 내 앞, 뒤에 배치된 다른 전일제 캐셔에게 행사 내용을 물어보았다. 그녀들은 계산을 하면서도 내 질문에도 대답해 주었고, 그 와중에 "자기 꺼나 제대로 하지, 남 일에 참견한다"는 고객의 짜증을 받아 내야 했다. 잠시 잠깐을 참지 못해 짜증을 내는 고객을 마주하고 난 후부터 나는 더 이상 다른 노동자들에게 질문하지 않았다. (그리고 내게 계산을 맡긴 고객에게 웃으며 "저는 알바라 모릅니다" 하고 답했다.)

계산대 앞을 벗어나도 곤란함은 계속됐다. 교대시간 사이에 주어지는 휴게시간은 생각 이상으로 짧았다. 사전 인터뷰에서 노동자들은 내게 노동시간 단축 이후 30분이었던 교대시간이 20분으로 줄어 힘들다고 호소했다. 노동자들은 대형마트가 얼마나 큰 줄 아냐며 휴게실까지 걷다 보면 휴게는커녕 교대할 시간도 부족하다고 했다. 나는 속으로 그 말을 곧이곧대로 믿지 않았음을 인정한다. 그러나 직접 일을 해 보니 실제로 그 시간은 너무나 짧았다.

소비자로서 마트를 거닐 때의 나는 무한한 시간을 가지고 공간을 탐색했지만, 노동자가 되어 20분이라는 제한 시간에 쫓기자 느껴지는 공간의 크기는 완전히 달라졌다. 캐셔는 일단 개인 돈통(틸)*을 소지한 채로 계산대를 옮겨 다녀야 하기 때문에 교대시간에는 돈통을 전용 사물함에 넣어 두어야 한다. 그래서 화장실에 가거나 잠깐이라도 다른 볼일을 보려면 일단 휴게실 옆에 있는 돈통 사물함에 들러야 했다. 마찬가지로 교대시간이 끝나고 계산대로 돌아갈 때에도 돈통 사물함에 다시 들러 돈통을 찾아가야 했다. 거스름돈으로 줄 지폐가 부족한 날이면 화장실에 갈 틈이 없었다. 나는 늘 종종걸음을 치며 시계를 확인했다. 생애 처음으로 '1분'이 소중했다.

　직접 일을 해 보니 무엇보다도 내가 견디기 어려웠던 것은 '시간'이었다. 주말 아르바이트였지만 대형마트 의무 휴업일이 있는 주에는 평일에 대체 근무를 해야 한다는 것도 계약서를 쓰면서 알게 되었다. 분명 면접관은 대체 근무에 대해서 '하고 싶지 않으면 안 해도 된다'고 했지만, 현장에 투입되고 보니 선택의 문제가 아니었다. 평일 대체 근무를 하지 않을 것이라면 그만두어야 했다. 그래서 의무 휴업일이 있는 주에는 평일에도 근무를 했다. 대학원에 다니며 일을 했던 나에게 평일 근무는 버거울 수밖에 없었다. 나는 수업을

* 틸은 영어 단어 till을 한글로 읽은 것으로, 상점 계산대에 돈을 보관하는 서랍을 의미한다.

38

들어야 했고 과제도 해야 했다. 남은 시간에는 교내 연구원에서 조교로 근무도 해야 했다.

그런데 매니저는 스케줄을 미리 알려 주는 법이 없었다. 스케줄은 한 번에 2~3일치가 나왔고, 그마저도 근무 하루 전날에 공지되기 일쑤였다. 일정상 일을 할 수 없다고 매니저에게 말했던 날에도 근무 일정이 적힌 스케줄을 받는 날이 많았다. 아마도 내가 이력서에 '드라마 작가 지망생'이고, B대형마트 외에는 다른 임금노동을 하지 않는다고 적었기 때문이라 추측된다. 드라마 작가 '지망생'은 글을 쓰는 일이고, 글이란 언제든 쓸 수 있는 것이니 마트에서 아무 때나 불러도 상관없을 거라고 생각했을 것이다. 물론 아무리 아르바이트라 하더라도, 아르바이트를 하는 시간 외에 이렇다 할 노동을 하지 않는다 하더라도, 사용자가 노동자의 시간을 마음대로 규정 지어 조직하는 것은 잘못이다.

더불어 시간은 노동자들 사이의 교류를 막는 요인이기도 했다. 내가 참여관찰을 선택한 이유 중 하나는, 일을 하면서 현장에서 다른 노동자들과 관계를 맺고 인터뷰를 할 참여자를 찾기 위해서였다. 그래서 처음에는 식사 시간에 같이 밥을 먹으면서 자기 기분 내키는 대로 짜증을 내곤 했던 매니저 얘기라도 해 보려 했다. 하지만 어쩐 일인지 식당에 가도 함께 일하는 캐셔 노동자를 볼 수 없었다. 나는 혼자 출근했고, 그래서 밥도 혼자 먹었다. 당연히 퇴근할 때도 혼자였다. 출퇴근시간이 같은 사람을 찾기가 어려웠다. 운이 좋아야 1명, 2명이 같은 시간에 일을 했고, 같은 시간에 출근한다 하더라도 점심시간 혹은 저녁 식사 시간이 다른 때가 많아 만나기 어려웠다. 나는 업무 사이사이에 주어지는 교대시간에라도 다른 노동자들과 이야기를 나누고 싶었지만, 매장이 너무나 바쁘고 넓어서 다른 노동자들과 이야기를 나눌 만큼 여유롭지 않았다. 나는 거의 매시간 혼자였는데, 특히 주말에는 고객이 많아 나도 모르게 계산을 아주 열심히, 빠르게 하게 됐다. 그러고 나면 녹초가 되어 나조차도 다른 노동자들에게 대화를 걸기가 어려운 피곤한 몸이 되었다.

B대형마트 캐셔 파트 근무는 오픈, 중간, 마감타임으로 나뉘어 있었고 교대로 근무 스케줄이 바뀌었다. 하지만 한 근무조 안에서도 사람마다 출근해야 하는 시간은 달랐다. 출근시간은 매니저가 보내는 스케줄표가 나와야만 정확히 알 수 있었다. 그런데 그 표는 근무일 하루 전날에나 나왔다. 출근시간이 매번 달라지고 불투명한 상황이니, 주말에는 약속을 잡기가 어려웠다. 당일까지도 아침에 일을 하는지, 저녁에 일을 하는지 알 수 없었던 때도 있었다. 나에게는 이런 답답함이 고작 주말과 평일 하루였지만, 다른 노동자들은 매일이 이런 생활의 연속이었다.

어쩌다 휴게실에서 다른 노동자들을 마주친다 해도 이들은 나에게 별로 관심을 두지 않았다. 높은 노동강도와 불안정한 노동환경으로 인해 퇴직률이 높은 현장에서 노동자들은 의도적으로 친밀감을 형성하지 않는다. 미국의 저널리스트 에런라이크[2]는 노동강도가 매우 높았던 한 식당에서 근무한 지 3일이 지나는 동안 동료와 이야기를 제대로 나누지 못했다. 그러다 3일이 지나자 동료들은 그녀에게 말을 걸기 시작했다. 왜 여태 말을 걸어 주지 않았냐는 그녀의 질문에 노동자들은 하루만 일하고 나오지 않는 사람이 매우 많기 때문이라고 답했다. 아무리 일터에서 만든 관계라도 친밀한 관계를 형성한 사람이 떠나는 것은 노동자들의 마음에 생채기를 낸다. 이렇게 아르바이트들이 자주 교체되는 상황에서 노동자들은 아르바이트와 친밀한 관계를 맺을 필요를 느끼지 못한다. 근무를 시작한 지 한 달이 지났을 무렵에도, 나는 같은 부서에서 함께 일했던 전일제 노동자에게 새로 온 아르바이트로 인식되었다. 내가 일을 그만두는 시점까지 말 한마디도 나누지 못한 노동자들도 많았다.

오랜 시간을 버티지 못하고 금방 그만둬 버리는 노동자가 많은 이유는 노동강도나 노동시간의 통제와 같은, 노동자들을 둘러싼 노동환경 때문이다. 스태프 직군은 6개월씩 최대 1년까지만 노동자와 계약을 맺는다. 1년 이상 근무하면 퇴직금을 지불해야 하고, 2년 이상 근무하면 퇴직금과 더불어 무기계약으로 전환해야 하기 때문에 B대형마트는 비용 절감을 위해 1년까지만 계약을 한다. 그럼에도 많은 사람이 지원을 하는 이유는 2018년 당시 주말 스태프의 시간당 급여가 1만 원이었기 때문이다. 당시에도 이 시급은 매우 높은 편이었다.

그러나 동시에 업무의 강도에 적응을 하지 못하는 경우가 많아 몇 달을 채우지 못하고 그만두는 사람이 많았다. 적응을 했다 하더라도 1년을 채우는 사람이 드물었다. 스케줄을 예측할 수 없었기 때문이다. 주로 주말에 근무하는 주말 스태프로 마트에서 일하기 위해서는 주말을 통째로 비워 두어야 했다. 내가 마트에 고지한 것 같이 취업 준비생 신분인 사람이 간혹 있지만, 대부분은 대학생들이어서 시험 기간이라는 이유로 근무를 빼기도 어려웠다.

아르바이트 노동자 대부분이 20대라는 점 또한 전일제 노동자들과 아르바이트 노동자들이 친해지기 어려운 이유였다. '아줌마'인 전일제 노동자들은 자녀뻘인 알바들이 자기들 같은 '늙은이(꼰대)'와 이야기를 나누고 싶어 하지 않는다고 생각하는 것 같았고, 실제로도 동료들이 '결혼은 언제 하냐' 같은 대답하기 곤란한 질문을 할 때면 "자꾸 그런 거 물어보지 마. 우리 딸이 그런 얘기 하지 말래"라고 말하는 노동자들도 많았다. 나이 든 세대는 젊은 세대와 생애주기도, 프라이버시의 개념도 달라 자주 충돌을 빚는다. 예를 들어, 이 여성들에게 '결혼'은 누구나 해야만 하는 일이었기 때문에 결혼이 늦어질수록 걱정을 해야만 하는 것이지만, 젊은 세대에게 '결혼'은 선택이기 때문에 늦게 해도 아무런 문제가 되지 않고 그렇기에 타인에게 결혼을 왜 늦게 하냐고 묻는 일은 무례함으로 의미화된다. 그러나 중년여성은 결혼하여 아내로서, 엄마로서 살아왔기에 이러한 감각의 차이를 완벽하게 이해하지 못할 수밖에 없고 자녀들은 "그냥 젊은 애들한테 말 걸지 마"라고 편리한 '입단속'을 하게 된다. 나도 엄마에게 이유를 설명해 주기 위해 노력하지만, 간혹 그 이유를 이해하지 못하거나 납득하지 못할 때에는 "그냥 그런 말을 하지 마. 요새 그런 말 하면 실례야. 그냥 외워"라고 할 때가 있다.

참여관찰을 시작할 당시에 나는 노동자들과 친해져서 술도 마시고, 밥도 먹으면서 내밀한 이야기를 인터뷰로 담아 보려 했다. 그러나 내가 품었던 기대와 달리 나는 4개월 동안 단 한 번도 '자연스러운' 뒷풀이에 참석하지 못했다. 서글서글하지 못하고 낯을 가리는 나의 성격도 한몫을 했다. 결국 나는 일을 그만둘 때까지 인터뷰를 해 줄 사람을 거의 찾지 못했다. 특히 내가 근무했던 (가)지점 노동자들은 조합원이든 조합원이 아니든 회사와의 문제를 이야기해야 하는 인터뷰에 참여하는 일 자체를 꺼려했다. 노동조합 지회가 생긴 지 얼마 되지 않아, 노동조합원을 구별 짓는 B대형마트 회사 측의 의도적인 방해가 지속되는 상황이었기 때문이다. 이미 (가)지점 노동자들 사이에 발생한 너무나 많은 갈등이 그들을 피로하게 했다.

이러한 여러 가지 이유로 인해 나는 (가)지점에서 단 2건의 인터뷰만을 진행할 수 있었고, 결국에는 마트노조의 도움을 얻어 다른 지점 노동자들과 인터뷰를 진행했다.* (가)지점의 특수성을 좀 더 깊게 들여다보지 못한 점은 아쉽지만, 다른 지점의 노동자들을 통해 노동시간 단축이 지점별 특성에 따라 상이하게 적용되고 있다는 것을 알게 되었다는 점에서 연구를 풍부하게 할 계기가 되었다. 다시 한번 마트노조 조합원들의 참여에 감사드린다.

---

* 노동조합에서 소개한 노동자라도 항상 노동조합과 동일한 의견을 가지고 있지는 않았다. 인터뷰는 노동조합 간부 없이, 혼자 진행했고 소개를 해 준 노조 간부 또한 노동자들에게 하고 싶은 말을 하면 된다고 설명했을 뿐 별다른 지시를 하지 않았기 때문에 노동자들은 노동조합에 말할 수 없는 문제들까지도 솔직하게 말해 주었다.

<표 1> 주 연구참여자

가명	나이	근무 지점	입사 연도	자녀 나이	비고
김나연	50세	(가)	2012	27세 / 23세	캐셔
박인혜	51세	(가)	2004	25세 / 22세	캐셔
양선자	50세	(나)	2008	23세	캐셔
김선희	51세	(나)	2007	26세 / 24세	캐셔
황주옥	48세	(나)	2010	25세 / 22세	캐셔
서지향	56세	(다)	2011	27세 / 23세	캐셔
이미애	48세	(다)	2011	26세 / 25세	캐셔에서 패션으로 부서 이동

<표 2> 보조 연구참여자

가명	나이	근무 지점	입사 연도	자녀 나이	비고
K	27세	본사 계열사	2016	-	사무직
L	29세	본사	2015	-	사무직

* 인터뷰를 수행한 2018년부터 2019년을 기준으로 쓰인 정보이다.

2장   무엇이 노동시간 단축을 두렵게 하는가
—문제는 '돈'이다?

한국은 오래 일하는 국가이다. 과로사도 일상적으로 발생한다. 놀랍지도 않다. 얼마 전까지는 게임업계 노동자의 과로사가 사회문제로 부각되더니 코로나19 이후 택배 배송이 늘어나면서 택배업계가 과로사의 주범이 되었다.[3] 2018년 OECD 통계에 따르면, 한국의 연간 노동시간은 세계에서 세 번째로 길었다. 예상 외로 '1위'는 일본이 아닌 멕시코였다. 당시 통계에 따르면 멕시코는 1년에 2,257시간을, 한국은 2,024시간을 일했다. 2020년 OECD 통계에서는 조금 더 나아졌다. '1위'를 차지한 콜롬비아는 연간 2,172시간을 일하고, 뒤이은 멕시코는 2124시간을 일한다. 한국은 여전히 '3위'로 1,908시간을 일한다. 일본은 18번째로, 그보다 한참 적은 1,598시간을 일한다.

<그림 1>은 2020년 OECD 주요국의 연간 노동시간을 하루 단위로 나누어 제시한 그래프이다. 2018년에 한국 노동자들은 하루

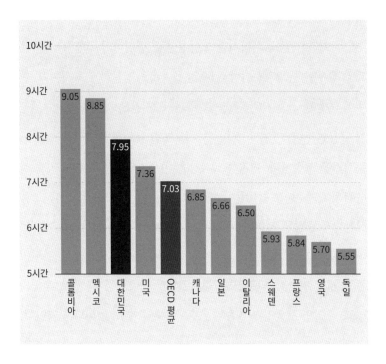

8.4시간을, 2019년에는 8.2시간, 2020년에는 7.95시간을 일했다. 직종과 상관없이 '칼퇴근'을 하기 어려운 한국에서 하루 8시간만 일하는 노동자가 얼마나 적은지를 생각해 보면, 제시된 통계 수치보다도 한국인들은 더 길게 일하고 있으리라 짐작할 수 있다. 쉽게 말해 OECD 통계에서 나타나는 노동시간은 통계적인 시간일 뿐, 한국인들은 그보다 더 길게 일할 가능성이 높다는 것이다. 이 통계로 알 수 있는 것은 한국의 연간 노동시간이 해를 거듭할수록 미미하게

나마 줄어들고 있다는 것, 그리고 노동자들은 집계된 노동시간보다 더 많이 일할 가능성이 있다는 것이다.

이러한 한국의 장시간 노동문제를 해결하기 위해 2017년 문재인 정부는 근로기준법상 '일주일'을 7일로 명확하게 표기하여, 한 주에 가능한 노동시간을 68시간에서, 52시간으로 단축했다.* 개정 전 근로기준법은 "연장·휴일 근로를 포함 1주 최대 52시간"으로 노동시간을 제한했다. 여기서 52시간은 하루 8시간씩 주 40시간에, 사용자와 노동자 간 합의를 통해 실시할 수 있는 12시간의 연장노동시간까지 포함한 것이다. 문제는 여기서 '1주'가 며칠이냐는 것이었다. 지금까지 국가는 1주를 5일로 해석해 왔다. 다시 말해, 근로기준법 개정 전까지 '일주일'은 월요일부터 금요일까지 5일로 해석되었고, 주말인 토요일과 일요일은 그 '일주일'에 포함이 되지 않았다. 그래서 주말 이틀 동안 하루 8시간씩 16시간을 더 일할 수 있었고, '일주일'에 해당하는 평일 52시간에 주말 16시간을 합해 총 68시간까지 법정근로시간으로 인정됐던 것이다.

이와 더불어 문재인 정부는 노동자들의 휴식권을 확대하는 조치도 감행했다. 관공서의 공휴일을 유급휴일로 의무화했으며, 휴일근로의 할증률을 근로기준법에 명시하여 사업장 내에서 할증률을 둘러싼 마찰이 없도록 조정했다. 또한 한 주에 40시간까지 가능

---

* 개정된 법안은 2018년 7월 1일부터 단계적으로 시행되고 있다.

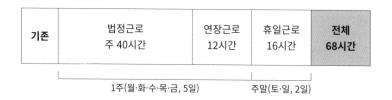

했던 18세 미만 노동자들의 노동시간을 35시간으로 단축했다.[9]

그중에서도 지금까지 무분별하게 연장근로가 가능했던 특례 업종의 축소는 가장 가시적인 성과였다. 개정 전 근로기준법 제59조는 '기타 공중의 편의 또는 업무의 특성상 필요한 경우로서 대통령령이 정하는 사업'에 해당하는 26개 특정 업종에 한해 사용자가 근로자대표와 서면합의를 할 경우, 법정 연장근로시간을 초과하여 연장근로를 할 수 있도록 했다. 사실상 특정 업종에 한해 무제한의 노동이 가능하도록 노동시간 규제를 풀어 준 것이다. 그러나 이렇게 선정된 특례 업종이 실제 '기타 공중의 편의 또는 업무의 특성상 필요한 경우'에 해당하는지에 대한 비판이 제기되어 왔다. 대표적으로 개정 전 특례 업종에는 방송업이 포함되었는데 방송업이 노동자들의 노동권을 침해하면서까지 공중의 편의에 필요한 일인 지에 대한 의문이 제기된 것이다.[5]

사실상 무분별하게 선정된 특례 업종은 장시간 노동을 야기 하는 원인으로 작용해 왔다. 이에 정부는 특례 업종 26개 중에서 육 상운송업(노선여객자동차운송사업 제외), 수상운송업, 항공운송 업, 기타 운송 관련 서비스업, 보건업을 제외한 나머지 특례 업종을 폐기했다. 따라서 현재에는 이 5개 업종에 한해서만 노동시간 특례 가 적용되고 있다.*

그러나 문재인 정부의 근로기준법 개정은 불행하게도 경영 자와 노동자 모두에게 환영받지 못했다. 장시간 노동은 경영자와 노동자 모두에게 경제적으로 이득이 되는 제도이다. 경영자는 '연 장'노동시간이 단축될 경우, 기존의 생산량을 유지하기 위해 새로운 노동자를 추가로 고용해야 하는데 추가 고용은 고용된 노동자에 게 연장노동을 시키는 것보다 비용이 많이 든다. 노동자의 경우도 마찬가지다. 연장노동을 통해 얻었던 소득을 포기해야 하기 때문에 조심스러울 수밖에 없다. 줄어든 임금으로는 생계를 유지하기가 힘

---

* 개인적으로는 특례 업종 지정에 반대한다. 어떠한 공중의 편의도 노동자 개인 의 노동권에 우선할 수 없다. 노동시간 규제 완화는 가장 값싸고 쉬운 해결책이기 때문에 선호된 것일 뿐이다. 나는 노동시간 규제를 풀어 주지 않아도 해결할 수 있 는 다양한 방법이 있다고 믿는다.

들 수 있기 때문이다. 그리고 이러한 상황 뒤에는 장시간 노동을 할수밖에 없게 만드는 한국 노동시장의 임금구조가 자리한다. 한국의 독특한 임금제도는 한국 장시간 노동의 원인이자 결과라 할 수있다.

블루칼라 노동자의 낮은 기본급

한국은 다른 나라의 사례에서도 볼 수 없는, 기본급이 낮은 특이한 임금제도를 가지고 있다. 노동자들은 기본급이 적기 때문에 추가 노동을 통해 부족한 임금을 메워 왔다. 예를 들어, 블루칼라 노동 중에서도 임금이 높다고 알려진 한국의 완성차 업체 노동자가 고임금을 유지할 수 있는 까닭은 그들이 그만큼 오랜 시간 일하기 때문이다. 대표적으로 현대차의 경우, 2007년 한 해 동안 2,527시간을 일했으나 점차 줄어들기 시작해 2009년에는 2,226시간, 2013년에는 2,220시간을 일했다.[6] 기아차의 경우에는 상황이 더 좋지 않아 2012년에는 3,339시간을, 2014년에는 3,079시간을, 2017년에는 3,000시간을 일했다. 앞서 살펴보았던 OECD 통계에서 2018년도 한국의 연간 노동시간은 2,024시간이었는데, 그보다 1,000시간가량을 더 일한 셈이다.

따라서 월에 550만 원을 받으며 생활을 유지해 왔던 노동자들에게 노동시간 단축은 지금까지 받아 왔던 월 급여가 줄어드는 문제로 다가온다. 2012년 현대차 노동자의 전체 급여 중에서 기본급은 24퍼센트를 차지했다.[7] 현대차 임금을 월 500만 원이라 가정하면, 기본급은 120만 원인 것이다. 나머지 76퍼센트는 통상 수당, 월 상여금(1년간 지급되는 상여금 총액을 12개월로 나눈 금액), 평일 연장수당, 휴일 특근 수당, 심야 할증으로 인한 추가 수당과 기타 임금이다.[8]

낮은 기본급과 복잡한 수당으로 구성된 임금체계는 임금인상을 억제한 정부와 고용주 간 담합의 산물이다.[9] 과거 전두환 정부는 물가안정을 이유로 정부 차원에서 임금인상률을 일방적으로 발표한 후 이를 지키도록 강요하는 방식으로 임금인상을 억제했고, 이에 기업과 노동계는 임금인상의 기준이 되는 기본급을 올리는 대신 새로운 수당을 만들어 실질임금을 인상해 왔다.[10] 이런 관행은 각종 수당과 낮은 기본급으로 구성된 임금구조로 고착되어 장시간 노동을 유지하는 결과로 이어졌다. 이와 같은 임금체계는 제조업뿐만 아니라 유통업과 같이 시간을 단위로 임금을 산정하는 업계에서도 사용하고 있다. B대형마트 또한 2020년도 월 임금 총액 중에서 기본급이 차지하는 비율은 50퍼센트가 채 되지 않는다.

낮은 기본급과 복잡한 수당으로 구성된 임금구조는 결과적으로 장시간 노동을 야기한다. 표준노동시간만큼만 일할 경우 급여가 너무 적기 때문에 노동자들은 지금까지 연장노동을 통해서 임금을 채워 왔고, 그렇기에 노동시간 단축은 급여 삭감으로 의미화된다. 또한 복잡한 수당 체계는 노동시간에 따라 임금이 올바르게 산정되었는지 노동자들이 알기 어렵게 한다. 대부분 회사에서 시간급으로 임금을 산정함에도 불구하고 급여명세서에는 전체 금액을 각종 수당으로 나누어 지급한다. 물론 임금 산정 방식은 고지하지 않는다. 이러한 방식의 급여명세서는 노동자들로 하여금 일한 시간만큼 임금을 받고 있는지, 빠진 금액은 얼마인지 알기 어렵게 한다는 점에서 문제가 있다.

화이트칼라 노동자의 포괄임금제

사무직 노동자들의 장시간 노동을 야기하는 것은 포괄임금제다. 역시 한국 특유의 임금제인 포괄임금제는 '노동시간을 측정할 수 없는 직업군에 한해' 실제 노동시간에 관계없이 임금을 지급하는 제도이다. 계약된 노동시간보다 짧게 근무하도록 하는 고용주는 없기 때문에, 사실상 연장근로수당을 지급하지 않는 임금제도라고 볼 수 있다. 포괄임금제는 법 제도나 별도의 규정이 아닌 판례를 통해 유지되어 왔다.[11]

그런데 사무직은 노동시간을 측정할 수 없는 직업군일까? 만일 노동시간을 측정할 수 없다하더라도 노동시간을 규제하지 않을 수 있는가? 이러한 문제 제기로 인해 많은 국가가 포괄임금제에 제한 규정을 두어 사무직 노동자들의 노동시간을 규제하고 있다. 일례로 미국에서는 포괄임금제White-Collar Exemption로 급여를 지급하기 위해서는 2020년을 기준으로 연봉 3만 5,658달러(한화 약 4150만 원) 이상이면서 동시에 고위 관리직, 행정직, 전문직, 컴퓨터 관련 종사자, 외근 영업직이라는 5가지 직종에 해당되어야 한다.[12] 그러나 한국의 경우 어떤 일을 하고 있는지는 중요하지 않으며, 최저임금 수준으로 급여를 받는다 하더라도 사무직 노동자라면 법정 근로시간의 규제를 받지 않는다. 광고업에 종사하는 나의 지인은 처음 광고대행사에 입사했을 무렵 수습기간이라는 이유로 월 140만 원을 받으면서도 매일같이 야근을 했다. 따지고 보면 그는 최저임금 수준의 급여도 받지 못한 것이다.

이처럼 사무직이 사실상 '노동시간을 측정할 수 없는 직업군'이 아님에도 포괄임금제가 사무직 노동자에게 광범위하게 적용되어 온 까닭은 근로기준법상의 근로시간 및 법정수당에 관한 규정이 제조업의 공장제 노동Fordism을 기준으로 하고 있어 사무직 노동자에게 획일적으로 적용하기 어렵다는 지적에 근거한다.[13] 다시 말해, 사무직은 반복적 작업을 수행하는 제조업과는 달리 프로젝트성 과업을 처리하기 때문에 시간에 따라 임금을 지급하게 될 경우 노동시간을 고의적으로 늘릴 수 있다는 것이다.[14]

결국 사무직은 일하는 과정이 제조업과 달라 노동시간에 따라 노동의 양을 측정할 수 없다는 이유로 노동시간에 관계없이 일 괄적으로 동일한 임금을 받는 포괄임금제를 적용받아 왔다. 문제 는 이러한 임금제도 아래에서는 야근을 많이 하는 노동자를 능력 있고, 일을 많이 하는 생산성 있는 노동자로 인정하는 관행이 자리 잡는다는 것이다. 고용주 입장에서는 노동자가 오래 일하나 오래 일하지 않으나 동일한 급여를 지불하는 셈이니, 실제 업무의 양이 나 질과는 상관없이 일을 오래하는 노동자를 더 좋아할 수밖에 없 다. 따라서 노동자가 좋은 평가를 받아 승진을 하기 위해서는 장시 간 노동을 수행해야만 한다.

직장갑질119에서 2020년 발표한 자료[15]에 따르면, 포괄임금 제라는 명목하에 장시간 노동이 무분별하게 강요되고 있음을 확인 할 수 있다. 사무직 노동자들은 "어느 달에는 총 근로시간이 300시 간에 가까울 때"가 있는가 하면, "아무 때나 갑작스런 야근을 지시 하고 주말 근무를 강요"당하기도 한다. 그리고 물론, 밤샘 노동의 대가는 저녁 식대*가 전부이다.

사무직 노동자들의 실질 노동시간이 단축되기 위해서는 지 금까지 무분별하게 인정되어 오던 포괄임금제를 폐지해야 한다. 사 무직 노동자들의 노동시간은 정확하게 산정되지 않았고, 포괄임금

---

* 한 사례에 따르면, 저녁 식대 개념인 수당 1만 원마저도 9시 이전에 퇴근하면 지 급되지 않는다.

제의 특성으로 인해 노동시간 단속의 대상이 되지 못했다. 포괄임금제가 존속하는 한 법정근로시간이 단축된다 하더라도 사무직 노동자들의 노동시간은 단축되지 않는다.

이러한 문제점을 인식한 정부는 2017년 6월 국정기획자문위원회를 통해 '포괄임금제 개선'을 발표한 후, 같은 해 10월까지 가이드라인을 발표하겠다고 공표하여 포괄임금제를 법적으로 제한할 것임을 시사했다. 그러나 예정됐던 2018년 6월에 한 차례 발표를 연기한 뒤, 같은 해 8월 2차 연기를 공표했다. 이듬해인 2019년 3월 고용노동부 이재갑 장관이 2019년 상반기 중 해당 가이드라인을 발표하겠다고 약속했지만, 또다시 10월로 발표를 연기했고, 2021년 현재까지도 발표가 되지 않고 있다.

오래 일하는 사람은 왜 남성인가?

앞서 '임금'이 노동시간 단축 과정에서 회사나 노동자 모두에게 쟁점이 되며, 이는 기본급이 낮은 임금제와 포괄임금제의 존재 때문이라고 설명했다. 기본급이 낮은 블루칼라 노동자들은 생계를 유지하기 위해서 장시간 노동을 할 수밖에 없고, 반대로 노동시간을 계산하지 않는 포괄임금제를 적용받는 화이트칼라 노동자들의 경우 노동시간 단축제도의 사각지대에 있어 사실상 무제한의 노동이 가능한 상황이기 때문이다.

이제 '돈'이라는 틀에서 벗어나 질문을 던져 보자. 노동시간 단축 과정에서 제기되는 '임금'이라는 쟁점에서는 '연장노동을 (자발적으로) 수행하는 노동자'가 전제되어 있다. 그렇다면, 연장노동을 할 수 있는 노동자는 누구인가? 정해진 노동시간에 더해 추가적인 노동을 할 수 있는 사람은 어떤 사람인가? 내가 내 마음대로, 다른 사람을 신경 쓰지 않고, 나의 시간을 계획하고 사용할 수 있는 사람은 누구인가? 일터에 오래 남아 있을 수 있는 사람은 누구인가?

긴 시간을 일터에서 보낼 수 있는 사람은 자기 시간을 오롯이 소유할 수 있는 사람, 즉 스스로 편의에 따라 스케줄을 조정할 수 있는 사람은 바로 돌보아야 할 존재가 없는 사람이다. 돌보아야 할 존재란, 바로 '나'에게 의존하는 생명을 의미한다. 단적인 예로, 사람은 태어나서 몇 년간, 그리고 죽기 직전에 자신이 원하든 원하지 않든 타인에게 의존하여 살아갈 수밖에 없다. 아이와 죽기 직전의 노인은 자기 자신을 돌볼 수 없기 때문이다. 자신이 돌볼 수밖에 없는, 자신 외에는 돌볼 사람이 없는 치매 아버지가 있는 딸이 연장노동을 할 수 있을까? 자신 외에는 어린이집에 아이를 데리러 갈 사람이 없는 엄마가 연장노동을 할 수 있을까?

질문을 다시 바꿔서 누군가를 돌볼 책임을 나누어 질 파트너가 있는 사람이라면 어떨까? 형제자매가 함께 아픈 아버지를 돌보고, 부부가 아이를 함께 기르고 있다면? 상상이 어려우니, 조금 더 좁혀서 여기에 아주 일반적인 성별을 추가해 보자. 치매에 걸린 아버지를 함께 돌볼 남동생이 있고, 아이를 함께 기를 남편이 있다면? 그러면 이 여성들은 야근 혹은 잔업을 할 수 있을까?

많은 사람이 남동생은 아픈 아버지를 돌보기가 어렵고, 남편이 아이를 돌보기도 어렵다고 생각할 것이다. 나는 '남자들이 어떻게 애를 돌봐?'라는 식의 주장, 남자라는 생물학적 성sex을 가진 사람은 태생적으로 돌봄의 자질이 부족하다는 주장을 하는 것이 아니다. 나는 남성들이 원한다 하더라도, 치매 걸린 아버지를 돌보길 원한다 하더라도, 육아휴직을 신청해 아이를 직접 돌보고 싶다고 하더라도 그렇게 하기가 어렵다는 현실을 먼저 짚어 보려 한다.

남성생계부양자와 '가족임금'

오랫동안 사회에서 이상적이라고 생각한 부부는 밖에서 남편이 돈을 벌고, 아내가 가족을 돌보는 부부이다. 이를 남성생계부양자 모델이라고 칭한다. 남성생계부양자는 가족임금과 함께 논의되어야 하는데, 남성노동자가 홀로 가족의 생계를 책임지기 위해서는 가족임금을 받아야만 하기 때문이다. 미국 가족임금의 역사를 추적한 메이[16]에 따르면, 가족임금은 1820~1830년대에 등장, 최저생계비를 요구하는 노동조합의 전략에 따라 발전했다. 생활임금 수준으로 임금인상을 요구하는 과정에서 적절한 생활수준을 보장하는 지표로서 가족임금이 사용된 것이다. 가족임금이 도입되기 이전 노동자들은 아내와 자녀의 임금을 통해 생활비를 보충하여 가계를 운영해 왔다.

가족임금의 도입은 남성 단독 생계부양자를 전제로 용인되었기에 결국 노동시장에서 여성과 아이들을 퇴출하는 결과를 불러왔다. 한국의 사례에서도 가족임금은 노동시장에서 여성과 남성 사이의 차별 대우를 허용하는 근거로 이용되었다.[17] 남성은 생계부양자이고, 여성은 아니기 때문에 남성과 여성은 동일한 급여나 혜택을 받아서는 안 된다는 것이다. 가족임금 수사에서 여성이 노동시장에서 남성과 동등한 대우를 받기를 원하는 것은 한 사람이 아닌 가족을 책임지는 가장의 노동권을 위협하는 행위로 간주된다.

그러나 20세기 후반 서비스산업 부문이 팽창하고 시간제 노동이 확산됨에 따라 여성 고용이 증가함과 동시에 산업이 공업 중심에서 벗어나게 되면서 안정적인 전일제 일자리가 감소했다. 이에 따라 남성의 노동시장 참여율이 낮아지는 상황에서 남성노동자는 더 이상 가족임금을 보장받지 못하게 되었으며, 남성생계부양자 가족도 지속적으로 감소해 왔다.[18] 한국 또한 1990년대 초반까지는 높은 수준의 경제성장을 통해 남성이 가족 내 생계부양자 역할을 유지해 왔으나 외환위기를 거치면서 최근에는 남성생계부양자 가구보다 맞벌이 가구가 표준적인 가족의 모습이 되고 있으며, 남성들 또한 여성의 노동시장 참여에 적극적으로 동의하는 경향이 나타나고 있다.[19]

　그러나 실제로 가족임금을 받고 있느냐와 관계없이 남성생계부양자 이데올로기는 아직도 노동시장에 영향을 미치고 있다. 한 예로, 자녀의 유무는 여성과 남성의 임금에 상이한 영향을 미친다. 자녀가 있다는 사실이 여성의 임금 산정에는 불리하게 작용하지만(모성 패널티motherhood penalty)[20], 남성의 경우에는 자녀가 있기에 임금을 더 받는다(부성 프리미엄fatherhood premium). 다른 모든 조건이 동일할 때 자녀가 있는 여성은 임금이 줄어들지만, 남성은 더 높은 임금을 받게 된다는 것이다.[21] 이는 생계부양자 이데올로기가 현실에서 여전히 강력한 규범으로 작동하고 있음을 드러낸다. 여성은 자녀가 태어났기 때문에 자녀의 존재로 인해 회사에 헌신할 수 없을 것이라 상상되지만, 남성은 자녀가 태어났기 때문에 생계부양자로서 회사에 더 헌신할 것이라고 기대되는 것이다.

퇴근을 모르는 '이상적인' 노동자

　남성생계부양자 모델이 해체되고 있음에도 불구하고, 노동시장은 남성생계부양자를 전제하는 '이상적 노동자 규범ideal worker norm'을 유지하여 여성의 노동시장 이탈과 경력 단절을 야기하고 있다. 이상적 노동자 규범이란, 고용주의 이익을 위해 한 마음으로 헌신하고, 가족이나 기타 개인적인 책임으로 인해 주의를 흐뜨리지 않는 사람을 이상적 노동자로 정의하는 규범을 의미한다.[22] 다시 말해, 가족과 같은 사적인 영역에서의 책임을 지지 않고 오롯이 일터에서의 책임에 헌신하는 노동자를 뜻한다. 이러한 노동자 규범은 남성생계부양자 모델과 공명하는데, 가정에서의 요구를 수용하는 다른 사람을 전제하지 않으면 현실에 존재할 수 없기 때문이다.

이상적 노동자상과 남성생계부양자 모델이 전제하는 돌봄 노동의 수행자는 엄마나 아내와 같은 여성이다. 그렇기에 이 규범이 장시간 노동문화와 만나 여성, 특히 유자녀 여성을 노동시장에서 이탈하게 만들고 결국 여성을 부차적 지위에 머무르게 하는 원인이 된다.[23] 이상적 노동자 규범을 기반으로 하는 장시간 노동 문화에서는 맡은 일을 제시간 안에 끝내는 것이 아니라 야근을 많이 하는 행위가 생산성의 지표로 간주된다. 장시간 노동체제 아래에서 일을 잘하는 사람은 일을 빨리 끝내는 사람이 아니다. 일터에 오래 남아 일을 오래 하는 사람이다. 이러한 체제에서 야근이나 잔업을 하지 못하는 사람은 생산적이지 못한 사람, 회사에 헌신적이지 못한 사람으로 간주되어 노동자로서의 지위를 잃게 된다.

이상적 노동자 규범의 연장선상에서 실제 필요한 시간보다 더 오래 회사에 남아 일하는 행위를 의미하는 '프레젠티즘presenteeism'[*] 은 한국 사회의 지배적인 노동 규범으로서 자리 잡았다.[24] 특히 프레젠티즘은 남성간부가 인정하는 문화로, 여성노동자가 더 쉽게 인식하지만 남성노동자가 더 쉽게 실천할 수 있는 문화다. 이런 문화에서 남성노동자는 '생계부양자'라는 명목으로 밤늦도록 일할수록 가정에서 '자랑스러운 남성'이 된다. 또한 프레젠티즘은 '남성의 권리'가 침해되는 상황, 이를테면 남성의 자리로 여겨졌던 직위에 여성노동자가 진급하게 되었을 때, 남성들이 야근을 할 수 없는 여성 관리자에 저항하는 방법으로도 쓰인다.[25]

인간은 태어난 후 평생 동안 남성으로서 혹은 여성으로서 어떻게 행동해야 하는지에 대해 가족과 사회로부터 끊임없이 배운다.[26] 이러한 관점에서 가사 노동은 성역할에 따라 수행하는 노동이지만 동시에 성역할이 끊임없이 재생산되기도 하는, 젠더 수행의 '과정'이다.[27] 따라서 가정을 돌보지 않고 일에 몰두하는 여성은 여성으로서 수행해야 하는 성역할에서 벗어나 있는 동시에 여성으로서 끊임없이 재각인되지 않기에 여성이 아닌 존재가 된다. 그러나 가정을 돌보지 않고 일에 몰두하는 남성은 '가족을 위해 밤낮없이 돈을 버는 자랑스러운 남성'으로 의미화된다. 이러한 의미화와 사회의

[*] 프레젠티즘은 몸이 아파도 여러가지 이유로 인해 쉬지 못하고 출근을 해야 하는 상황을 뜻하기도 한다.

인정은 가족뿐 아니라 사회 성원들에 의해 평생 지속되기에 다시 공고하게 유지되고 강화된다.

여성을 위한 시간제 노동은 없다

'이상적 노동자 규범'이 지배하는 가운데 여성의 노동시간만을 단축하거나 유연화하는 방안은 해결책이 되지 못한다. 이미 많은 국가에서 시간제 일자리를 활성화하는 방식으로 여성의 노동시간만을 단축하거나 유연화하여 여성이 임금노동과 돌봄노동 모두를 할 수 있도록 조정해 왔으나 이는 모두 부분적으로 실패했다.

시간제 노동을 도입한 경우로는 네덜란드나 영국과 미국의 사례를 들 수 있다. 영국과 미국에서는 여성이 가정에서 받는 돌봄에 대한 요구를 수용할 수 있도록 노동시간을 단축하는 의미에서 시간제 노동을 도입했다. 그러나 그 결과 성별 노동분업이 오히려 강화되었다. 실제로 미국 전문직 여성을 대상으로 인터뷰를 시행한 한 연구[29]에 따르면, 시간제 일자리는 노동시장 이탈이 이루어지는 창구로 기능한다. 이상적 노동자 규범에 따라, 직장에 헌신하고 오래 일하는 노동자를 이상적 노동자로 간주하는 회사에서 시간제 노동으로의 전환은 회사 내에서 반쪽짜리 노동자가 되어 주변부로 밀려남을 의미한다. 결국 시간제 일자리는 일과 가정생활을 병행할 수 있도록 도와 유자녀 여성의 경력 단절을 막기 보다는 오히려 노동시장에서 이탈하게 만들고 있다. 박근혜 정부의 시간제 일자리 활성화의 모델이 되기도 했던 네덜란드의 경우, 여성뿐만 아니라 남성에게도 시간제 일자리를 선택할 권리를 부여했음에도[*] 아직 가정에서의 돌봄노동은 여성의 영역으로 남아 있는 등 성별 노동분업이 해체되지 않고 있다.[**29]

　　2006년부터 한국 정부도 '일-생활 균형 정책'[***]을 통해 이 문

[*] 네덜란드는 1982년부터 일자리 나누기와 일-생활 균형을 표어로 시간제 일자리를 도입해 왔다. 그러나 시간제 여성노동자들이 전일제 노동자와의 차별 문제를 제기하기 시작했고 이에 1990년대 중반 이후 지속적으로 법을 개정하여 시간제 노동자의 처우를 개선해, 노동시간 외에 어떠한 차이도 허용하지 않는 방식인 시간비례 임금제도를 도입해 운영하고 있다. 또한 2000년대에는 노동자에게 전일제에서 시간제, 시간제에서 전일제로의 전환을 요구할 권리를 부여했고, 남성에게도 시간제 일자리를 선택할 수 있도록 했다.

[**] 스웨덴에서는 이 문제를 해결하기 위해 국가에서 아이 돌봄을 전담하는 정책을 펼쳐 왔다. 그러나 아이를 낳지 않는 사람을 보편적인 노동자로 규정하는 방식은 아이를 기르는 사람을 특수로 규정하게 되는 한계를 지닌다. 또한 노동시장이 남성중심적 규범으로 구성되어 있고, 이러한 규범이 수정되지 않은 채로는 아이 돌봄 외에도 발생하는 다른 돌봄노동이 여전히 여성에게 부과된다. 이에 기혼여성과 남성이 전일제 노동을 하고 있는 상황에서 여전히 기혼여성은 기혼남성보다 일과 생활의 균형을 추구하기가 어렵다(Christine R. Cousins, Ning Tang, "Working Time and Work and Family Conflict in the Netherlands, Sweden and the UK", Work, employment and society, 18(3), 2004, pp.531~549; 신경아, 「시간제 일자리에 관한 여성주의적 소고」, 『페미니즘 연구』, 제13권 2호, 2013, 121~141쪽에서 재인용).

[***] 정책 도입 초기에는 '일-가정 양립' 정책이었으나, 이러한 관점은 일 외의 생활을 가정생활로 한정하고, 일과 가정의 '양립'이라는 용어에서도 알 수 있듯 부정적인 갈등을 전제하고 있다는 비판이 제기되었다. 또한 비혼과 같이 결혼을 하지 않은 개인을 배제하는 용어이기에 현재는 '일-생활 균형'으로 정책명이 변경되었

제를 해결하고자 했다. 문제는 정부의 '일-생활 균형' 정책이 저출산****에 대한 대응으로 도입되어[30], 여성들의 경력 단절을 막아 고용을 유지하고 촉진하고자 했다는 것이다.[31] 그중에서도 노동시간과 관련된 정책을 살펴보면 앞서 언급한 다른 나라 사례와 같이 유자녀 여성의 노동시간 유연화에 초점이 맞춰져 있다. 이와 유사한 맥락에서 과거 박근혜 정부는 '고용률 70퍼센트 로드맵'에서 네덜란드의 시간제 일자리를 모델로 삼아 자녀가 있는 여성들에게 양질의 시간제 일자리를 창출하여 여성의 경력 단절 문제를 해결하고자 했다.

그러나 해외 사례에서도 알 수 있듯 유자녀 여성노동자를 '특수' 취급해서 이들에게만 일종의 '혜택'을 제공하는 정책은 효과를 거두지 못한다. 이 노동자들이 원하는 것은 일을 하면서 양육을 하는 것이 아니라 다른 노동자와 동일한 대우를 받는 것인데, '특별한' 취급을 받는 순간 동일한 대우는 불가능하기 때문이다. 또한 정부의 시간제 일자리 정책은 실제 시간이 필요한 여성들에게 사실

다(박예송·박지혜, 「일-생활 균형(Work-Life Balance)에 관한 국내 연구 동향: 2000년 이후 학술논문을 중심으로」, 『HDR연구』, 제15권 1호, 2013, 1~29쪽 참고).

**** 최근에는 저출산이라는 용어가 여성이 아이를 적게 낳는 것을 의미하여 여성에게만 책임을 전가하는 것으로 오인하게 한다는 지적에 따라, 저출생이라는 용어를 사용하고 있는 추세이다. 그러나 해당 정책은 저출생을 여성의 문제로 환원하여, 여성을 대상으로 출산률을 높이고자 했으므로 여기에서는 저출산이라는 용어를 그대로 사용하기로 한다.

상 혜택을 제공하기 어렵다. 당시 정부는 자녀가 있는 여성, 일과 생활의 균형을 이루기가 어려운 여성에게 시간제 일자리를 공급하려 했는데 자녀의 유무도 중요하지만 자녀의 나이 역시 여성의 시간에 많은 영향을 미친다는 점을 간과했다. 어린 자녀를 둔 여성의 경우, 상대적으로 아이 돌봄에 시간을 많이 필요로 하지만 중학생 혹은 고등학생 이상인 자녀를 둔 경우에는 상대적으로 자녀 돌봄에 필요한 시간이 적어지기 때문이다.

연구에 따르면 성인 자녀를 둔 중년여성에게는 일-생활 균형에 있어서 시간보다 노동의 조건이 더 중요하다. 40대 미만인 여성은 돌보아야 할 가족이 있는지 여부가 일-가족 갈등에 영향을 미치지만, 40대 이상 여성에게는 노동 조건이 더 중요한 요소로 나타난다.[32] 실제로 지난 10년간 시간제 노동으로 혜택을 보고 있는 노동자 집단은 자녀 양육의 책임에서 어느 정도 해방된 40대 중반 이후의 여성들과 이미 양육이 필요없는 성인기 자녀를 두고 있는 60대 여성들이다.[33]

단순히 자녀의 유무를 기준으로 여성에게 시간제 일자리를 제공하는 방식은 남성생계부양자를 전제로 여성이라면 나이, 생애주기에 관련 없이 가정을 돌보는 일을 제일 중요하게 생각한다는 '가정중심성 이데올로기'에 기반한 것이다. 이런 편견은 정책이 필요한 사람의 필요를 충분히 만족시키지 못한다는 점에서 한계를 지닌다. 또한 여성에게만 한정하여 시간을 조정하게 하는 방안은 앞서 다른 국가 사례에서도 볼 수 있듯, 노동시장 이탈의 창구가 될 확률이 크다. 이상적 노동자 규범과 프레젠티즘 문화를 기반으로 한 장시간 노동체제에서 시간제 노동은 회사에 헌신하지 못함을 의미하고, 이러한 노동자들에게는 주변적 업무가 부과될 수밖에 없어 결국 일을 그만두게 되는 것이다.

3장 생산성의 마법, H그룹의 노동시간 단축

　　고용주에게 노동시간 단축 과정에서 생산성 증진은 매우 중요하다. 앞서 말했듯 물론 다 '돈' 때문이다. 기존 노동자들의 생산성을 높일 경우, 고용주는 추가 인력을 고용할 필요가 없어 돈이 적게 든다. 노동시간 단축 이전과 동일한 양을 야근 없이도 생산하고 처리할 수 있다면 고용주 입장에서도 노동시간을 줄이지 않을 이유가 없다.

　　전격적으로 노동시간 단축을 선언한 H그룹 또한 생산성 증진을 노동시간 단축의 중심에 두었다. H그룹은 사내 문화와 제도를 바꿈으로써 노동시간당 생산성을 높여 '임금 감소'도 '추가 고용'도 없는 노동시간 단축을 시행하겠다고 밝혔고, 실제로도 그렇게 했다. 본 장에서는 H그룹이 어떤 변화를 통해서 '마법 같은' 노동시간 단축을 달성했는지 살펴보고자 한다.

일단 사무직인지 현장직(유통 서비스직)인지에 따라 바꿔야 할 사내 문화와 제도가 다르기 때문에 H그룹에 직접고용된 정규직 사원의 구성 현황을 먼저 살펴보도록 하겠다. H그룹에 직접고용된 정규 사원은 크게 사무직과 유통 서비스직으로 나뉜다. 사무직은 기획 경영, 인사 노무, 사무 행정, 마케팅, 재무 총무 등 주요 핵심 업무를 담당하며, 4년제 및 대학원 졸업자로 구성된다. 반면, 유통 서비스직은 2년제 및 3년제 대학 졸업자(초대졸)로 구성된 점포 현장직(직무 2)과 학력에 관계없이 계산, 판매, 판촉, 진열, 검수, 하역, 후선 업무(농수산축산) 등의 일을 하는 전문직 사원(직무 3)이 있다.

<표 3> H그룹 직접고용 정규 사원 구성 현황

사무직	직무 1	4년제 대학교 졸업자로 기획 경영, 인사 노무, 사무 행정, 마케팅, 재무 총무 등 주요 핵심 업무 담당
유통 서비스직	직무 2	2년제 및 3년제 대학 졸업자(초대졸)로, 각 매장(점포) 현장 각 층별 업무 담당(현장 매장 관리 업무)
	직무 3	각 매장 계산, 판매, 판촉, 진열, 검수, 하역, 후선 업무 (농수산축산) 등을 담당 → 2007년 비정규직법 시행 전후 계산직을 중심으로 무기계약직(직무급) 형태로 전환

* 자료 출처: 김종진, 〈유통업 노동시장과 고용구조를 통해서 본 여성 종사자 노동환경 문제점과 개선과제〉, 《도소매업 여성근로자 근로여선 개선을 위한 토론회》, 2013.11.27.

결론적으로 H그룹의 노동시간 단축은 이전보다 해당 직무에 배당된 주 업무에 투여되는 시간을 늘려 노동생산성을 증진시키는 방식이었다. 사무직은 컴퓨터 앞에서 업무를 볼 시간을 늘렸다. 단적인 예로 '회의 줄이기'가 있다. 회의는 집단지성을 통해 안건을 결정하고 처리하는 역할을 해야 하지만, 관료주의적 위계질서가 자리 잡은 회사에서는 업무 성과를 전시하는 장으로 기능한다. 이 '보여 주기'를 위해서는 그럴싸한 회의 자료가 필요하고, 이 그럴싸함을 위해 자료를 만드는 데 시간이 많이 걸린다. 이런 방식의 '보여 주기'는 업무 자체, 생산성 증진에는 도움이 되지 않는다. 따라서 불필요하다고 여겨지는, 업무 자체에 큰 도움이 되지 않으나 시간이 많이 투여되는 회의를 회사 차원에서 줄이도록 통제함으로써 노동자로 하여금 전보다 본연에 업무에 더 집중할 수 있도록 한 것이다.

유통 서비스직군의 경우에도 마찬가지로 주 업무에 투여되는 시간을 늘림으로써 노동생산성의 향상을 도모했다. 캐셔의 경우에는 그 방법으로 교대시간을 줄이는 선택을 했다. 주 업무인 계산대 투입에 쓰이는 시간을 늘리기 위해서 어쩔 수 없는 선택이었을 것이다. 그러나 사무직 노동자와는 달리 캐셔의 경우 정해진 시간표에 따라 움직여야만 하는 차이가 있었고, 이러한 차이는 노동자들의 노동과정에 변화를 불러왔다.

노동시간 단축은
진짜 '일'에 집중하는 생산성 '전환'?

노동시간 단축제도를 도입한 2018년도 초기 H그룹에서 사무직 노동자(직무 1)를 대상으로 시행한 제도로는 크게 집중근무시간제도, PC셧다운제도, 회의시간단축제도가 있다.

먼저 집중근무시간제도를 살펴보자. 집중근무시간제도란 사내에서 특정 시간을 정해 그 시간에는 최대한 회의도 잡지 않고, 커피를 사러 가거나 담배를 피우는 등의 개인적인 행위를 하지 못하게 통제함으로써 업무에만 집중하도록 하는 제도이다. 시행 초기에는 오전 10시부터 11시 30분, 오후 2시부터 4시까지를 집중근무시간으로 운영했으나 이후에는 오후 2시부터 4시까지로 조정됐다.[31]

집중근무시간이 줄어든 이유는 집중근무시간제도가 무색할 정도로 노동자들이 근무시간 내에 맡은 업무를 끝내기 위해 모든 시간을 집중하여 사용했기 때문이다. 나와 인터뷰를 했던 H그룹 사무직 노동자들은 집중근무시간이 몇 시부터 몇 시까지인지 정확하게 기억하지 못했다. 주어진 업무를 처리하기 위해서는 회의 시간을 제외한 모든 시간을 업무에 쏟아부어야만 했기 때문이다.

H그룹 본사에 근무하는 L은 "집중근무시간이라고 그렇게 할 필요가 없을 정도로" 모든 시간이 집중근무시간으로 느껴진다고 했다. 또한 집중근무시간이라 하더라도 정말 어떤 이동도 하지 못

하도록 금지하는 것은 아니기 때문에 화장실에 가는 등의 행위는 가능하다. H그룹 계열사에 근무하는 K는 업무 특성상 외근이나 미팅을 해야만 하기 때문에 완벽하게 해당 시간 이동을 금지할 수 없어 집중근무시간제도는 부서별로 자율적으로 운영하고 있다고 답했다.

두 번째 제도는 PC셧다운제도로, 퇴근시간 30분 전인 오후 5시 30분까지 야근 보고를 한 사람을 제외하고는 일제히 PC가 꺼지도록 만든 시스템이다. 야근을 하기 위해서는 부서장에게 사전에 허가를 받아야 한다. 노동자들의 야근 빈도는 인사팀에서 관리하고 있으며, 야근을 많이 하는 부서는 추후 인사고과에서 부서장이 불이익을 받을 수 있다. 따라서 부서장은 팀원들이 야근을 많이 하지 못하도록 관리해야만 한다. PC셧다운제도는 상시적으로 야근을 장려하여 오랜 시간을 회사에서 보내는 노동자를 생산성이 있다고 간주하던 문화를 바꾸려는 시도로서, 야근에 제한을 두어 이전과 달리 야근하는 노동자를 생산성 있는 노동자가 아닌, 생산성이 없는 노동자로 간주해 장시간 노동문화를 바꾸고자 하는 제도로 볼 수 있다.

세 번째 제도는 회의시간단축제도로, 팀별 회의실 사용 시간을 두 시간에서 한 시간으로 줄이고, 매주 3회 정도 있던 회의를 1.5회로 줄인 것이다. 회의실 사용 시간에 제한이 있기 때문에 노동자들은 회의 전에 온라인 채팅방에서 회의 안건에 대한 의견 조율 등 1차 사전 회의를 거친 후 오프라인 회의에 참석한다. 온라인으로 이미 의견의 조율이 있었기 때문에 회의 시간은 단축될 수밖에 없다. 또한 회의를 위한 문서 작성에 소요되는 시간을 줄이고자 중요한 사안을 제외하고는 구두 보고를 권고한다.

H그룹 사무직의 노동시간 단축제도는 장시간 노동문화를 바꾸어 노동자로 하여금 업무 효율을 높이도록 한 대표적인 사례이다. H그룹은 이 제도를 도입하면서 야근을 자주 하는 노동자를 '생산성이 떨어지는 노동자'로 간주했다. 물론 H그룹 사무직 노동자들에 따르면, 회사에서 야근을 하지 못하게 하기 때문에 일이 많은 경우 집으로 일을 가져가서 하기도 한다. 하지만 노동자들은 노동시간 단축제도 시행 이후 전반적으로 야근 빈도가 줄고, 노동시간도 줄었기 때문에 개인적인 시간을 보낼 수 있어 만족도가 높다.

그렇다면, H그룹 산하 B대형마트에서 근무하는 노동자들(직무 3)은 어떻게 노동시간을 단축했을까? 대형마트에서 상품 진열 등의 업무를 하는 영업직의 경우, 동일한 일을 줄어든 시간 내에 처리해야 하기 때문에 노동시간 단축 이후 자연스럽게 시간당 생산성이 증가했다. 예를 들어 옷을 진열한다고 했을 때, 단축 이전에는 점심시간을 제외하고 8시간 안에 의류를 모두 진열하고 재고를 파악해야 했다면 노동시간 단축 이후에는 같은 양의 일을 7시간 안에 해야 한다. 후선 업무(농수산축산) 등 다른 직무도 마찬가지이다.

이처럼 대형마트 업무 중에서도 하루에 처리해야 하는 양이 정해져 있는 일의 경우, 노동시간 단축 이전부터 근무 세부 스케줄 없이 시작과 마감 시간만 정해져 있었다. 그리고 점심시간 등 휴게시간도 그 안에서 노동자들이 자율적으로 배치하여 사용해 왔다. 앞서 예를 들었던 의류 영업직 마감타임 근무자의 경우 3시에 출근하여 3시 5분까지 유니폼을 환복한 후, 퇴근준비시간인 10시 55분까지 정해진 업무량을 처리하기만 하면 된다.* 4시간 근무 시 30분씩 주어지는 휴게시간을 두 번에 나누어 사용할 것인지, 아니면 한 번에 묶어서 한 시간을 점심시간으로 사용할 것인지 모든 것을 자율적으로 결정할 수 있다.

결국 유통 서비스직의 노동시간 단축은 사무직과 동일한 방식으로 진행되었다고 볼 수 있다. 휴게시간으로 대표되는 노동 준비시간을 줄이고, 회사에서 인정하는 노동, 그 자체에 시간을 쏟도록 함으로써 시간당 노동생산성을 증진시켜 추가 고용 없이, 임금 감소 없이 노동시간을 단축할 수 있었던 것이다.

그러나 같은 유통 서비스직(직무 3)에 속하는 캐셔의 경우

---

* 실제로는 업무량이 많기 때문에, 노동시간 단축 이전부터 일을 미리 끝내고 휴식을 취하기는 어려웠다.

<表 4> 연구참여자의 하루 일과표

시간	내역	장소
12:55 ~ 13:20	출근준비시간	지하 2층, 지하 1층
13:20 ~ 15:20	15번 계산대	지하 1층
15:20 ~ 15:40	교대시간	지하 1층
15:40 ~ 17:40	9번 계산대	지하 2층
17:40 ~ 18:40	휴게시간	지하 1층
18:40 ~ 19:40	7번 계산대	지하 2층
19:40 ~ 20:00	교대시간	지하 1층
20:00 ~ 21:00	9번 계산대	지하 2층
21:00 ~ 21:15	퇴근준비시간	지하 1층, 지하 2층

는 하루에 처리해야 하는 일의 양이 정해져 있지 않고, 노동시간 중
세부 스케줄이 존재하여 사무직, 다른 유통 서비스직과 동일한 방
식으로 노동시간을 단축할 수 없었다. 캐셔의 일과는 출근을 준비
하는 시간, 계산대 업무를 보는 시간, 계산대를 교대하는 시간, 퇴
근을 준비하는 시간으로 나뉜다. 마트 유통직의 모든 일과에는 준
비시간이 필요한데, 캐셔의 경우 특히 돈을 관리하는 일이기에 다른
직무에 비해 준비시간이 길게 주어진다.

일단 출근할 때에는 정문이 아닌 지하 2층으로 연결되는 마트 직원 통로를 통해 마트에 들어가야 출근 등록을 할 수 있다. 고객을 위한 출입구인 정문에서는 직원들의 출입을 관리하는 보안 검색대가 설치되어 있지 않기 때문이다. 보안 검색대를 지나기 전에 개인 스마트폰 블루투스 기능을 켜고 인사관리 앱에 로그인을 한 후 출근 버튼을 눌러 둔다. 그 상태로 보안 검색대를 지나가면 자동으로 출근시간이 기록된다. 이후 물류 창고를 지나 탈의실로 이동해 마트 유니폼*으로 갈아입는다. 그러고는 계단을 통해 지하 1층에 있는 정산소로 이동, 개인 사물함에서 돈통을 꺼내 현금지급기에 사번을 찍어 인증한 후 준비금(현금)을 지급받아 돈통에 지폐를 분류해 넣은 후 다시 사물함에 넣고 계산대에 투입되기 전까지 정산소 옆에 위치한 캐셔 휴게실에서 대기한다.**

계산대에 투입되면 사번을 찍은 후 업무를 시작한다. 하나의 계산대에서 근무하는 시간은 1~2시간 정도다. 업무 시간이 끝나

---

* 마트에서는 상의 유니폼으로 티셔츠와 조끼를 제공한다. 하의는 제공되지 않는데 검정색 계열 바지를 입고 검정색 계열 신발을 신도록 권장한다. 사측에서 하의를 제공하지 않기 때문에 규정을 준수할 필요는 없으나 지키지 않을 시 관리자에게 주의를 받는다. 그러나 민주노총 소속 조합원의 경우에는 주의를 받지 않는데, 노동조합이 여기에 문제 제기를 하고 지속적으로 위반 여부를 감시하고 있기 때문이다. 그러나 아르바이트생이나 한국노총 소속 조합원의 경우에는 관리자에게 지적을 받을 수 있다.

** 이 출근 과정은 내가 일을 해 보았던 (가)지점을 기준으로 한 것이다.

면 마감 처리(사번 로그아웃)를 한 후에 지폐 환전을 하거나 화장실에 가거나 흡연을 하는 등 개인 용무를 볼 수 있다. 지폐 환전은 정산소에서 이루어지지만, 상품권 환전은 고객센터에서만 할 수 있다. 개인 용무를 보는 동안 돈통을 휴대해서는 안 되기 때문에 반드시 지하 2층에 있는 정산소로 이동해, 거기 있는 개인 사물함에 돈통을 보관해야만 한다.

법적으로 4시간 근무마다 30분을 휴게시간으로 제공해야 하므로 B대형마트는 이 시간을 식사 시간으로 두고 있다. 캐셔 노동자는 보통 하루에 4개의 계산대에 투입되고, 식사 시간 배정에는 정해진 규칙이 없다. 출근하자마자 계산대 한 군데에서 일을 하고 곧바로 식사 시간이 될 수도 있고, 계산대 세 군데를 모두 거친 후에야 식사를 할 수도 있다.

일과를 마친 후에는 계산대에서 가져온 돈통에서 상품권으로 5만 원만을 남겨 두고 나머지 금액을 전부 정산기에 입금해야 한다. 마트 영업이 종료되는 마감타임 근무의 경우, 같은 시간에 일과가 끝나는 노동자들이 많기 때문에 정산기에 사람이 많아 시간이 지체되고, 퇴근이 늦어지는 경우가 잦다. 정산을 마친 후에는 탈의실로 이동해 유니폼을 갈아입은 후 출근 때와 마찬가지로 물류 창고를 지나면서 스마트폰 사내 앱을 켜고 보안 검색대를 통과하여 퇴근 등록을 한다.

B대형마트는 캐셔의 하루 일과 중에서 노동 준비시간을 단축하는 방식으로 노동생산성을 증진시키고자 했다. 캐셔의 주 업무를 계산 업무라고 보았던 것이다. 따라서 계산대 앞에 서서 계산 업무를 보는 시간을 제외한 모든 시간, 즉 출퇴근 준비시간과 교대시간을 단축하여 계산 업무에 투입되는 시간의 비율을 증가시켰다.

<표 5>를 보면, 노동시간 단축 이전 8시간 근무 시 계산대 투입 시간은 6.5시간이었다. B대형마트가 7시간으로 노동시간을 단축한 후 캐셔의 주 업무인 계산대 투입 시간은 30분(0.5시간)이 줄어든 6시간이 됐다. 노동시간 단축 이후 캐셔직 전체 노동시간에서 계산대 투입 시간이 다소 줄었지만, 결과적으로 전체 노동시간당 계산대 투입 시간의 비율은 증가했다. 이에 따라 지표로 확인되는 캐셔 업무의 단위시간당 노동생산성은 단축 이전 81퍼센트에서 단축 이후 85퍼센트로 강화되었다고 볼 수 있다.

이 지표들만을 보면, H그룹은 사무직과 유통 서비스직 노동자를 대상으로 생산성을 증진시켜 성공적인 노동시간 단축을 이행했다고 결론지을 수 있다. 그러나 이렇게 결론을 마무리하기에는 노동시간 단축에 따른 노동자들의 반응에 큰 차이가 있었다. 사무직 노동자들이 노동시간 단축을 환영했던 것과 달리 유통 서비스직 노동자들은 노동조합을 통해 노동시간 단축을 반대하고 있었다는 점이다. 이러한 차이는 어디에서 기인하는가? 사무직 노동자들과 유

<표 5> B대형마트 노동시간 단축 이후 캐셔 근무시간 변화

	노동시간 단축 이전	노동시간 단축 이후
전체 노동시간	8시간	7시간
출근준비시간	15분	10분
교대시간	30분	20분
퇴근준비시간	15분	10분
계산대 투입 시간	6시간 30분	6시간
전체 노동시간 대비 계산대 투입 시간의 비율	81퍼센트	85퍼센트

통 서비스직 노동자들은 하는 일뿐 아니라 나이도, 성별도 서로 다르다. 따라서 노동시간 단축에 대한 환영과 거부라는 온도차를 제대로 이해하기 위해서는 이들 삶의 궤적을 더 자세히 들여다보아야 한다. 사무직 노동자들과는 다른, 유통 서비스직 노동자들의 일, 그리고 생활을 들여다보아야 한다.

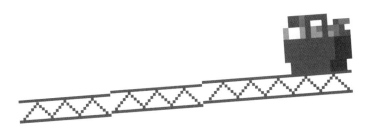

2부

계산대는 어떻게 '아줌마'의 자리가 되었나?

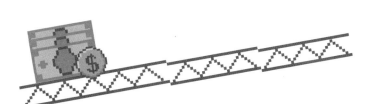

1장　주부 사원 구함
— '엄마'의 '값싼 노동'을 사는 대형마트

　　대형마트는 물건을 대량으로 매입하여 소매를 하는 과정에서 얻는 차액으로 돈을 번다. 가능한 저렴한 가격으로 고객을 유인하면서 수익을 내려면 대량 매입을 통해 제품의 구입가를 낮추어야 한다. 대형마트가 수익을 극대화하는 또 하나의 방법은 매장 운영에 드는 비용을 줄이는 것이다. 매장을 운영하기 위해 필요한 것은 공간과 사람이다. 따라서 이윤을 높이기 위해서는 시설 유지비나 인건비를 낮추어야 한다. 시설 유지비는 감축에 한계가 있기 때문에 대부분 마트는 인건비를 낮추고자 노력한다.

　　대형마트가 인건비를 낮추는 방법은 시간제로 인력을 고용하는 것이다. 매 시간마다 마트를 방문하는 손님의 수는 달라진다. 어디선가 임금노동을 하고 있는 노동자들이 마트의 소비자이기 때문에 퇴근시간이나 주말 등 특정한 시간대에 고객 방문이 집중된다. 그렇기에 대형마트는 인건비를 낮은 수준으로 유지하면서도 유동적인 고객의 수요에 대응하기 위해 인력을 시간제로 고용하는 것이다. 그리고 이러한 탄력적인 근무 스케줄을 감당할 수 있다고 생각되는 집단이 바로 누군가의 엄마이자, 주부인 중년여성이다.

'엄마'이자 '노동자'
'주부 사원'의 자리

중년여성이 대형마트 시간제 일자리에 유입된 배경에는 한국 노동시장의 구조가 자리한다. 노동시장 이중 구조론에 따르면, 노동시장은 내부와 외부로 나뉜다. 내부 노동시장은 일반적으로 승진과 연공제 임금을 통해서 정년을 보장받고 고용안정을 누릴 수 있는* 안정적인 일자리를 공급하는 시장으로 이해할 수 있다.[35] 이와 반대로 외부 노동시장은 그렇지 않은 일자리, 즉 고용이 불안정하고, 필요로 하는 숙련 수준이 낮으며 노동조건이 열악한 일자리로 구성된 노동시장을 의미한다. 한국에서 외부 노동시장을 대표하는 집단은 비정규 노동자로, 특히 여성, 저학력자, 청년과 고령자의 비율이 높다.[36] 한국은 내부 노동시장의 규모가 작고, 외부 노동시장의 규모가 크다.[37]

한국의 내부 노동시장은 대기업을 중심으로 연공에 따른 가

---

* 승진이나 임금 등을 주관하는 기업 내 규칙은 노사 간의 단체교섭을 통해 형성되었을 가능성이 크다(정이환, 「한국 고용체제의 성격」, 『한국 고용체제론』, 후마니타스, 2013, 91쪽 참조).

족임금을 지급하는 안정적인 일자리를 제공하며 남성생계부양자 이데올로기를 바탕에 두고 성차별적으로 형성되어 왔다. 반면 여성들은 내부 노동시장에 진입할 기회조차 얻지 못하거나, 운이 좋아 진입했다 하더라도 결혼이나 출산을 기점으로 이탈하여 다시 재진입하지 못하고(경력 단절), 불안정한 외부 노동시장으로 유입된다. 혹은 만족스러운 일자리를 찾지 못해 일을 하지 않는 경우도 관찰된다.[38] 이런 관점에서 여성의 경력 단절은 가족 돌봄을 선택한 결과가 아니라 성별에 따른 불평등한 노동시장 구조에 의한 것일 수 있다.[39]

　　대형마트 일자리는 대표적으로 외부 노동시장에 속하는 일자리이다.[**] 계약기간만이 무기(계약기간에 정함이 없음)로 연장되었을 뿐, 승진 체계가 없고 최저시급에서 크게 벗어나지 않는 임금 수준 등 계약기간을 제외한 노동조건은 여전히 비정규직과 동일하기 때문이다.[***] 대형마트는 생산성이 높고 (대들지도 않고 시키는 대로만 일하면서도) 책임감이 있는 유순한 노동력인 동시에 저임금을

**　　** 이 글에 등장하는 본사 사무직 노동자들의 경우에는 내부 노동시장에 위치한다.

**　　** 이로 인해 무기계약이 도입될 당시 노동계에서는 무기계약직의 수용을 두고 논란이 일었다. 무기계약직 법적 허용을 반대하는 쪽에서는 무기계약직이 결국 비정규직 일자리를 양산하는 효과를 불러일으킨다는 이유로 반대했으나 수용을 허용하자는 입장에서는 열악한 여성의 노동조건을 개선하는 측면에 의의를 두었다.

지급해도 되는 기혼여성, 즉 주부를 중심으로 일자리를 공급해 왔다. 주부 노동자는 생계를 책임지는 것이 아니라 가정을 중시하여 용돈벌이를 하기 위해서 노동시장에 나온 것이기 때문에 저임금에 만족한다고 여겨진다.[48] 이러한 인식에 따라 일하는 주부는 스스로를 '노동자'가 아닌 '엄마'로 인식한다.[*] 중년여성 노동자에 대한 이러한 편견은 특히 안정적인 내부 노동시장에서 경력을 계속 유지해 온 기혼여성보다는 결혼과 출산을 계기로 일을 그만두었다가 다시 노동시장에 진입한 중년여성 노동자들이 저임금을 받는 구조를 정당화하고 있다.

이런 노동시장 구조 안에서 대형마트 일자리와 중년여성 노동자들은 서로를 자유롭게 '선택'한 것으로 보인다. 일단 중년여성들이 대형마트 일자리를 선택하는 이유는 대형마트가 대부분 주택가 주변에 위치해 있어 물리적으로 쉽게 접근할 수 있기 때문이다. 상업지구와 주택단지의 구분이 명확하지 않은 서울 시내에 있는 마트를 제외하면, 대형마트 노동자들은 걸어서 30분 이내에 출퇴근이

[*] 사업장에서 중년여성 노동자를 부를 때 사용하는 호칭은 주로 '여사님'이다. 물론 노조 측에서 꾸준하게 문제를 제기해 온 대형마트에서는 '여사님'이라는 호칭을 사용하지 않는 추세이다. 하지만 여성노동자들이 많이 근무하는 화장품 공장 등에서는 여전히 '여사님'이라는 호칭을 사용한다. '여사'라는 말의 사전적 정의는 결혼한 여자를 높여 이르는 말이다. 사회적으로 이름 있는 여자를 높여 이르는 말이라는 정의도 있지만, 이 경우에는 해당되지 않는 것으로 보인다. 따라서 '여사님'이라는 호칭은 공적인 영역에서도, 사적인 영역의 호칭을 그대로 답습하고 있는 것으로 볼 수 있다.

가능한 곳에 거주하는 경우가 많다. 십여 년 전 마트 안에 있는 옷 가게에서 일했던 나의 엄마도, 그녀의 동료들도, 내가 인터뷰했던 마트 노동자들도 대부분 비슷한 거리에서 출퇴근을 하고 있었다.

주부들이 대형마트를 선택한 또 다른 이유는 다양한 시간제 일자리가 존재했기 때문이었다. B대형마트의 경우 (지금은 사라졌지만) 일일 노동시간에 따라 전일제, 6.5시간, 6시간, 5.5시간, 4시간 등 다양한 시간대를 선택해 일할 수 있었고, 계약기간도 1일 단위부터 2일, 7일, 6개월 등으로 다양하게 나뉘었다. 이런 조건은 입사 당시 어린 자녀를 돌보고, 살림을 살아야 하는 조건의 기혼여성에게 가족을 돌보고 여유가 있는 시간에 임금노동을 할 수 있게 한다는 점에서 선택하기 쉬운 차선책이 됐다.

더불어 대형마트 일자리는 특별한 경력이 필요하지 않은 단순 서비스직이어서 경력이 단절된 주부들이 쉽게 선택할 수 있는 일자리 중 하나였다. 결혼이나 출산을 계기로 임금노동을 그만둔 여성들은 기존의 경력을 인정받지 못하기 때문에 특별한 기술이나 능력을 증명할 수 있는 경우가 아니라면 판매 서비스직 혹은 단순 노무직종의 임시직 및 시간제 일자리를 선택할 수밖에 없다.[41] 특히 한국처럼, IMF 외환위기를 기점으로 내부 노동시장이 대폭 축소되어 안정적인 일자리가 사라지고, 주변부 노동시장이 확대된 상황에서는 여성들이 선택할 수 있는 일자리가 더욱 한정적이다.

\<표 6> 대형마트 노동자 및 지점 현황

| | 성별 | 직원 수 | | | | | 비율 | 지점 수 |
| | | 기간에 정함이 없는 노동자 | | 기간제 노동자 | | 합계 | | |
		전체	단시간 노동자	전체	단시간 노동자			
A 대형마트	남성	3,702	376	54	54	4,186	19.5	110
	여성	9,175	7,961	81	75	17,292	80.5	
B 대형마트	남성	9,485	14	1,329	100	10,928	38.5	141
	여성	16,130	327	826	147	17,430	61.5	
C 대형마트	남성	5,958	289	231	191	6,669	27.0	140
	여성	15,721	2,056	210	100	18,087	73.1	
D 대형마트	남성	3,194	1	69	0	3,264	57.6	16
	여성	2,363	6	37	0	2,406	42.4	

* 자료 출처: 고용형태 공시정보(2020년 공시 기준).

** B대형마트의 경우 해당 마트 법인이 대형마트 외에도 호텔 리조트업, 식음료업, 건설 레저 업 등을 운영하고 있어 해당 산업 종사자수도 포함되었다.

그렇다면 생각대로 대형마트 일자리가 '중년여성'의 일자리인지 확인하기 위해 대형마트에서 일하고 있는 노동자 현황을 살펴보자. 2020년을 기준으로 여성 4만 5,182명, 남성 2만 1,404명으로 총 6만 6,586명이 대형마트 노동자로 일하고 있다.[12] 대형마트 노동자 및 지점 현황을 정리한 <표 6>을 보면, A대형마트의 경우 전체 노동자 중에서 여성이 80.5퍼센트, B대형마트는 61.5퍼센트, C대형마트는 73.1퍼센트를 차지한다. D대형마트를 제외한 모든 대형마트에서 여성의 비율이 월등히 높다.

대형마트 여성노동자들의 임금은 최저임금에서 약간 높은 수준으로 형성되어 왔다. 대부분 대형마트가 연봉제를 채택하고 있어 1년마다 연봉 계약을 새롭게 채결하는데 개인의 성과에 따라 연봉을 책정하는 일반적인 의미의 연봉제라기보다는 매년 갱신되는 최저임금 인상률을 반영하기 위한 제도에 가깝다. 회사 측은 매년 교섭대표인 노동조합*과 결정한 시간당 임금을 기준으로 연봉을 구성, 임금협약을 맺는다. 다음 쪽에 제시된 <표 7>의 임금 구성을 살펴보면, 마트 노동자의 임금은 기본급, 통상적 수당, 기타 수당, 초과 급여, 고정 상여금, 성과급으로 구성됨을 알 수 있다.

* 한 회사에 노동조합이 여러 개 존재할 경우, 가장 많은 조합원을 확보한 쪽이 교섭대표단체가 된다.

<표 7> 대형마트 임금 구성

임금 구성	임금	설명
기본급	0,000,000원	소정근로시간에 대하여 지급하기로 정해진 기본 임금
통상적 수당	0,000,000원	매월 정기적으로 지급되는 직무 수당, 직책 수당, 자격 수당 등
기타 수당	0,000,000원	해당자에게 지급되는 가족 수당, 근속 수당, 연월차 수당, 급식 수당 등
초과 급여	0,000,000원	정상근로시간 외 지급되는 초과근로 수당, 야간근로 수당, 휴일근로 수당
고정 상여금	년 ( )회, 총 ( )원	정기적으로 지급되는 상여금
성과급	년 ( )회, 총 ( )원	성과배분급

* 자료 출처: 안정화·장진숙·정민정, 「마트산업 노동자 임금 실태와 정책 방향」, 전국서비스산업노동연맹 정책연구원, 2020.

<표 8> 2020년 기준 대형마트 월 급여 현황(단위: 원)

	기본급	통상적 수당	기타 수당	총합	7시간 기준 최저임금	8시간 기준 최저임금
A 대형마트	1,601,250	10,000	124,318	1,735,568		
B 대형마트	838,000	959,000	50,000	1,847,000	1,571,970	1,795,310
C 대형마트	1,795,130	28,029	3,260	1,826,599		

* 자료 출처: 안정화·장진숙·정민정, 「마트산업 노동자 임금 실태와 정책 방향」, 전국서비스산업노동연맹 정책연구원, 2020. 연구자가 재구성.

<표 8>은 대형마트에서 캐셔, 영업 등의 부서(B대형마트의 경우 직무 3)에서 근무하는 사원들에게 2020년도에 각 대형마트가 지급한 월 급여 내역이다. 대형마트 3사 모두 최저임금과 비슷한 수준에서 연봉을 책정하고 있음을 알 수 있다. 일단 2020년도 최저임금 8,590원을 기준으로 8시간을 근무했을 때의 최저임금은 1,795,310원이다. C대형마트가 정확하게 이 금액을 기본급으로 두고 있다. A대형마트의 경우에는 7시간 근무*를 기준으로 하는데, 시간당 임금을 계산하면 8,750원으로 최저임금보다 조금 높은 수준으로 월에 1,735,568원을 지급한다. 이 책에서 주로 다루고 있는 B대형마트는 7시간 근무를 하고 있음에도 8시간 기준 최저임금 이상을 지급하고 있다. 그러나 임금의 구성이 다른 마트와는 차이가 있는데, 기본급의 규모보다 통상적으로 지급하는 수당의 규모가 더 크게 잡혀 있다.

마트 안 임금 격차의 이유

그렇다면 대형마트에서 일하는 남성노동자의 임금은 어떤가? 사업체 규모가 작아 사업보고서를 의무적으로 제출하지 않는 C대형마트를 제외한 대형마트 두 곳의 근속연수와 임금 현황을 정

---

* A대형마트는 파견직 사원을 직접고용으로 전환하면서 7시간으로 노동시간을 한 시간 감축했다. 단 A대형마트는 노동시간을 단축한 것이 아니라 7시간을 기준으로 새로운 임금 계약을 맺은 사례로, B대형마트와는 경우가 다르다.

<표 9> 대형마트 성별 근속연수 및 임금 현황

| 성별 | 직원 수 | | | | 합계 | 평균 근속 연수 | 연간 급여 총액 (단위: 백만원) | 인당 평균 급여액 (단위: 백만원) |
| | 기간에 정함이 없는 노동자 | | 기간제 노동자 | | | | | |
	전체	단시간 노동자	전체	단시간 노동자				
A 대형마트 남성	3,551	353	-	-	3,551	11.2	182,030	51
A 대형마트 여성	8,543	7,369	8	-	8,551	8.9	254,875	35
B 대형마트 남성	9,454	13	-	-	9,454	10.7	500,605	53
B 대형마트 여성	15,760	312	-	-	15,760	9.4	472,797	30

* 자료 출처: 사업보고서를 공시하는 A대형마트와 B대형마트 사업보고서(기준일: 2020.12.31)
를 참고하여 연구자가 재구성(규모가 작아 사업보고서를 공시하지 않는 C대형마트, D대형마
트는 확인이 불가능해 미포함).

리한 <표 9>를 살펴보면, A대형마트의 남성노동자 평균 연봉은
5300만 원이지만, 여성의 평균 연봉은 3300만 원에 불과하다. B대
형마트 또한 마찬가지로 남성의 평균 연봉은 5100만 원이지만, 여성
의 평균 연봉은 2900만 원에 그치고 있다.

대형마트 업종 내에서 여성의 임금이 남성에 비해 낮은 이유
는 여성과 남성의 일이 분리되어 있기 때문이다. 대형마트에서 여성
노동자들은 계산 업무(캐셔)나 상품 진열 등 중요하지 않고, 숙련
이 필요 없다고 여겨지는 일을 한다. 그러나 남성의 경우 수산이나

축산 등* 지식이나 기술이 필요하다고 여겨지는 분야 혹은 매장을 전반적으로 관리하는 매니저의 역할을 하기 하고 있기 때문에 비숙련직에 배당된 여성노동자보다 더 많은 임금을 받는다. 마트는 남성노동자가 고객에게 친절함을 베풀 수 있을 것이라 기대하지 않고, 또 그렇게 하기를 원하지도 않기 때문에 고객을 응대해야 하는 부서보다는 원재료를 가공하거나 매장을 관리하여 고객에게 신뢰를 부여하는 역할을 맡긴다.

이 같은 성별분리는 남성이라는 성별이 여성보다 가공과 관리라는 작업에 적합하기 때문에 발생하는 것일까? 물론 그렇지 않다. 어떤 일이 남성적 혹은 여성적으로 분류되는 것은 임의적이다. 제2차 세계대전 당시 미국에서는 남성들이 전쟁에 차출되어 노동력이 부족해지자 상당수의 여성들이 남성적이라 여겨졌던 영역에 진출했고 남성과 차이가 없을 정도로 생산성을 담보했다. 전쟁 당시에는 남성의 일은 여성이 해도 무방하다는 인식이 팽배했으나 전쟁이 끝난 후 남성들이 다시 노동시장에 유입되자 전쟁 중 여성들이 일했던 직종들은 다시 '남성만이 할 수 있는 일'로 의미화되어 여성

---

* 수산이나 축산은 산지에서 원재료를 그대로 공급받아 마트에서 해체하고 소분하여 판매한다. 이를 위해서는 생선과 육고기에 대한 지식이 필요하다. 또 생선의 경우 여러 마리가 한 덩어리로 얼어서 배달되는데, 이 덩어리를 바닥에 던져 얼음을 깬 후 생선을 한 마리씩 분할해야 한다. 돼지고기나 소고기도 큰 덩이로 배달되기 때문에 옮기는 데 힘이 필요하다. 이런 이유로 대형마트 내에서 수산이나 축산은 남성노동자가 근무하는 몇 안 되는 부서 중 하나로 여겨진다.

노동자들은 해고되기 시작했다.[43] 이 사례에서도 알 수 있듯, 마트에서 남성들이 해야 한다고, 남성들 말고는 할 수 없다고 여겨지는 직종은 정말 남성만이 할 수 있는 일이라기보다 성별 고정관념에 기반한 성별 직무 분리일 뿐이다. 업무 수행에 힘이 중요하다면, 남성이 아닌 여성이라도 힘이 센 사람을 고용하면 될 일이다. 마트는 고객에게 여성보다는 남성이 신뢰를 부여할 것이라 생각하고,* 이러한 고정관념으로 마트에서 '핵심적이라고 생각되는' 부서에 남성을 배치한다. 이처럼 성별에 기반한 고정관념은 남성과 여성의 임금 격차를 정당화하는 이유로 악용된다.

최저임금으로
'엄마의 자질'을 삽니다

　　남성노동자에게 마트에서 바라는 자질이 물리적인 힘과 고객에게 주는 신뢰라면, 여성노동자에게 바라는 것은 무엇일까? 바로 '엄마의 자질'이다. 마트는 여성노동자가 남편과 자녀를 상냥하게 뒷바라지했던 것처럼 고객에게 상냥하게 서비스를 제공하고, 집

＊　남성을 신뢰와 연결시키는 관행은 일종의 고정관념으로 작동한다. 예를 들면, 최근까지만해도 고객들은 불만이 있을 때면 남직원을 찾곤 했는데, 여직원은 '낮은 사람' 즉 회사 내에서 권한이 없는 사람이고, 그에 반해 남성직원은 '높은 사람'이었기 때문이다. 여직원이 더 높은 직급인 경우라도, 고객들은 남직원과 대화하기를 원한다.

을 언제나 깔끔하게 청소하고 유지했던 것처럼 매대를 깔끔하게 정리하기를 기대하며, 이를 강조한다.

마트의 서비스 노동에는 '엄마의 자질'이 요구되기 때문에 단기계약직이 아닌 이상 마트는 미혼여성보다 기혼여성을 선호한다. 미혼여성은 엄마에게서 돌봄을 받을 줄만 알지, 누군가를 돌보는 사람으로 여겨지지 않는다. 물론 남성보다는 상대의 감정을 잘 맞춰 줄 것이라 상상된다. 하지만 고객이 화를 내거나 어이없는 요구를 할 때, 미혼여성은 기혼여성보다 더 인내하며 화를 내지 않고 침착하게 미소를 지으며 응대할 수 있을 것이라고 여겨지지 않는다. 자녀의 안녕을 위해, 타인의 안녕을 위해 필요한 것을 적절한 시간에 제공해야 하는 돌봄노동에서 강조되는 역량, 친절이나 사랑과 같은 마음이 미혼여성은 (상대적으로) 부족하고, 정리정돈 등의 가사 노동과 밀접한 관련이 있는 노동을 하지 못할 것이라 간주된다.

[B대형마트가 채용을 꺼리는 사람은] 너무 이 세계에 오래 다녔어. 이것, 저것 주워들은 게 많아. 그럼 가르치기가 힘들고. 나같이 그냥 아무것도 몰라. 이거 해! 이러면 네! 이거 해! 이러면 네! 이런 거 좋아한대요. <서지향, (다)지점 근무>

또한 <서지향>의 인터뷰에서 알 수 있듯 마트 노동자들이 기대받는 것은 '고분고분함'이다. 인터뷰에서 노동자들은 관리자들이 자신들을 상시적으로 무시한다고 토로했다. 이는 중년여성 노동자들이 마주하는 일상적인 폭력이다. '무시'는 여성노동자를 통제하는 손쉬운 방법이기 때문이다. 정당하고 합리적인 문제 제기를 정당하지 않고 감정적인, 어딘가 모자란 것으로 치부하면서 여성이 자기 생각이나 의견에 대해서 신뢰할 수 없게 만들고, 결국에는 문제 제기를 하지 못하도록 만드는 것이다. 이를 가스라이팅이라 부르는데, 부모와 자녀, 직장 상사와 부하 직원, 친구, 연인 등 다양한 관계에서 발생할 수 있지만 특히 권력의 상하관계가 남성과 여성으로 설정되어 있을 때 자주 발생한다.[94]

이러한 통제는 관리자와의 관계에만 머무는 것이 아니라 고객과의 관계 등 다른 권력관계에 노출되었을 때에도 작동해 노동자들은 자기 생각을 신뢰할 수 없게 된다. 손님이 불합리한 요구를 해도 정말 불합리한 요구인지 스스로 판단하기가 어려워지며, 불합리한 요구임을 인지하더라도 자신이 관리자에게 합리적으로 의견을 전달하지 못하리라 믿게 된다. 그래서 고객과의 마찰이 생기는 경우 기혼여성 노동자들은 고객과 싸우기보다 일방적으로 사과해 상황을 무마하고자 노력하게 된다.

정리하자면 기혼여성은 유순하여 관리자의 말에 복종하고, 고객과의 관계에서도 자기주장을 하지 못하는 '고분고분함'을 갖추었다고 여겨지고, 그래서 다른 집단에 비해 통제가 용이하기 때문에 대형마트는 기혼여성을 선호한다. 주중 스태프 직군에게도 마찬가지로 적용된다. 주중 스태프는 전일제 노동자와 동일한 노동조건을 가지고 있다.* 주중 스태프는 평일에도 근무하기 때문에 상대적으로 여유로운 시간대에도 배치되고, 주 5일에서 6일을 근무하는하기에 성실성과 친절함이 더욱 강조된다. 그 때문에 젊은 사람보다는 주부를 선호하는 경향이 있다. 주부 사원은 미혼여성과 비교했을 때, 업무 처리 속도가 빠르지 않더라도 참을성과 책임감이 있다고 여겨지기 때문이다.[95]**

문제는 '엄마의 자질' 역시 여성이 노력을 통해 발전시키는 자질임에도, 여성이라면 당연히 가지고 있는 자질로 이해되면서 노동시장이 적절한 보상을 제공하지 않는다는 것이다. 기술과 지식을 필요로 한다고 여겨지는 남성의 노동은 그런 자질을 습득하는 과정에서 노력 혹은 능력이 필요하기에 중요한 일로, 보상되어야 하는

* 전일제 노동자와의 차이는 계약기간이다. 스태프 직군은 주말이든 평일이든 6개월씩 2번까지 계약이 가능하고, 전체 계약기간은 1년을 넘길 수 없다.

** 반면 주말에만 일하는 아르바이트에게 기대되는 자질은 '엄마의 자질'이 아니다. 내가 일했던 주말 스태프 직군의 경우, 성별과 상관없이 젊은 사람을 선호하는 경향이 있다. 주말 스태프는 일주일 중에서도 가장 바쁜 시간대와 가장 바쁜 요일에 투입되기 때문에 이들에게는 친절한 서비스보다는 빠른 속도가 요구된다. 계산대에서 기다리는 고객들의 줄이 길어진 상황에서는 고객마다 눈을 맞추며 친절하게 응대하는 노동자보다 조금 무뚝뚝하더라도 빠르게 계산하여 대기 인원을 신속하게 줄이는 사람이 필요하다.

일로 간주된다. 하지만 돌봄의 자질, '엄마의 자질'은 여성이라는 생물학적 성에서 기인한 것으로 여겨져 능력도 아니고, 별다른 노력도 필요하지 않은 자질로 간주된다. 그렇기에 중요하지 않고, 높은 수준의 보상이 필요 없는 일로 간주된다.

아줌마는 생계부양자가 아니다?

노동 현장에서 여성노동자, 특히 자녀를 둔 여성노동자의 저임금이 사회적 문제로 제기되지 않는 이유는 이들이 생계부양자로 여겨지지 않기 때문이다. 자녀를 둔 여성은 결혼을 했을 것이라 상상되고, 결혼을 한 여성은 생계부양자인 남편의 아내이자 가정을 우선으로 여기는 주부로 간주된다. 먹고 살기 어려워 노동시장에 진입한 것이 아니라, 자신이, 혹은 가족이 더 나은 삶을 살기 위해 용돈을 버는 '취업 주부'인 것이다. 반면 남성은 가족의 생계를 위해 일을 하는 생계부양자이기 때문에 남성들의 일자리는 일정 수준의 가족임금을 보장받고, 고용조건이 상대적으로 안정적이다.

<표 6>(88쪽)에서 대형마트 노동자 및 지점 현황을 다시 살펴보면, D대형마트는 여성노동자가 대다수인 다른 대형마트와 달리 남성노동자 비율이 높다. 이는 D대형마트의 노동조건이 다른 대형마트와 다름을 암시한다. 다른 대형마트들이 여성과 남성의 일을 나누어 부서를 정하는 것과 달리, D대형마트는 성별에 따라 직무

를 분리하지 않는다. D대형마트는 노동자들이 어느 부서에 배치되어도 일을 할 수 있도록 주기적으로 부서 이동을 실시한다. 입사 후 처음으로 배정된 업무가 계산이라 하더라도, 일정 기간이 지난 후에는 계산이 아닌 다른 업무를 배워야만 하는 것이다.

또한 D대형마트는 아르바이트 사원들 중에서 정규직 사원을 직접고용한다. 이곳에서 일하는 정규직은 정년이 없는 것으로 유명하다. 노동자가 원하면 언제까지고 일할 수 있다. 또한 정해진 근무시간을 채우기만 하면 호봉에 따라 임금이 인상되고, 승진도 할 수 있다. 사무직인 D대형마트 본사 직원도 외부 공고를 통하지 않고, 사내 공고를 통해 현장직 대졸 사원 중에서 채용한다. '아르바이트 사원-현장 정규직 사원-본사 사무직 사원'으로 이어지는 승진 체계를 가지고 있는 것이다.*

정리하자면 D대형마트에 근무하는 남성노동자의 비율이 다른 대형마트에 비해 높은 까닭은 해당 일자리가 정년이 없고, 근속연수에 따라 임금인상과 승진을 기대할 수 있는 소위 '좋은 일자리'이기 때문이다. 이런 일자리에는 자연스레 남성노동자가 많이 유입되고, 결국 남성적 일자리로 자리 잡는다. D대형마트의 노동조건과 노동자 성비는 마트노동에 요구되는 '천성'이나 '자질'이 마트 노동

---

* 최근 D대형마트의 이런 시스템이 바뀌었다는 이야기도 들린다. 그러나 이에 대해서는 조사하지 못했다. 후속 연구가 필요하다.

자의 성비를 결정하는 것이 아니라, 해당 일자리가 안정적인 '생계부양'이 가능한 좋은 일자리인지, 그렇지 않은지가 마트 노동자의 성비를 결정하는 것임을 보여 준다.

그러나 다른 대형마트의 경우 이미 값싼 임금을 지불해도 되는 여성노동자들이 많이 유입되었기 때문에 불안정함을 유지하게 된다.* 따라서 '대형마트가 원하는 인력'은 생계부양자가 아닌 것으로 판단되는 기혼여성이다. B대형마트 캐셔 <서지향>은 입사 전 먼저 마트에서 일하고 있던 친구에게서 대형마트가 원하는 '인재상'을 전해 들었다. <서지향>에 따르면, B대형마트가 선호하는 노동자는 생계부양자가 아니라 벌고자 하는 돈이 적고, 마트에서 가까운 곳에 거주하며, 유통업계에서 오래 일한 경험도 없고, 아무것도 몰라서 시키면 시키는 대로 토 달지 않고 일하는 사람이다. B대형마트 입장에서 이런 노동자들은 '용돈벌이'를 위해 일하기 때문에 임금 상승에 대한 욕구가 적고 통제하기도 쉽다.

B대형마트는 그게 있대요. 그러니까 특히 캐셔 쪽은 돈을 만지잖아요. 그럼 남편 직업을 좀 고려를 한다는 풍문이 있어요. 경찰공무원, 공무원, 회사도 조금…. 그리고 가서 보면은 남편들이 다 그

---

* 어떤 일자리가 '남성적 일자리'라 할 때, 처음부터 남성이 유입되어 안정화되었는가, 아니면 안정적 일자리였기 때문에 남성이 유입되었는가하는 점은 명확하지 않다. 닭이 먼저냐 달걀이 먼저냐와 같다고 볼 수 있다.

래요, 직업군이. 택시하시는 분이... 개인택시, 공무원, 경찰공무원, 그리고 공사 직원, 아니면은 회사도 좀 웬만한 회사.... ○○자동차라든가 이런 이름 있는 회사들? [이런 회사에] 남편들이 재직 중인 경우가 많아. (중략) [마트에] 들어가니까 다니던 언니들이 그런 말들을 하더라고. 여기는 남편 직업군들이 그렇다고.
<이미애, (다)지점 근무>

파트타임은 짧게 일하니까, 돈을 많이 벌고자 하는 사람은 ○○공단에 가야 된다고 생각을 했어요. (중략) 내가 이걸로 내가 5시간 하는데 돈을 가져가 생계를 책임져야 된다고 하는 사람은 안 되고. 1번이 그건 안 되고. 그다음에 집이 너무 멀어. 돈 70만 원 버는 데 차비를 2~30만 원 써. 이것도... [B대형마트가] 안 받잖아.
<서지향, (다)지점 근무>

여기에서 "공단"은 여성노동자들이 많이 일하는 전자 전기 부문이나 화장품 등의 생산 공장 단지를 의미한다. "공단에 들어가면 돈을 많이 번다"는 이야기는 중년여성 노동자들 사이에서 공유되는 정보이다. 공단 또한 중년여성 고용률이 높은 대표적인 저임금 일자리로 실제로는 주간 고정, 야간 고정, 주야 맞교대, 3조 2교대, 4조 3교대 등 교대 형태에 따라 임금 편차가 무척 크다. 공장 노동은 시급이 높아 많은 돈을 벌 수 있는 게 아니라, 더 오래 일할 수밖에 없는 환경이기 때문에 최저임금 수준에 머무는 임금 구조에도 불구하고 상대적으로 더 많은 급여를 가져가는 것이다.[46] 공단에서는 노동자가 원하지 않더라도 상시적으로 연장 근무나 야간 노동을 해야만 한다.[47]

그러나 후에 자세히 살펴보겠지만 이 여성들이 고객과의 관계에서 모욕감을 느끼고 관리자들에게 무시를 당하면서도 일을 그만두지 않고 일터에 계속 남아 있는 것은 이들이 벌고자 하는 돈이 '용돈'이 아님을 반증한다. 용돈을 벌고자 하루 종일 서서 모욕을 당하며 일하는 사람은 없다. 따라서 이들의 일을 용돈벌이로 간주하는 것은 중년여성의 일에 대한 가치 절하이며, 이들의 임금을 인상하지 않으려는 하나의 전략으로 해석해야 한다.

언제든 출근할 수 있는 아줌마들?

한국에서 '출퇴근시간'이라고 하면 보통 오전 8시에서 10시, 오후 6시에서 8시 사이를 의미한다. 모든 사람이 이 시간에 출퇴근을 하는 것은 아니지만, 사무직 노동자들이 오전 9시부터 오후 6시까지 일하기 때문에, 여기에 맞추어진 출퇴근시간이 보편적인 것으로 여겨지는 탓이다. 기술의 발전으로 시공간을 넘나드는 변칙적인 노동이 확산되고, 시간이 갈수록 표준근무스케줄을 가진 노동자들이 줄어들고 있음에도 불구하고 사회는 오전 9시를 기준으로 돌아간다. 9시라는 표준 시간은 회사뿐 아니라 학교에도 적용된다. 학교에서 일하는 선생님들이나 행정직 공무원들 또한 노동자이기 때문이다.

가히 국가의 모든 시스템이 월요일부터 금요일 오전 9시와 오후 6시라는 큰 스케줄 안에서 조정된다고 볼 수 있다. 이를 표준근무스케줄standard working schedule이라 한다. 표준근무스케줄에 따르는 사람들은 매일 출근시간이 고정되어 있기 때문에 계획적인 삶을 살 수 있다. 경우에 따라서 야근을 한다 해도 다음 날에는 같은 시간에 출근해야 한다. 또한 휴일이 주말 이틀로 고정되어 있어 여행 등의 장기적인 계획을 세우기도 쉽다.

이런 스케줄을 따르는 사람들을 대상으로 영업을 하는 식당, 옷 가게와 같은 기타 서비스업에서는 이들이 퇴근하는 시간에 맞춰 아예 늦게 영업을 시작하거나 24시간 영업을 지속하기도 한다. 대형마트도 마찬가지이다. 대형마트는 소비자에게 물건을 파는 것이 일차적 목적인데, 대부분 소비자가 소비자인 동시에 노동자이기 때문에 마트는 노동자가 회사에서 퇴근하여 소비자로 탈바꿈되는 시간까지도 영업을 지속해야 한다. 즉, 표준근무스케줄에 따라 자사 노동자들을 배치할 수 없는 것이다. 고객이 일터에 있는 시간보다, 고객이 집에 있는 시간에 마트를 방문할 가능성이 높기 때문에 오히려 표준근무스케줄과 비껴가는 방식으로 노동자들을 배치해야 한다. 그래서 마트는 오전 10시부터 오후 6시까지 일할 수 있는 사람보다는 오후 4시부터 오후 11시까지 일할 수 있는 노동자를 선호한다. 특히, 대부분 노동자가 쉬는 주말에 일할 수 있는 사람을 선호한다.

또한 대형마트는 고객이 방문하리라 예측되는 시간에 노동자들을 배치해야 하기 때문에 교대제를 통해 노동력을 배치한다. 교대제란 노동자들이 작업 현장에서 특정한 순환 주기에 따라 연속적 혹은 불연속적으로 이어서 일을 하는 방식이다.[48] 교대제 노동자들은 하루, 혹은 한 주 동안 서로 다른 시간대에 일을 하며 '바톤 터치'를 한다. 또한 교대제 업무를 할 때에는 주기적으로 근무시간이 변경된다.*

교제대 근무 업종으로 비교적 잘 알려진 제조업의 경우에는 정해진 근무시간대를 한 주 단위로 번갈아 가며 일하는 기본적인 형태의 교대제를 활용한다. 제조업에서 필요로 하는 노동량은 하루 단위 생산량을 맞추는 수준이면 충분하기 때문에 특정한 시간대의 생산량은 중요하지 않다. 그래서 3교대나 2교대로 조를 만들어 하루 24시간 가까이 생산을 할 수 있도록 노동력을 운용한다. 2교대인 경우 첫째 주 오전 근무자가 둘째 주에는 오후 근무를 하는 방

* 근무시간 변경 없이 야간, 오전 등으로 나누어 근무하는 경우는 교대근무로 부르며, 교대제 근무와는 다르다.

<표 10> B대형마트 (가)지점 순환형 교대제 출근시간대 현황

오픈타임	중간타임	마감타임
9:30	12:00	15:10
9:50	12:30	15:20
10:20	13:10	
10:50	13:20	
11:50	13:30	
	13:40	
	13:50	
	14:00	
	14:10	
	14:20	

* 연구자가 참여관찰 당시 받았던 스케줄표를 통해 재구성.

식이다. 출근시간은 오전과 오후로 달라질 뿐 같은 시각으로 고정 되어 있다.

대형마트는 교대제 중에서도 순환형 교대제를 통해 노동력 을 배치한다.[49] 제조업과는 달리 고객 방문이 많은 시간대에 맞춰 노 동력을 배치해야 하기 때문에 고정된 시간대로 순환하는 방식이 아 니라 순환하는 근무시간대가 유동적으로 운영된다. 이런 순환 방식 에서는 같은 오픈타임 노동자들이라도 서로 출근시간이 달라진다.

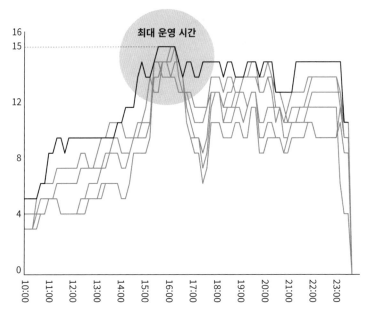

<그림 3> (가)지점 식품관 계산대 운영 대수 변화

최대 운영 시간

16
15
12
8
4
0

10:00 11:00 12:00 13:00 14:00 15:00 16:00 17:00 18:00 19:00 20:00 21:00 22:00 23:00

━ 일요일 · 월요일 · 화요일 · 수요일 · 목요일 · 금요일   ━ 토요일

또한 제조업 교대 근무에서 주말 이틀을 휴일로 고정하고 있는 것과 달리, 주말에도 영업을 해야 하는 소매업의 특성상 대형마트 노동자들은 주말에도 근무를 해야 하고, 매달 지정되는 휴무일도 달라진다.

또한 대형마트는 공휴일이나 주말 같은 '쉬는 날'일수록 바쁘기 때문에 노동력을 주 단위로 조절해야 한다. <그림 3> (가)지점 식품관 계산대 운영 대수 변화는 식품관이 있는 층의 계산대 운영 대수를 요일과 시간대별로 기록한 것이다. 각 요일의 계산대 운영 추이는 비슷한 패턴을 가지고 있는데, 마트 영업이 시작되는 오전 10시를 기준으로 꾸준히 증가하고, 15시 전후에 최대치로 운영된다. 다른 시간대와 비교했을 때 계산대는 15~17시, 19~20시, 21~22시 사이에 최대로 운영되고 있다. 한 주 중 가장 바쁜 요일인 의무 휴업일 전 토요일에는 다른 날보다 계산대를 더 많이 운영한다.

이를 통해 대형마트가 고객의 방문이 많은 시간대와 요일에 따라서 노동력을 주 단위뿐 아니라 일 단위로도 조절하고 있음을 알 수 있다. 이런 이유로 대형마트 노동자들은 출퇴근시간이 일정치 않고 매달 '쉬는 날'도 다른 것이다. <표 10>을 통해 알 수 있듯, 오픈, 마감, 중간타임 근무라는 큰 틀이 존재하기는 하지만 정확한 출근시간은 관리자가 근무표를 고지해야만 알 수 있다. 이런 변칙적인 근무 스케줄에 따라 일을 해야 하는 그들에게 고정적인 휴일은 대형마트 의무 휴업일* 뿐이다.

'노조' 못 하는 아줌마들?

고용노동부에서 발표한 자료[58]에 따르면 2019년 기준 노동조

∗   단기적인 생활 계획도 세울 수 없을 정도로 불안정한 근무 스케줄은 노동자의 건강에도 영향을 미친다. 의무 휴업일은 노동자들에게는 고정적이고 계획적으로 휴식이 가능한 몇 안 되는 날이다. 이런 맥락에서 대형마트 의무 휴업일은 골목상권 활성화보다는 마트 노동자들의 노동권 보호 측면에서 접근해야 한다.

합 조직률은 12.5퍼센트이며, 전체 조합원 수는 253만 1,000명에 불과하다. 부문별로 살펴보면, 민간부문 10.0퍼센트, 공공부문 70.5퍼센트, 공무원 86.2퍼센트, 교원 3.1퍼센트로, 공공기관의 조직률이 높은데 이를 감안하면 실제 민간기업의 노동조합 조직률은 더 미미하다고 볼 수 있다. 해당 보도 자료에는 성별 조직률을 공개하지 않고 있는데, 대개 연구자들은 여성노동자들의 조직률은 남성의 절반에도 못 미친다고 본다.

여성노동자의 노동조합 조직률이 낮은 이유는 무엇일까? 여성노동자는 비슷한 상황에 처한 남성들보다 전투적이지 않고, 정치나 사회 문제에 관심이 없어 노동조합에 가입하지 않고, (가입한다 하더라도) 노동조합 활동에 적극적이지 않기 때문일까? 이런 편견들은 여성노동자의 낮은 노동조합 조직률을 성별 차이로 간주한다.

여성학자 예이츠는 노동조합의 여성 조직화에 대한 편견을 상세히 분석했다.[51] 첫째, 여성은 남성보다 가족을 중시하기 때문에 노동조합은 여성의 조직화를 강조하지 않는다. 둘째, 여성은 주 생계부양자가 아니라 보조적인 생계부양자이기 때문에 노동시장에서의 경력을 일정하게 유지할 수 없어 임금과 노동조건 개선에 적극적이지 않다. 셋째, 여성은 수동적이고, 대립적인 것을 피하도록 사회화되기 때문에 갈등이 발생했을 때 이를 해결하려 하기보다는 회피

하고자 하고, 고용주와 정서적 관계를 맺을 가능성이 높아 노동조합 활동에 불리하다.

노동조합 조직과 관련된 여성노동자에 대한 통념들은 페미니스트들에게 도전을 받아 왔다. 여성노동자들의 낮은 조직률이 수동적이고 문제가 있다고 여겨지는 여성성 때문이라 간주하는 노동조합의 남성중심적 인식에 문제를 제기하면서 여성들의 선택이 진정으로 '개인적인 선택'인지 질문을 던졌다. 여성은 스스로 노동조합에 가입하길 원한다 하더라도 사회, 문화, 제도 등에 의해 저지된다.[52]* 예를 들어 노동시장의 이중구조와 더불어 성별에 따라 직종이 분리된 구조에서 여성들은 전통적으로 노동조합 조직률이 낮은 분야에 유입되는 경향이 강하다. 이러한 상황에서 여성들은 단체의 도움 없이 스스로 노동조합을 조직해야 하는 상황에 직면하게 된다. 결국 여성들은 정치나 사회 문제에 관심이 없어 노동조합 활동

* 여성을 둘러싼 구조에 주목하는 이러한 관점은 구조 그 자체에 주목하게 한다는 점에서 의미가 있지만, 역사 및 사회학 문헌에 매우 풍부하게 기록되어 있는 노동조합 내 여성의 활동을 설명하기에는 부족하다는 지적이 있다. 노동조합 내 여성의 종속을 가부장제의 한 측면으로 설명할 경우, 가부장제는 변하지 않는 고정된 것으로 가정되어 노동조합 내 여성 위치 변화를 설명하기 어려워진다. 또한 노동조합의 남성중심적 문화만을 문제시할 경우에도 남성과 여성의 차이를 드러내게 되어 다시 여성성과 남성성을 본질화하거나 이러한 문화 안에서도 이루어져 왔던 여성 노동 투쟁의 많은 역사적, 현대적 사례를 인정하지 않게 된다(Ruth Milkman, "Gender and Trade Unionism in Historical Perspective", in *Women, Politics, and Change*, New York: Russell Sage Foundation, 1990, pp. 87~107).

을 하지 않는 것이 아니라 노동조합에 가입하고 싶어도 회사 내에 노동조합이 존재하지 않기 때문에 노동조합 활동을 하지 못하는 것이다.

또한 최근 재편된 산업구조가 여성의 낮은 노동조합 조직률을 만드는 요인이 되고 있다는 지적도 나오고 있다.[53] 노동조합 조직이 어려운 서비스 부문에 여성이 다수 유입되었기 때문이라는 것이다. 서비스업은 거대한 공간 하나에서 많은 작업자가 함께 일을 하는 제조업과는 달리 일하는 공간이 더 작은 단위로 분리되어 있으며, 훨씬 적은 수의 노동자가 교대로 일을 한다. 특히 표준근무스케줄에서 벗어난 근무 스케줄은 각기 다른 시간에 노동자들을 배치하여 노동자들이 한 공간에 함께 모이는 것조차 어렵게 만들기 때문에 노동자들의 단합을 힘들게 하는 특징이 있다. 또한 서비스업 노동자들은 각기 다른 업무를 맡고 있는 경우가 많아 공통의 이해관계를 도출해 내기도 어렵다.

더욱이 한국은 대기업 정규직 남성을 중심으로, 산업이 아닌 기업별로 노동조합이 조직되어 있어 전체 노동자들의 이해 대변을 충실하게 하지 못하고 있다. 일부 정규직 노조가 비정규직과의 차별 문제를 회피하거나, 그들과 구분 짓기를 통해서 자신들의 이해관계를 관철시키고, 임금 협상에 치중하는 모습은 노동조합이 누구를 위한 조직인지에 대해서 고민하게 한다.[54]

이러한 상황에서 민주노총 서비스연맹의 성장은 고무적이다.[55] 민주노총에서는 유통산업 노동조합을 전략적으로 조직하기 위해 노동현장에 직접 활동가들을 배치했으며, 이후 면세점, 대형마트 등에 노동조합을 설립하는데 성공했다. 현재 대형마트 3사에 조직된 노동조합이 이러한 흐름 위에서 새롭게 설립된 노동조합에 속한다. 2012년 B대형마트 노동조합이 설립된 것을 시작으로, 2013년에는 C대형마트에, 2015년에는 A대형마트에 노조가 설립되었다. 이후 2017년에는 대형마트 3사를 중심으로 노동조합이 통합되어, 현재에는 산별노조인 '마트노조'의 산하로 대형마트 노동조합과 기타 중소형 마트의 노동조합이 조직되어 있다.[56]

또한 최근 보고에 따르면 '여성노동자는 조직화가 어렵다'는 통념에 반하여 2011년 이후 여성이 노동조합의 조직률 성장을 이끌었다는 것이 밝혀졌다. 한국노총에 따르면, 2011년에서 2018년 사이 남성과 비교했을 때 여성조합원이 10만 명 이상 증가했다. 이 시기 부문 내 여성 비율이 높은 학교 비정규직과 공공기관 조직화가 진행되었다는 것을 감안할 때, 이러한 조직화의 주축이 여성노동자임을 알 수 있다.[57]

시간을 과도하게 요구하는 노동조합

그러나 아직 한계는 남아 있다. "시간을 잡아먹는 탐욕스러운."[58] 단체인 노동조합이 그 활동에 있어서 상당한 수준의 헌신과 충성도, 업무의 과중과 감정 노동을 요구하기 때문이다. 가정 내 돌봄노동을 남편과 분담하기 어려운 환경에서 노동조합 활동은 여성 노동자들에게 상당한 압박이 된다.[59] 이렇게 고도의 헌신을 요구하는 대표적인 활동으로는 다른 사업장에 대한 연대활동이 있다. 물론 노동조합 활동에서 연대는 해당 문제가 나의 문제가 아니라 우리의 문제이고, 따라서 개인을 넘어 사회가 변화할 수 있도록 추동해야 함을 깨닫게 한다는 의미가 있다. 하지만 이 연대를 위해 개인 시간이 과도하게 사용될 경우, 과연 이 운동이 나와 동료들을 위한 것인지, 조직(노동조합)을 위한 것인지 회의하게 한다는 문제가 발생한다. 내가 나의 가정을, 내가 나의 일상을 돌보지 않고 다른 사람의 노동권을 위해 집회에 다니는 것이 어떤 의미를 지니는가? 이러한 연대가 어떤 의미가 있을까?

특히 돌봄노동과 임금노동으로 상시적인 시간 압박을 겪고 있는 유자녀 여성노동자들에게 연대활동에 참여하라는 말은 가정을 돌보고 남는 개인 시간 전부를 노동조합 활동에 사용하라는 의미로 받아들여진다. 실제로 나는 여성노동자들에게서 노동조합이 과도한 시간 사용을 요구하는 점에 대한 불만을 들을 수 있었다.*

* 인터뷰 내용에 대해서는 이 절에 싣지 않는다. 본 책의 인터뷰가 노동조합을 매

더욱이 대형마트가 여성 중심 사업장이기 때문에 여성조합원이 다수를 차지하는 노동조합임에도 불구하고 노동조합 간부들이 남성이라는 점, 그로 인해 가정 일을 책임져야 하는 여성들의 상황에 대한 인식이 부족하다는 문제는 해결되어야 마땅하다.**

이처럼 연대활동을 비롯한 노동조합의 전략이 아직까지도 대면 활동을 중심으로 하기에, 개인 시간이 부족한 여성조합원들은 현장 참석에 대한 심리적 부담이 큰 상황이다. 게다가 이 과정에서 각 지회들은 집회에 일정 수의 조합원을 동원할 것을 요구받는다. 집회 참석과 같은 대면 활동이 강제가 아니라 하더라도, 참석률을 조사하여 공유하거나 집회에 왜 참석하지 않았는지 이유를 묻는 등의 행위는 충분히 압박으로 다가올 수 있다.***

개로 이루어졌다는 특성상, 인터뷰에 대해 직간접적 인용을 할 경우, 참여자의 신상이 드러날 위험이 있기 때문이다.

**　특히 남성위원장을 중심으로 하는 위계적인 소통체계는 여성조합원들의 활동을 제약하고 있다. 여성간부의 노동조합 활동 경험을 분석한 연구에 따르면, 노동조합의 위계와 성과주의 지향은 성평등 이슈를 배제한다. 동시에 남성중심적 노조는 여성조합원을 남성과 동등하게 대우하지 않고 여전히 보조적인 역할을 하는 사람으로 간주함으로써 여성조합원의 활동을 제약한다(윤정향·윤자호·황수옥, 「여성노동자의 노조활동 침체 원인: 노동조합 여성간부의 경험」, 『산업노동 연구』, 제25권 2호, 2019, 1~35쪽).

***　장기적으로 보았을 때, 이러한 행위는 노동조합에도 부정적인 영향을 미친다. 결국 압박감 혹은 부채감을 가지고 활동하는 조합원은 노동조합 활동이 더 이상 즐겁지 않을 것이고, 결국 활동을 하지 않게 될 가능성이 높기 때문이다. 단적인 예로 대학에서 학생운동을 했던 나 역시 졸업 후 사람을 동원하기 싫어서, 다시 말해 '조직하기 싫어서' 노동운동을 접었다.

더불어 노동조합 내부의 정치적 배경으로 인해, 다른 사업장에 대한 연대뿐만 아니라 남북 통일문제 등의 정치적 사안에 대한 연대활동에도 빈번하게 참석이 강요되고 있는 것으로 보인다. 처음 여성노동자들은 자신들의 노동환경을 개선하기 위해 노동조합에 가입하여 활동을 시작하는데, 이내 해당 노조가 속한 상급 단체의 정치적인 목적을 깨닫고 갈등하게 된다. 통일 문제에 관심이 없는데도 통일운동 연대활동에 참여하게 한다든가, 특정한 정당에 가입하고 싶지 않음에도 가입을 강요당하는 상황이 발생하는 것이다.[*] 가장 큰 문제는 이 과정에서 조합원의 의사를 묻는 등의 소통 과정이 전무하다는 데 있다. 이들은 왜 통일운동을 해야 하는지, 왜 그 정당이 우리에게 필요한 정당인지에 대해서 알지도 못한 채로 활동을 강요받고 있다.

정리하자면 '여성은 조직이 어렵다'는 언설은 노동조합의 핑계에 불과하다. 여성들이 주로 일하는 사업장은 그 노동의 특수성으로 인해 조직이 어렵다. 또한 여성들은 남성과는 달리 가정에서 무임금노동을 추가적으로 해야 하기 때문에 일을 마친 후의 잔여 시간을 자신을 위해 오롯이 사용할 수 없다. 이러한 상황에서 노동조합은 여전히 조합원들에게 상당한 시간이 드는 활동을 요구하고,

---

[*] 이러한 행위는 민주노총 규약 위반이기 때문에 징계 대상이나, 사실상 노동자를 위해 일하는 활동가를 타깃으로 상급 단체에 징계를 요청하기는 어렵다. 따라서 이에 대해서는 활동가들의 성찰이 필요하다.

이는 노동조합활동이 여성의 생활과 공존하기 어렵게 한다. 개인적 시간을 노동조합 운동에 헌신하기를 바라는 것은 여성노동자들의 삶을 인식하지 못한 결과이다. 여성들은 너무 바쁘다. 여성노동자들은 생계부양자이지만 남성과 달리 임금노동을 하고 있음에도 여전히 가족을 돌볼 책임을 이행해야 한다.

이러한 상황에서, 단순히 여성들이 노동조합 운동에 열정적이지 못하다는 비난은 앞서 지적한 수동적 여성성이라는 편견으로 회귀하는 것이며 그러한 비난이 노동조합 성장에 그 어떤 해답도 내놓지 못한다는 점에서 공허한 변명에 지나지 않는다.

2장   최저임금과 함께
아줌마들이 벌어 가는 것

한국 여성의 생애주기에 따른 경제활동 참가율은 'M자' 곡선을 그린다. 즉, 여성들은 결혼, 출산을 이유로 20대 후반에서 30대 초반에 노동시장을 이탈한 후 아이가 학교에 다니기 시작하는 30대 후반에서 40대 초반에 다시 노동시장으로 진입하여 임금노동을 시작한다. 모든 국가에서 여성의 경제활동 참가율이 이 같은 형태를 띠는 것은 아니다. <그림 4> 2019 OECD 주요국 여성 연령대별 고용률 변화 그래프를 살펴보면, 스웨덴의 경우에는 나이가 들수록 여성의 노동시장 참여율이 증가하고 있으며, 미국이나 일본의 경우 35세에서 39세 사이 여성의 고용률이 잠시 주춤하기는 하지만 노동시장을 이탈하는 정도는 크지 않다.

그러나 한국 여성들은 30세부터 노동시장을 이탈하기 시작하여 35세에서 39세 사이 이탈률이 가장 높아졌다가 다시 노동시장에 진입하는 M자형의 모습을 보이고 있다. 물론 최근에는 외벌이

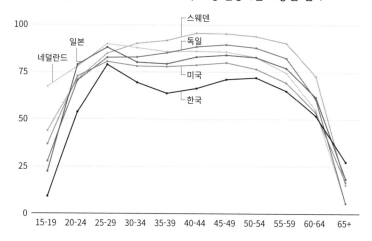

<그림 4> 2019 OECD 주요국 여성 연령대별 고용률 변화

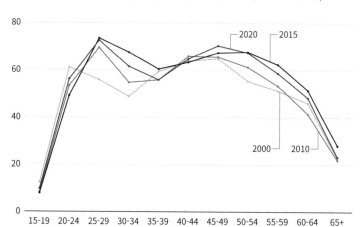

<그림 5> 여성의 연령별 경제활동 참가율 추이(2000~2020)

보다는 맞벌이가 보편적인 가구(가족) 형태로 자리 잡고 있어 결혼이나 출산을 계기로 일을 그만두는 여성이 줄어들고 있는 추세임에도 불구하고 <그림 5> 여성의 연령별 경제활동 참가율 추이를 살펴보면 여전히 이러한 현상이 유지되고 있음을 알 수 있다. 제1차 여성가족패널조사에 따르면, 기혼여성 중 40.4퍼센트가 결혼 전후로 약 2년 이내에 노동시장을 이탈한다.[60] 또한 최근 연구에 따르면, 노동시장에서 이탈하는 여성이 많이 줄어들기는 했지만, 여전히 비정규직 여성은 혼인 후 2년 내로 대부분 일을 그만두고 있으며, 정규직 여성이라도 정규직 남성과 비교하면 경력을 유지하는 비율, 다시 말해 일을 그만두지 않는 비율이 현저하게 낮은 것으로 나타난다.[61]

'경단녀'에서 캐셔로,
아줌마들의 역사

혼인 2년 전후라는 시점은 마트 여성노동자들이 과거에 노동시장을 이탈하게 된 시점과 일치한다. <서지향> 또한 사내 결혼 후 퇴직을 했다. 그녀는 여자도 공부를 해야 한다는 어머니의 말에 4년제 대학교에 진학했지만, 남자도 아닌 여자가 돈을 벌지 않고 공부하는 것을 싫어했던 아버지로 인해 학교를 그만둔 후 서울로 상경했다. 다행히 공기업에 취직을 한 그녀는 같은 회사에서 만난 남편과 연애결혼을 했다. 결혼 당시 그녀는 직장을 다니면서 아이를 가지려 했으나, 아이를 먼저 낳고 나서 돈을 벌어야 한다는 친정 엄마의 설득과 "엄마는 가정을 지켜야 한다"라는 남편의 주장에, 잘 다니던 회사를 그만두고 전업주부로 지냈다. 하지만 곧 아이도 없이 가사 노동만 하는 전업주부 생활에 지친 그녀는 높은 경쟁률을 뚫고 다시 제약 회사에 취직했다. 하지만 결국에는 아이를 가져야 한다는 주변의 성화에 못 이겨 "애기를 갖기 위해서" 직장을 다시 그만두게 되었다.

엄마는 가정을 지켜야 된다. 실컷 놀고 아이가 올 때는 이렇게 맞이해 줬으면 좋겠다. 그래서 그때 사고방식은 당연히 그런 게 맞지. 그래도 내가 막 크게 전문적인 직장이 아닌데, 그냥 관두고 그때 또 하필 애기가 없어가지고 [그만두라고] 친정 엄마가 막 말렸어요. 아기를 낳아야 돈을 버는 거지, 너는 지금 거꾸로 하고 있다. 우리 친정집이 손이 귀했거든. 근데 이제 아기를 가지면 당연히 그만둘 생각도 있었는데, 애기가 없으니까. 결혼하고 좀 다니다가 그만뒀어요. 일단. 그만두고 조금 있는데, 아우 그것도 안 되겠는 거야. 그래서 신문광고를 큰 거를 보고 ○○제약에 또 들어간 거야. 거기도 엄청 어렵게 [경쟁률이] 몇 대... 신혼인 사람 나밖에 없었는데 들어간 거야. 거기서 다니다가 인제, 거기는 전산... 전화 받고 카운셀링(전화상담원)이었어요. 원래 카운셀링을 뽑았는데 몇 명은 카운셀링을 하고 몇 명은 전산실로 가고 또 몇 명은 뭐 뭘 하고, 회계하고 이렇게. 그거 하다가 어쨌든 간에 애기를 갖기 위해서 그만둔 거 같아요. 그만두고 쭈욱 쉬었지. 누구도 [아기를] 보살필 사람이 없어서. <서지향, (다)지점 근무>

<이미애>는 결혼 후 일을 계속하지 않고 그만둔 것을 지금도 후회한다. 다시 취업을 할 때 그때와 비슷한 수준의 직장에 취직할 수 없었기 때문이다. 과거에는 여성이 결혼을 하면 일을 그만두어야 했다. 일을 지속할 경우 남편이 무능력하게 비춰졌기 때문이다. 결혼한 여성에게 직장은 가정이어야 하는데 결혼 후에도 여전히 회사에 다닌다는 것은 남편이 경제적으로 무능하지 않고서는 불가능한 일이었다. 특히 사내 결혼을 한 <이미애>는 그만두어야 하는 것이 당연시되었다. 그래서 결혼과 동시에 다니던 회사에 사표를 냈다. 그러나 이후 자녀가 생기자 남편의 월급만으로는 생활이 빠듯했다. 생활비를 벌기 위해 임금노동을 해야 하는 상황에서 미혼일 때 다녔던 직장과 수준이 비슷한 곳에 취직하기는 어려웠고, 25년이 지난 지금까지도 퇴직을 후회하게 되었다.

결혼하면서, 그 당시에는 결혼하면 그만둬야 되는 게 관례처럼 되어 있어서, 만약에 [계속 회사를] 다니면 남편이 무능하게 비쳐졌었거든요. 그래서 지금도 그걸 제일 후회를 해요. 그 좋은 회사를,

그 좋은 회사를 그만둔 거에 대해서. 근데 그때는 이런 개념도 없었어요. 그냥... 무조건 그만두는 거. 결혼하면. 25년이 지난 지금도 후회해. <이미애, (다)지점 근무>

남편은 돈을 벌고 아내는 그 돈으로 가정을 꾸려야 행복하다는 남성생계부양자 이데올로기를 따라 직장을 그만둔 여성들은 아이를 기르며 남편이 벌어다 주는 돈으로만 가정을 꾸리는 데 한계를 느끼게 된다. 남편의 임금이 넉넉지 않다는 것 외에도 <김나연>의 사례처럼 80년대 후반에서 90년대 초반 불안정한 노동환경 속에서 일정한 날짜에 월급을 받지 못 하거나 자주 월급이 밀리면서 임금노동을 시작하기도 했다. 여성들은 카드를 통해 생활비 '돌려 막기'도 하고, 남한테 돈을 빌려 달라는 아쉬운 소리를 하면서 생활고를 견뎠다.

월급이... 큰애 낳는데, 그때 딱 애를 낳는데, 그때부터 월급이 6개월치가 안 나와 버린 거야. 그때부터 월급이 안 나와서, 그때가 제일 힘들었다, 내 인생에... (중략) 카드 돌려 막기도 하고, 남한테 아쉬운 소리 하기 전에 카드로 먼저 썼지. 그러다가 인제 카드도 못 막으니까 행여나 나올까, 행여나 나올까 기다리다가 그래도 안 나오니까 남한테 아쉬운 소리 하는 거지. 이게... 이게, 이게 얼마나 힘든지 아냐. 남한테 아쉬운 소리 하는 게? 그러니까 진짜 힘들었다니까. 그때 생각하면 아직도 [내가] 불쌍해 죽겠어. 막... 우유 통도 다 비어 가고 쬐끔 남아 하루 이틀치밖에 안 남아서 딸랑딸랑할 때... 얼마나 불안한 줄 알아? 그때는 또 저, 저 인천 쪽은 기름보일러였어. 도시가스도 아니었어. 돈이 없으니까 기름도 어찌 그렇게 빨리 떨어지는지... 아유... 그때 생각하면 생각하고 싶지가 않아. 그때는... 그때 제일 힘들었던 거 같애. <김나연, (가)지점 근무>

나 뭐 해야 해, 이러면 뭐, 만 원 필요해, 이러면 [딱] 만 원. 얼마나 치사하고 더럽냐. 그래 갖고, 그러다 보니까 내가 인제 돈 달래기가 싫은 거야. 돈 달래 소리를 안 했지. 어떡해. 생활해야 되는데. 그럼 혼자서 그때 다 돌려 막기 하고 여기저기서 돈 빌려서 쓰고, 애들 그래도 가르쳐 가면서. 돈 빌려서 쓰고 [남편이] 아예 안 주지는 않았겠지? 그러니까 생활을 했겠지? <박인혜, (가)지점 근무>

이렇게 금전적으로 여유롭지 않은 상황에서, 돈 관리를 하는 남편에게 가계 지출을 보고하면서 허락을 받아야 하는 일은 '치사하고 더러운 일'로 의미화되고, 여성들은 다시 나가 돈을 벌고 싶다고 느낀다. 그러나 외벌이가 정상적인 것으로 인정되는 사회에서 여성이 일을 한다는 것은 '능력 없는 남편을 만나 고생하는 아내'

가 됨을 의미한다. 더불어 아끼지 못하고 돈 욕심만 많아 자녀와 집안은 등한시하는 엄마라는 낙인에도 노출된다. 그럼에도 불구하고 절대적인 생계비가 부족하기 때문에 대부분의 여성들은 '부업'으로 간주되는 가내수공업이나 계약기간이 짧은 시간제 노동으로 노동시장에 재진입한다. 가사 노동을 하며 틈틈이 임금노동을 수행할 수 있는 불완전한 노동자라는 위치는 전업주부라는 위치와 돈 모두를 안전하게 획득할 수 있게 하기 때문이다.

한 건당 10원, 20원을 받는 부업은 낮은 임금에도 불구하고 집에서 할 수 있고, 노동시간이 정해져 있지 않고, 마감일만 맞추면 되기 때문에 아이를 돌보면서 수익을 올리기 쉽다. 그래서 아이를 기르는 여성들이 시도하는 첫 번째 임금노동이 된다. 남편들은 가족에 충실해야 한다는 이유로 아내가 일하러 밖에 나가는 것은 싫어하지만, 집에서 소소하게 할 수 있는 부업은 허락해 주는 경향이 있는데 이는 기혼여성이 부업으로 노동시장에 재진입하는 이유가 된다.

어렸을 때 우리 집도 쇼핑백 접는 부업을 한 적이 있다. 온 가족이 거실에 둘러앉아 누구는 쇼핑백을 접고 누구는 쇼핑백 바닥에 두꺼운 깍지를 끼고 누구는 양면테이프를 칠했다. 어린 마음에 종이접기 같아 재밌어했던 기억이 난다. 엄마는 우리를 낳고 한동안 부업을 통해 생활비를 벌었지만, 동생이 초등학교에 들어간 이후에는 근처 마트 옷 가게에서 전일제 노동을 시작했다.

> [B대형마트에 다니기] 전에는 집 주변에서만 활동(일)을 했거든
> 요. (중략) 동네 전자 회사, 작은 데... 거기는 밥 먹으러 집에 올
> 수 있고 그러니까, 아이들도 볼 수 있잖아요. 그 전에는 부업했었
> 어요. 그냥 닥치는 대로... 뭐... 10원짜리, 20원짜리 뭐 이런... 집
> 에서도 할 수 있는 일. 애들 유치원 다닐 때는 좀 하다가 초등학교
> 들어가면서 전자 회사. 주변 동네 전자 회사 다니다가, 나중에는
> 우유 배달, 우유 배달하고 통장하고 같이 투잡했었어요. 한 5년
> 동안. 동네 통장. 그것도 돈 나와요. 그것도 돈 54만 원 나와요. 우
> 유랑 같이 해서 한 돈 백 넘게 벌었었어요. 한 5년 동안. 그러다가
> 인제 여기 [B대형마트].... <이미애, (다)지점 근무>

<이미애>는 출산 이후 자녀를 키우면서 부업을 시작해 아이
가 취학함에 따라 동네 전자 회사에서 단시간 근무하는 시간제 아
르바이트를 했다. 전자 회사를 나온 뒤에는 통장 일을 하면서 우유
배달을 겸해 일정한 소득을 올렸다. 이후 통장 일을 그만두면서 시
간제 노동자로 B대형마트에 입사하게 되었다. <김나연> 또한 백화
점 아르바이트, 공인중개사 등을 거쳐 B대형마트에 입사했다.

그냥 졸업해서, 전기 회사 경리과에 들어가 가지고 결혼 전까지 거기 다니다가 결혼하고, 그만두고 살림하다가 이제 백화점 알바 쬐끔 하다가... (중략) 애들 초등학교 다닐 때? 그 [판매] 알바를 한 2년 정도 했나? 그러다가 왜 대휴(대체 휴가) 알바 있잖아. 정규직 쉬는 날 대신 들어가는 거. 그런 거. 그런 알바. 그러다가 인제 집에서 놀다가, 살림만 하다가 부동산 공부를 하게 됐지. 3년 만에 또 자격증 따 가지고 아는 언니랑 같이 하다 보니까 조금 힘들더라고. 하다 보니까. 그래서 그거를 접게 됐어. 그렇게 접게 되고 여행 갔다 와서 한 3개월 정도 휴식 기간이 있었지. 그러고서는 B대형마트에 들어왔고, 지금까지 주욱 하다가.
<김나연, (가)지점 근무>

아이가 성장함에 따라, 전에는 집에만 머물러야 했던 여성들은 시간을 좀 더 자유롭게 쓸 수 있게 되고 점차 공식적인 노동시장으로 진입하게 된다. 이때 시간제 노동은 이러한 여성들에게 하나의 선택지가 된다. 그러나 사실상 대형마트의 시간제 노동은 전일제 노동과 계약기간에 차이가 있을 뿐, 하루 노동시간 자체에는 차이가 거의 없거나 차이가 적기 때문에 엄밀한 의미에서의 '시간제 노동'이 아니다. '모성을 보호'하고자, 여성에게 자녀를 돌보면서도 임금노동을 할 수 있도록 도입된 시간제 노동은 하루에 4시간 정도의 짧을 시간만을 근무하도록 한다. 그러나 한국에서는 하루 6시간, 7시

간을 근무하는 경우도 모두 '시간제 노동'으로 칭한다. 6시간 노동은 사실상 자녀 돌봄에 필요한 시간을 충분히 확보할 수 없다는 점에서 모성보호의 역할을 다하지 못한다. 또 같은 시간제라 하더라도 마트 캐셔 일자리는 스케줄 변동 폭이 크기 때문에 시간제 일자리라는 점이 자녀를 돌보는 데 큰 이득이 되지는 못한다.

그럼에도 불구하고 여성들은 선택할 수 있는 직종이 얼마 되지 않기 때문에 대형마트 근무를 선택했다. 여성들은 피치 못할 사정으로 일을 하더라도, 자신들이 원래 있어야 할 곳은 가정이고 자신들은 아이들의 엄마이자 남편의 아내여야 한다고 생각했다. 중년 여성들은 결혼을 하는 순간 일을 그만두는 것이 당연하다고 생각했다. 그래서 그만두었고 가정에 충실했다. 그러나 외환위기를 겪으면서 남편의 일자리가 불안정해지고 남편의 소득만으로는 생계를 유지할 수 없어 임금노동을 다시 시작했지만, 그럼에도 여전히 가정 일에 소홀하지 않기 위해 노력한다.

나는 돈 벌러 가는 사람을 그때는 이해를 못 했어요. 사실은 [모임에서] 한 명씩... 어쩌다 한 명 나가고, 돈 벌러 간다고 나가고 할 때, 우리 남편 말하고 똑같이 내가 말하고 있는 거야. 돈을 벌면 얼마나 번다고 여자가... 전문직도 아닌데. 가서 끽해 봐야 70만 원, 80만 원 벌 텐데... 몇 백만 원도 아니고. 내가 실질적으로 돈 쥐는 건 얼마 없을 텐데. 이렇게 생각하고 나도 안 나갔었고. 그냥 그렇게 취급을 해 버렸지. (중략) 저는... 정말 다른 사람들이 내가 늦게 취업을 하다 보니까 그동안은 남편이 벌어 온 돈으로 [살림을] 했기 때문에 가정에도 충실해야 된다는 사고방식이, 어렸을 때부터 있었어요. 엄마가 그러셨기 때문에. 그래서 [일하러] 나온다 하더라도 완벽하게 해 놓고 나오는 거예요. (중략) 쟁반에다가 숟가락, 젓가락까지 다 이렇게 해 놓고 그래서 반찬을 냉장고에 딱 이렇게... 이거만 꺼내면 되게. 국은 다 끓여 놓고. 그리고 국그릇에 국자, 막 이렇게 밥그릇 다 해 놓고 나와요. <서지향, (다)지점 근무>

<서지향>은 전업주부 시절 운동 모임을 하던 여성들이 돈을 벌러 나간다고 모임을 그만둘 때 이해하지 못했음을 고백했다. 그녀 역시 남편이 으레 하는 말처럼, 여자가 일을 해 봐야 얼마를 벌겠나, 그 대신 가정에 충실한 게 낫다고 생각했다. 지금은 직접 일하며 돈을 버는 의미를 알지만, 여전히 여자는 "가정에 충실해야 한다"는 사고방식에서 벗어나기 어렵다. 일을 하기 위해 집을 나설 때에는 전업주부처럼 "완벽하게 해 놓고" 나온다. 남편이 냉장고에서 쟁반만 꺼내면 밥을 먹을 수 있도록 밥과 국, 반찬에 젓가락 숟가락을 올려놓을 뿐 아니라 밥을 먹은 후에 입가심을 할 수 있도록 커피까지 준비해 놓는 것이다.

<서지향>뿐 아니라 여성노동자들은 가사일과 임금노동을 함께 수행함에도 불구하고 둘 다 완벽하게 해야 한다는 압박을 느낀다. 남편보다 돈을 적게 벌기 때문이 아니라, 자기가 밥을 하고 식구들을 돌보아야 된다고 생각하기 때문이다. 나의 엄마는 전일제 일을 시작한 지 10년이 지난 지금까지도 (내가 그렇게 하지 말라고 누누이 말해도) 식구들의 식사를 책임지고 있다. 그렇다면 중년여성들이 가사 노동을 병행해야 함에도 전일제 노동을 하는 이유는 무엇일까? 단순히 '돈이 필요해서'라고 말할 수 있을까?

마트노동은 시간이 자주 바뀌어 개인 생활에 시간을 사용할 수 없지만, 집에서 근무지가 상대적으로 가깝고, 동료끼리 스케줄 교환이 가능해 집이나 아이에게 문제가 생겼을 때, 어느 정도 대응이 가능하는 점에서 차선책이 될 수 있다. 그러나 어디까지나 양질의 일자리가 존재하지 않기 때문에 이 여성들이 저임금에, 시간 변동 폭이 큰 마트 일자리를 선택했다고 보아야지, 마트와 여성이 서로에게 이득이 되는 방식으로 상부상조하고 있다고 보기는 어렵다.

가족 바깥에서의 연결

기혼여성의 삶은 남편을 위한 아내, 자녀를 위한 엄마라는 역할을 우선하여 구성된다. 아침에 일어나 밥을 차리고, 남편은 회사에, 자녀는 학교에 보내고, 청소를 시작한다. 이 모든 일들은 기혼여성 자신을 위한 것보다는 아내와 엄마로서 가족을 위해서 하는 일이다. 결혼한 여성은 가정을 위해 살아야 한다는 '가정중심성 이데올로기'가 익숙한 기혼여성은 결혼을 기점으로 하여 남편과 자녀를 중심으로 생활을 재편한다.[62]

이처럼 나 자신이 아니라 가족 구성원들을 위해 생활하기 때문에, 기혼여성이 형성하는 사회적 자본 또한 가족을 중심으로 구성된다. 사회적 자본*이란 사회 내에 존재하는 개인들 사이의 관계가 형성하는 사회적 네트워크, 이 관계망으로 생기는 호혜성, 이를 기반으로 하여 서로를 신뢰할 수 있다는 믿음, 그 믿음으로부터 비롯되는 규범을 의미한다.[63] 공동체 내에서는 서로를 믿는다는 것 자체, 그러한 규범 자체가 자본이 될 수 있다. 예를 들어 기혼여성의 경우 남편의 승진을 위해 아내들끼리 모임을 갖거나, 사교육 정보를 얻기 위해서 엄마들끼리 모임을 갖는데, 이때 형성된 사회적 자본은 기혼여성 개인보다는 가족을 위한 자원이 된다.

그런데 기혼여성이 직장 생활을 다시 시작하면 상황은 달라진다. 직장 생활에서 맺는 관계는 '누구누구 엄마'가 아닌 자신으로

---

* 부르디외가 처음으로 제안한 사회적 자본은 개인이 갖고 있는 (사회적) 네트워크와 개인이 속한 집단이 개인에게 주는 다양한 사회적 기회 자원을 의미한다. 대표적으로 학연, 지연을 예로 들 수 있다. 예를 들어 명문대 졸업생이라면 명문대에 재학하면서 인적 네트워크를 구성하고, 대학 졸업 이후에도 명문대 소속으로서 다양한 사회적 자원을 향유할 것이다(관련한 내용은 김상준, 「부르디외, 콜만, 퍼트남의 사회적 자본 개념 비판」, 『한국사회학』 제38권 6호, 2004, 63~95쪽 참조).

서 맺는 관계다. 이런 관계는 사회라는 공동체에서 배제된 채 가정에 존재하던 여성들에게 사회의 구성원으로서 '멤버십'을 부여한다. 실제로 결혼이주여성의 사회자본 형성을 분석한 연구에 따르면 결혼이주여성이 한국사회에 통합되는 데 핵심적인 역할을 하는 것은 다른 결혼이주여성들과 사회 활동가 사이에 구성된 사회적 자본이다.[64] 결혼이주여성은 다른 이주여성과 공동체를 형성하고, 활동가와 교류하면서 한국 사회의 구성원인 이주여성으로서 정체성을 획득하고 정립한다.

이주여성들에게 공동체가 사회적 자본을 만들었듯 B대형마트도 중년여성에게 사회적 자본을 형성하는 공동체 역할을 한다. '사회생활'로 의미화되는 이 여성들의 새로운 사회적 관계는 단순히 일터에서 동료로 쌓는 유대에서 그치지 않는다. 사회적 네트워크를 형성하는 과정에서 중년여성들은 즐거움을 경험한다. 이들은 일터 바깥에서 친목계를 운영하고, 함께 여행을 가거나 여가를 즐긴다. 이렇게 공고해진 친목은 다시 일터에서의 연대로 이어진다.

> 동으로 많이 묶어서 해. 동으로. A동 사는 사람 묶어서, B동 사는 사람 묶어서. (중략) 같은 데 다니다 보니까 어차피 주목적은 회사 얘기야. 한 사람 욕하기도 좋고 같은 일을 하다 보니까. 모르는 일을 하면 한 사람 또 왕따 되잖아. 또 근데 같은 일을 하니까. 같

은 질문과 같은 대답이 나오니까 이제 재밌지 또 이제. <양선자,
(나)지점 근무>

동료와의 협력적 관계는 성별 권력관계(남성과 여성)와 직위
의 상하(관리자와 사원)가 없는 동일한 위치에 놓여 있기에 가능하
며, 이런 관계는 불합리한 처우를 함께 비판할 수 있게 한다. <양선
자>, <김선희>, <황주옥>은 '동' 단위로 짜인 친목계* 구성원이다.
노동자들은 인터뷰 중 서로 대화를 나누면서 다른 지점의 스케줄이
어떻게 짜이는지, 다른 지점과 (나)지점이 어떻게 다른지부터 노동
조합이 현재 어떻게 운영되고 있는지 등 노동 현장에 관련한 다양
한 정보를 공유했다. <양선자>는 휴무였던 관리자가 그날의 매장
상황에 대해서 어떻게 아는지에 대해 동료가 묻자, 휴무일이라도
무슨 일이 생기면 상급 관리자는 하급 관리자를 통해 보고받고 있
다고 알려 주었다. 이처럼 여성노동자들은 노동 현장의 정보를 공
유하면서 노동자에 대한 통제에 저항할 기반을 만들고 있었다.

양선자: 파트장이 그걸 어떻게 아냐는 거야. 파트장이 쉬는 날인
데. 야, 너는 아직도... 아이고... 아직도, 한 7, 8년 됐는데 아직
도 그거를 모르냐? 벌써 보고 다 들어갔어. 어젯밤에 걔는 다 알

* B대형마트의 경우 노동자별로 출퇴근시간이 달라, 근무조보다는 거주지 위치
가 가까운 사람들끼리 친목계를 형성하는 경우가 많았다.

앉어. 내가. 어? 그걸 알고도 그걸 모를 거냐고 물어보냐? 어이구....

김선희: 만 5년인가? 6년 되니까 SV(슈퍼바이저, 관리자)들이 엄청 파트장 눈치를 보는 거야. 걔가.

양선자: 바로 쉬는 날도 [SV가 파트장에게] 보고하지. 전화해서 보고하고.

김선희: 등급을 매겨 주니까. 걔(파트장)가.

양선자: 그 대단한 사건을 보고 안 했겠냐고 걔가.

김선희: 시시콜콜 얘기를 다 하는 거지.

황주옥: 아니지. 자기 왕국인 거지. 지가 왕이고 다 자기 왕국인 거지.*

오래 전업주부로 살아오다 B대형마트 파트타이머로 입사한 <서지향>은 파트타임 노동자에게 업무에 필요한 정보를 공유하지 않거나 전일제 노동자들이 기피하는 날짜에만 파트타임 노동자들의 근무를 배치하는 등 전일제 노동자들이 파트타임 노동자를 차별하자, 거기에 대응하기 위해 파트타이머끼리 모임을 만들었다. 파트타임 노동자들은 근무시간이 짧아 일터에서 서로 얼굴을 마주치

---

* 초점집단 인터뷰 내용이다. 1대 1로 인터뷰를 진행하는 심층 인터뷰와는 달리, 초점집단 인터뷰는 참여자 여러 명을 대상으로 한다. 참여자 여럿이 한 가지 질문에 대해 토론해 의견을 도출하는 과정을 관찰하는 것이 핵심이다. 의견이 꼭 하나로 모아질 필요는 없다. 그 과정을 관찰하는 것이 핵심이다.

기 어려웠기 때문이다.

우리는 모일 시간이 없는 거야. [근무시간이] 5시간이니까. 서로 얼굴 보기 힘들어서, 우리는 우리끼리 공유를 해야 될 것 같다. 맞아요, 맞아요, 맞아요! 손 들어, 손 들어, 손 들어 해 가지고 딱! 처음에 열 몇 명까지 모임을 딱 만들었었어. 그러다가 그 모임에 들어오지 않는 사람들은 자꾸 그만두는 거야. (웃음) 이게... 서로 의지가 있는 거야. 새로 얘가 막 흔들면, 가서 뭐 해 주고, 뭐 해 주고, 뭐 해 주고. (중략) 다들 여기 살고, 다 여기 주위에 살고 그러니까. 매달 모임하고 놀러 가고 야유회 가고... 그런 게 없으면 버티기 힘들어. 나 혼자 돈만 딱 벌어 가지고 집, 회사, 집, 회사... 이거는 나는 아니라고 봐. 어디를 가도 뭔가 즐거움을 하나씩 찾아야지. <서지향, (다)지점 근무>

이 모임은 노동 현장에서 전일제 노동자들이 파트타임 노동자를 차별하는 관행을 시정하기 위한 모임으로 시작했지만 모임에 참여하지 않는 파트타임 노동자들이 오래 일하지 못하고 자꾸만 그만두는 모습을 보면서, <서지향>은 노동자들이 서로 유대감을 형성하고 서로에게 힘이 될 수 있도록 모임의 정체성을 바꾸었다. 야유회나 뒤풀이 등의 단체활동을 통해 동료들과 정을 나누고 함께 즐거움을 찾는 것으로 모임의 목적이 변화한 것이다. 이처럼 일터에서 구성된 사회적 네트워크는 노동자들에게 일하는 재미를 주고, 혼자가 아니라는 사실을 깨닫게 한다. 모임은 누군가 일을 그만두려 할 때, 이야기도 들어 주고 힘도 되어 주면서 일을 계속할 수 있도록 서로 의지를 북돋는 역할을 한다.

지금까지 중년여성의 노동은 임금, 노동강도 측면에서 두드러지는 열악한 노동환경과 같이 생산성과 연관이 깊은 지표들에만 집중한 탓에 수량화되지 않는 지표들에는 무관심한 경향이 있었다. 하지만 B대형마트 노동자들이 일을 지속하는 이유에는 임금 외에도 모임 등을 통해 동료들과 형성한 사회적 자본이 중요한 역할을 했다. 다시 말해, 이 여성들이 만족스럽지 않은 노동조건에도 불구하고 노동을 지속하는 이유는 '돈' 때문만이 아니다. 이들이 스스로 만들어 가져가는 사회적 자본은 수평적 관계 같은 '저숙련 노동'이 갖는 특성에서 오히려 동력을 얻었다. 이 여성들은 동료들과의 모임을 통해 노동 현장에서 유용한 정보를 얻고, 노동 현장의 문제를 해결하고, 서로 일을 지속할 수 있도록 독려한다. 또 거주지를 기반으로 한 사적인 연결을 통해 유대감을 강화함과 동시에 '재미'와 같은 무형적 가치를 나눈다. 이런 유대감을 기반으로 노동 현장의 문제뿐 아니라 개인적인 어려움을 해소하기도 한다. 이렇게 강화된 유대감은 다시 일터에서의 연대로 이어진다.

'나'로 살게 하는 일

여성들이 전일제 임금노동을 지속하는 이유는 이들의 소득이 '용돈'이 아닌 가족이 생계를 유지하는 데 필수적인 돈이기 때문이다. 더불어 전업주부로 남편의 월급을 쓰기 위해서는 대체로 남편의 '동의'가 필요했지만 직접 번 돈을 쓸 때는 남편을 설득하거나 동의를 받을 필요가 없기 때문이기도 하다.* 자녀의 학비를 지원하거나 용돈을 주고, 직접 갖고 싶은 물건을 사거나 친구들과 여행을 갈 수도 있는 것이다. 여성들은 남편의 소득과 자기 소득을 분리하지 않고 관리하는 경우라도 남편에게 소득에 대해 자세하게 말하지 않고 '비자금'을 구성하기도 한다. 남편들은 아내가 버는 돈이 적어 가계에 큰 도움이 되지 않는다고 여기는 경우가 많기 때문에, 이들의 정확한 소득에는 무관심한 경향이 있다.

월급 타면 50만 원 애 아빠 통장으로 이체하고 나머지는 내가 쓰는 거지. 그러니까 일부는… 여기에다 생활비를 보태고, 일부는 인제 내 적금 들고 [모임] 회비 내고 이러면 다 써. 그래도 모아 놨다가 조금씩 조금씩 아껴 놨다가 여행도 가고. 그러니까 [모임] 회비

---

* 남편들은 남성생계부양자 이데올로기에 따라, 자신이 주된 생계부양자이고 아내는 용돈을 벌기 위해 일을 한다고 의미화하는 경향이 많다. 그래서 아내의 '용돈'의 규모가 어느 정도인지, 그것을 어디에 쓰는지 궁금해하지도 묻지도 않는다. 실제로 그 돈이 생계비로 쓰인다고 할지라도 그 용돈이 생계비가 되는 순간, 자신의 생계부양자 지위가 공식적으로 위협받기 때문이다.

가 많아. 친구들하고 모아서 여행가니까. (중략) [둘째 아들에게] 등록금까지는 내가 해 줄게... <김나연, (가)지점 근무>

무엇보다 임금노동은 여성이 '여성의 삶에 있어 가장 중요한 것은 가정'이라는 가정중심성 이데올로기에서 벗어날 수 있도록 돕는다. <이미애>는 마트에서 번 돈에 대해서도 모두 남편과 상의하고, 조금씩 생활비를 모아 집안 대소사나 가전제품 같이 "큰 물건"을 구입할 때 써 왔다. 하지만 B대형마트에서 일하던 중 사고를 겪은 후, 오롯이 자신을 위한 돈을 모으기 시작했다.

나를 위한... 이번에 정말 힘들었을 때, 어... 해 보고 싶었던 거는 없었는데, 아무튼 돈을 좀 마음 놓고 쓰고 싶은 욕구가 막 생기더라고요. 잠깐만이라도. 근데, [돈이] 없는 거지. 월급이라는 거는 [생활에] 들어가야 되는 돈이고. 딱히 할 거는 없는데... 그렇게 돈이 막 궁해지더라고. 마음에서. 그래서 남편 모르게, 비밀리에 진짜 한번 [비자금을] 만들어 보자. (중략) 12년짜리로. 중간에 해약도 못 하게. 퇴직할 때까지. 이거는 만약에 내가 살아서 퇴직을 한다, 그러면 그때 남편에게 얘기하든가. 그때 내 인생... 구십으로 잡고 인생 후반기에 나를 위해 쓸 거야. <이미애, (다)지점 근무>

청소는 내가 다... 가사도 다 해요... 근데 이제 주말에는 조금 도와줘요. 주말에는. 애들한테 인제 너는 청소를 하고, 너는 뭐 설거지를 하고. 그 정도까지는 조금씩. 빨래고 뭐 이런 거는 엄두가 안나. <서지향, (다)지점 근무>

기혼여성은 임금노동을 수행하면서 점차적으로 가정을 완벽하게 유지해야 한다는 강박과 책임에서 벗어난다. 가족에게 돈이 필요한 순간에 내가 번 돈으로 가족들을 지원하는 경험을 통해 '사회인'으로서 가족 내 발언권을 얻게 되기 때문이다. 또한 임금노동을 하면서도 가사 노동을 완벽하게 해야 한다는 강박을 가졌던 여성이라도 체력과 시간의 한계로 인해 점차 그 둘을 완벽하게 병행할 수 없음을 깨닫게 된다. 이에 가정일을 일정 부분 포기하게 되고, 가족에게 한 번도 부탁하거나 요구하지 않았던 청소나 설거지와 같은 가사 노동의 분담을 요구하게 된다. 이 과정에서 여성들은 가사 노동 분담에 대한 가족 구성원들의 이해와 도움을 경험하며 점차 집안일의 압박에서 벗어나게 된다.

이처럼 임금노동에서 여성들이 얻는 소득은 지출에 있어서 여성들의 의사 결정권을 높여 주어 자신을 위한 삶을 살 수 있도록 한다. 중년여성의 임금노동은 가계를 위한 것이기도 하지만, 직접 결정하고 스스로 원하는, 자신을 위한 삶을 살기 위한 것이기도 하다. 외벌이로 부족한 생계비를 충당하기 위해 돈을 벌기 시작했지만, 자녀의 독립으로 지출이 줄어 맞벌이가 불필요해진 시점에도 일을 그만두지 않는 것은 노동이 그녀들에게 주는 의미 때문이다. 임금노동은 중년여성이 주체적 삶을 살게 하는 원동력이 되고, 이렇게 자신의 결정에 따라 임금을 사용하면서 발휘되는 주체성은 여성들로 하여금 임금노동을 지속하게 하는 기제가 된다.

일부 연구들은 대형마트와 기혼여성의 관계를 상부상조로 파악한다. 마트는 하루, 일주일, 계절 단위로 바뀌는 수요에 맞추어 노동력 공급을 조절해야 한다. 그래서 짧은 시간이라도 유연하게 근무를 할 수 있는 사람을 선호한다. 미혼여성은 스스로 생계를 책임져야 하기 때문에 짧은 시간 근무로 받는 월급이 충분하지 않지만, 기혼여성은 남편이 벌어 오는 돈으로 생계를 꾸리고, 없어도 그만인 부차적인 벌이를 하기 때문에 시간이 짧더라도 일할 수 있다고 생각된다. 그래서 마트는 기혼여성이 좋고, 기혼여성은 오래 일하지 못해 짧은 시간을 근무할 수 있는 마트를 선호한다는 것이다.[65] 연구에 따르면 기혼여성은 "공단"처럼 살림에 집중하지 못하는 장시간 근무 일자리를 단점이 많은 일자리라고 본다.

하지만 기혼여성들이 시간제 일자리만을 원하는 것은 아니다.* 인터뷰를 한 마트 노동자 중 (다)지점 근무자인 <서지향>과 <이미애>를 제외한 모든 노동자는 전일제 근무로 캐셔 일을 시작했다. <서지향> 역시 자의가 아니라 당시 B대형마트 (다)지점이 시간제 노동자만을 채용하는 상황이었기 때문에 시간제로 캐셔 일을 시작했다. 대형마트를 일자리로 선택한 것 역시 집안일을 함께 하기 위해서가 아니라 달리 할 만한 일이 마땅히 없었기 때문이다. 결혼과 출산을 계기로 노동시장에서 빠져나간 후 가내수공업(부업)이나 시간제 임시직 일자리를 전전하면서 돈을 벌어 온 여성들이 택할 수 있는 일자리는 많지 않았다. 노동자들은 그런 이유로 집에서 가까운 대형마트에 입사하게 되었다고 말해 주었다.

<박인혜>가 일자리를 찾던 2005년 무렵에는 "서른다섯 살이 넘어가면 할 게 없어" 마트노동을 선택했으며, 이러한 상황은 딱히 변하지 않아 2010년 이후에 입사한 노동자들의 사정도 비슷했다. <황주옥>은 "우리 나이대에 할 수 있는 일이 정해져 있다"고 했고, <이미애>와 <김나연>은 한 목소리로 마흔 다섯을 넘기면 갈 데가 없지만, 마트 일은 딱 그 나이가 커트라인이라 마트에 입사했다고

* 경력 단절 이후 유통 서비스직으로 근무하고 있는 여성노동자들을 대상으로 한 연구들에 따르면, 시간제 노동자는 전일제 노동자와 하루 노동시간이 같거나 더 길다. 계약기간만이 짧을 뿐이다(김순영, 「파트타임 노동자의 기간노동력화와 기업의 젠더 정치: 일본의 슈퍼마켓 산업을 중심으로」, 『경제와사회』, 2005, 256~286쪽; 김양희, 「유통서비스업 시간제 일자리의 실제: 경력 단절 여성의 판매노동 경험을 중심으로」, 『한국여성학』, 제29권 2호, 2013, 39~66쪽).

했다.* 마트 일을 그만두지 못하는 이유도 같은데, 지금 "나가 봐야 어디 못 가"기 때문이다. 대형마트 일자리가 기혼인 중년여성의 생활에 적합하기 때문에 일을 그만두지 않는다는 기존 연구의 기대와 달리, 실제 여성노동자들에게는 선택지의 부재가 더 큰 듯했다.

---

* B대형마트의 경우 노동자들의 입사 가능 연령이 해마다 늘어나, <박인혜>가 입사할 당시에는 채용 조건이 35세 이하였지만, <김나연>이 입사할 당시에는 45세 이하였다.

3장 아줌마의 일과 시간
—가정 밖에서 상상되지 않는 '텅 빈 시간' 너머

아줌마는 식구들의 '밥'을 책임지는 누군가의 엄마이자 아내이다. 밖에서 일을 하든, 일을 하지 않든 식구들이 밥을 먹을 수 있도록 장을 보고, 반찬을 만들고, 국을 끓이는 사람은 '엄마'이다. 가사 노동에는 청소, 빨래부터 여러 가지가 있지만 그중에도 가장 핵심적인 돌봄이 바로 '밥'이다. 1970년대의 입주 가사 노동자를 '식모(食母, 밥해 주는 엄마)'라고 부른 까닭 또한 가사 노동의 핵심이 식사를 준비하는 일임을 드러낸다.

여성들은 항상 식사 시간이 되면 식구들이 밥을 먹을 수 있도록 준비한다. 직접 요리를 하지 않는다 하더라도, 반찬을 사서 반찬 통에 옮겨 담는 일 또한 제때 밥을 먹을 수 있도록 준비하는 노동이라는 점에서 같은 맥락 위에 있다.

돌봄, 사랑의 노동

이처럼 타인을 위해 식사를 준비하는 일과 같이 누군가를 돌보는 일은 단순히 타인에 대한 애정으로만 이루어지지 않는다. 관심과 애정은 물론이고, 타인의 필요를 읽어 적절한 때 그 필요를 충족시켜 주는 일이 바로 '돌봄'이다. 정치학자 조안 트론토는 돌봄 경험을 네 단계로 나누어 보았다. 첫 번째는 개인 혹은 집단에서 충족되지 못한 필요를 파악하는 "주의를 기울임" 단계이다. 이어 도덕적 자질로서 "돌보는 책임"을 인식하고, "돌봄을 주는 능력"을 발휘한 뒤, "돌봄 반응에 대한 살핌" 단계로 이어진다.[66]

한편 철학자 사라 러딕은 사회가 어머니에게 아이를 기르는 데 변함없는 사랑과 양육, 훈육을 통해 자녀들의 생명을 보존하고 사회 체제에 수용될 수 있는 성인으로 성장시키도록 요구한다고 보았다. 특히 어린아이를 기르는 데 가장 중요한 것은 '육체적 취약함'을 보호하는 것, 즉 아이의 생명을 보존하는 것이다. 이를 위해 어머니들은 자녀의 욕구와 상태에 대해서라면 아주 작은 부분에까지 집중해야 한다.[67] 이런 노동은 흔히 '엄마의 노동'으로 이야기된다. 나의 욕망을 위해서 타인을 위하는 것과는 다른, 지속적인 애정과 관심을 온전히 상대에게 향하는 행위가 부모 특히, 어머니와 자녀 간의 관계에서 흔히 발견되기 때문이다.

나는 강아지 소기를 기르면서 나는 엄마가 나를 기르고 돌보앉던 과정을, 다시 말해 '엄마의 노동'을 이해하게 되었다. 1개월 무렵 형제들과 박스에 버려졌던 소기는 여러 사람의 도움과 임시 보호를 거쳐 4개월 무렵 내게 입양되었다. 반려동물을 처음 맞는 터라 EBS의 <세상에 나쁜 개는 없다>를 빠짐없이 챙겨 보면서 강아지 기르기에 대한 지식을 채워 갔지만 그런 나보다 소기의 욕구나 건강 문제를 더 잘 알아차리는 건 아이를 둘이나 길러 본 엄마였다.

소기는 밥을 잘 먹지 않았다. TV에서 보던 개들이 대부분 너무 식욕이 강해 문제였던 것과 달리 소기는 성장기 강아지에게 필요한 양은 고사하고, 그 절반인 성견에게 필요한 식사량도 채우지 못했다. 나는 온갖 종류로 사료를 바꿔도 보고, 먹는 방법도 바꾸어 가며 소기를 먹이려 노력하고 조금이라도 더 먹이려고 전전긍긍했다. 이 모든 일들은 어려서 밥을 잘 먹지 않던 내게 엄마가 했던 일들이다.

그래도 4년 남짓한 시간이 흐른 지금은 소기가 밥을 먹지 않는 몇 가지 이유를 발견했다. 소기는 밥이 질릴 때 밥을 먹지 않는다. 만약 밥을 바꿔 주었는데도 먹지 않으면, 혹은 몇 끼를 굶었는데도 먹지 않으면 아픈 것일 수 있다. 소기는 스트레스를 받으면 밥을 먹지 않았던 나와 똑같이, 스트레스를 받거나 아플 때는 밥을 먹지 않는다. 간식을 주어도 고개를 돌려 버리고 계속 간식을 들이대면 벌벌 떨기 시작한다. 아직 초보 '엄마'인 내가 이런 이유들을 알지 못했을 때도, 아이를 둘이나 키워 본 엄마는 몇 번이고 소기가 아프다는 것을 먼저 알아차렸다.

　　이처럼 내가 소기의 욕구를 읽는 것, 소기와 내가 의사소통을 할 수 있는 것은 내가 소기를 사랑해서 소기가 하는 말을 알아듣고 싶어 하고, 소기의 필요를 읽어 적절한 돌봄을 제공하고 싶어하기 때문이다. 그리고 아주 기본적으로는 내가 소기를 입양했고, 그 책임감과 더불어 소기가 나와 행복하게 오래오래 살기를 바라는 마음이다. 러딕이 말한 모성적 자질은 바로 이런 것이다. 다른 사람을 그저 다른 사람으로 바라보는 것이 아니라 그 사람의 입장이 되어 그 사람이 바라보는 세상을 바라보는 행위가, 엄마가 자녀를 길러 내는 그 마음, 그 자질에서 비롯된다는 것이다. 자녀의 육체적 취약함을 보호하기 위해서, 자녀의 생명을 보존하기 위해서는 아주 미세한 부분에서부터 자녀의 욕구, 상태에 집중해야 한다.[68] 그러기 위해서 '모성'에는 자신의 욕구보다 자녀들의 욕구에 먼저 집중해야 한다는 도덕적 자질이 포함된다.

　　지속적인 관심과 애정, 이를 통해 형성된 관계를 기반으로 하는 돌봄노동은 단발적일 수 없다. 대표적인 돌봄노동인 식사 준비 역시 나의 엄마가 나에게 해 주었듯, 내가 지금 소기에게 제공하듯, 지속적인 관심을 갖고 필요를 충족해야만 하는 일이다. 그렇기에 생계부양자로서 일터에 나가 긴 시간 일 자체에만 몰입하는 '아빠'보다는 임금노동을 하더라도 동시에 가족 구성원에게 관심을 기울여야 한다고 여겨지는 '엄마'의 일이 된다.

식구를 먹이는 시간

B대형마트 노동자들은 어떻게 가족들을 돌보고 있을까? 이들은 남들이 일을 시작하는 아침에 출근하여, 가족들이 밥을 먹는 저녁에 퇴근하는 삶을 살지 않아 가족들의 식사 시간에 맞추어 음식을 준비하기가 어렵다. 그래서 항상 식사를 미리 준비해 놓는다. 오픈타임 근무여서 일찍 퇴근하는 날에는 마트에서 장을 본 뒤 집에 들어가 바로 밥을 하고, 마감타임 근무라 늦게 퇴근하는 날에는 출근하기 전에 밥을 해 놓고 출근하는 식이다.

아침에 출근하는 사람은 빨리 가서 밥해야 되고. 늦게 출근하는 사람은 또 오전 날에 밥 해 놓고 나와야 되고. 식구들 먹어야 하니까. 그런 거지 뭐. <양선자, (나)지점 근무>

매일같이 밥을 안치고 함께 먹을 국과 반찬을 준비하기 위해서는 냉장고에 어떤 식재료가 있는지, 그중에서 무엇을 먹을지, 어떤 요리를 할지, 어떻게 요리할지, 요리에 더 필요한 재료는 없는지 등 살림살이 전반을 이해하고 있어야 한다. 냉장고에 보관된 식재료는 적절한 시기에 먹지 않으면 상해 버려서 쓰레기가 된다. 그래서 냉장고 속 식재료의 종류, 섭취 기한, 조합을 고려해 반찬과 국을 준비해야 한다. 이러한 과정들은 쉬워 보이지만 쉽지 않고, 품이 많이 들지만 티가 나지 않는 일이다.

캐셔 노동자들은 하루 종일 물건을 계산하는 일을 하기 때문에, 손님들이 어떤 제품을 사는지 보면서 많이 사가는 식재료를 보고 기억해 두었다가 장을 보기도 하고, 구매한 식재료의 내용을 보고 어떤 음식을 할지 유추하여 식사 메뉴를 생각해 내기도 한다. 이렇게 노동자들은 일터에서부터 무엇을 먹을지 고민한 후에 점심시간이나 퇴근 후 마트에서 장을 보고 귀가한다. 집에 도착하면 곧장 재료를 다듬고 요리해 가족들의 식탁에 음식을 올린다.

오픈조*는 일찍 가잖아 집에. 여섯 시… 여섯 시? 여섯 시 반? 일곱 시? 이러면 딱 밥시간이잖아. 전에는 내가 가서 저녁을 한번 해 보려고 했는데 저녁하고 나면 엄청 녹초가 되더라고. 그래도 인제 저녁 시간이니까 밥은 먹어야 될 거 아니야. 저녁은… 3일 동안 일하면… 우리 딸, 딸내미 계속 문자하잖아. 엄마 오늘 저녁 밥 뭐야?

---

* <들어가며>에서 언급했듯 이때 오픈조는 오픈타임 근무를 의미한다. 같은 오픈조라 하더라도 실제 노동자들이 속한 조는 1조, 4조와 같이 다를 수 있었다. 그러나 노동자들은 노동시간을 조로 표현하고 있다. 따라서 혼동을 줄이고자 본문에서는 배정된 근무시간을 오픈타임, 마감타임, 중간타임으로 표기하고, 노동자들의 발화는 그대로 살려 표기한다.

(웃음) 그래 오픈조일 때는 뭐 시켜 먹을 때도 많아. 저녁에 가면은. 못 해 먹으니까. 마감조일 때는 출근하기 전에 찌개 끓여 놓고 그 정도? 마감조... 저기 오픈조 때도 가서 어제 같은 경우도 애들이 늦게 오니까. 늦게 오는 날은 시간이 되니까. 아니면은 내가 여섯 시에, 여섯 시 일곱 시쯤 가면은 밥시간에 맞춰 줘야 되니까 내가 불안한데, 아무도 없으면 밥시간 안 맞춰 줘도 되잖아. 그러니까 내가 그냥 서서히, 천천히... 어제 같은 경우는 [오픈타임 끝나고] 내가 혼자서 찌개 끓여 놓고. 장조림 해 놓고.... 애들이 없으니까. <박인혜, (가)지점 근무>

<박인혜>의 첫째 딸은 항상 집에서 저녁을 먹는다. 그래서 여섯 시나 일곱 시에 일이 끝나면, 빨리 집으로 가 "밥시간에 맞춰 줘야" 한다는 생각에 "불안"하다. 오픈타임 근무를 하고 집에 돌아가 자녀들을 위해 바쁘게 저녁 식사까지 준비하고 나면 녹초가 되는 일이 잦다. 그래서 밥을 하기가 힘들어 음식을 배달시켜 먹기도 한다. 그러나 어제처럼 자녀들이 밖에서 식사를 하고 들어오는 날은 혼자서 대충 식사를 한 후에 배고픈 자녀들에게 빨리 밥을 해 주어야 한다는 압박감 없이 천천히 혼자서 찌개도 끓이고, 장조림 같은 반찬을 만들어 엄마가 없을 때에도 자녀들이 밥을 먹을 수 있도록 미리 준비해 놓는다.

저는... 집(부서)마다 틀린데, 쉴 때는 마음먹고 쉬려고 그러고 쉬는데... [휴게시간이라도] 진짜 일이 있으면 못 쉬어요. (중략) 그런데 거기에 대한 불만은 별로 없어요. 왜냐하면 그렇게 일을 좀 해 놔야 우리가 마감일 때는 열 시부터 열 시 반까지 장을 보게 해요. 근데 만약에 일이 진짜 쉬는 시간에 일을 좀 안 해 놓으면 그 시간이 없는 거지. 너무 바빠서. 장 보고 싶은데, 장을 못 볼 수 있는 상황이 벌어지는 거지. 근데 저는 개인적으로 내가 쉬는 시간을 좀 아끼고 장보는 시간을 충분히 활용하고 싶은 욕심이 있어서 그렇게 하는 거예요. (중략) 우리 아들들이 너무 잘 먹어서 재미있어요. 그래서 장 보려고 시간을 이렇게 내 나름대로 나한테 맞게 쓰는 거지. <이미애, (다)지점 근무>

아들 둘이 있는 <이미애>는 B대형마트에서 제공하는 장보기시간*을 활용하기 위해, 쉬는 시간에도 쉬지 않고 일을 미리 한다. 마감타임은 퇴근을 하면 이미 마트 영업이 종료되기 때문에 더욱 그 전에 장을 보기 위해 이 시간을 활용하고 싶어 한다. <이미애>도 마찬가지로, "일을 좀 안 해 놓으면" 장보는 시간을 활용할 수 없기

---

* B대형마트는 오후 10시부터 30분간 '장보기시간'을 두어 노동자들이 마트에서 장을 볼 수 있도록 허용하고 있다. 캐셔 노동자의 경우에는 계산대를 지켜야 하기 때문에 이 시간에 장을 보기가 어렵지만, 주로 물건을 진열하고 배치하는 영업직 노동자들의 경우에는 원하는 시간에 쉬는 시간을 사용할 수 있어 많이 활용한다. 이 시간에 장을 보지 못한 노동자들은 출근을 하기 전에 장을 보거나 퇴근 후에 장을 보아야 한다.

때문에 쉬는 시간 한 시간을 "좀 아끼고 장보는 시간을 충분히 활용"하는 것이다. 결과적으로 30분 남짓인 쉬는 시간[**]에 휴식을 취하지 못하고 가족들을 돌보는 일을 하게 되지만, 장을 보고 집에 가면 아들이 사 간 음식을 너무나 잘 먹어서, 장보기에 쉬는 시간을 사용하는 것에 대한 불만은 별로 없다.

> 오픈조를 하면 집에서 거의 아홉 시에 나오거든요? 그래 가지고 한 여섯 시나 뭐 그게 제일 빠른 거예요. 여섯 시 정도에 끝나면 사실 그렇게 일찍 끝나면 시장을 들어가요. 마트를 들어가. 마트가 쉬우니까. 들어가서 한 시간 정도 하고. 집에 가면 한 일곱 시 여덟 시 돼요. 그러면 인제 그때부터 막 일하는 거죠. 밥도 하고, 밑반찬도 만들고 빨래도 널고. 그러면 열 시 정도 되고. 그러면 인제 그때 맞춰서 남편이 들어온다 그러면 밥 주고… 그게 그냥 끝이에요. 그냥. <서지향, (다)지점 근무>

아무 것도 하지 않는 '일'

돌봄노동

휴무일이든 근무일이든 일터 밖에서 보내는 시간에 여성노

[**] 영업직의 경우, 4시간 근무 시 30분씩 주어지는 휴게시간을 점심시간으로 활용하거나 개인 휴게시간으로 활용할 수 있다. 여기서의 '쉬는 시간'은 해당 시간을 의미한다.

동자들은 밥을 준비하는 것이 일상이지만 이러한 일상은 '노동'으로 의미화되지 않는다. "집에서 꼼짝도 하기 싫어"서 아무 일도 하지 않는다는 말을 들었을 때 나는 '정말로 아무것도 하지 않고 침대에 누워 스마트폰만 본다'는 뜻이라 생각했다. 그러나 중년여성의 '아무것도 하지 않는다' 앞에는 '밥 준비를 빼고는'이 생략되어 있었다.

　　나의 엄마에게도 주말에 무얼 했냐고 물어본 적이 있었는데, 엄마는 뭘 그런 걸 묻느냐는 듯 "아무것도 안하고 집에 있었는데" 하고 대답했다. 그래서 밥은 어떻게 했냐고 물으니, "대충 해 먹었다"고 했다. 대충 뭘 해 먹었냐고 물으면, 나는 절대로 '대충' 할 수 없는 본격 한식 요리들이 등장한다. 이처럼 그녀들에게 '밥'은 당연하고 아주 기본적인, 그래서 일로도 인식되지 않는 행위여서 "집에서 무슨 일을 하냐"는 나의 질문에 대한 대답으로 등장하지 않는다.

　　휴일에는 절대... 그냥 쉬는 날... 내가 만약에 노무 휴업이 두 번 있잖아요. 두 번을. 남편은 매주 일요일 날 쉬는데 두 번만큼은 다른 약속은 안 잡아. (그냥 쉬시는 거예요?) 그냥 가족하고 있는 거예요. (아무것도 안 하고?) 아니, 집안일 하면서. <서지향, (다)지점 근무>

내가 얘기했잖아. 나는 꼼짝도 하기 싫어. 꼼짝도 안 하고. (그럼 집에서 무슨 일 하세요? 요리는 안 하세요?) 아니, 하지. 밥하고 찌개. 국. 한 가지는 해 놓지. <박인혜, (가)지점 근무>

임금노동을 하고 있는 노동자들에게 가족들을 위한 식사 준비는 안 그래도 지친 몸에 더 많은 부담을 지운다. 결혼을 한 후부터 전업주부로 살아왔던 <서지향>은 직장 생활을 하면서도 남편을 비롯한 가족이 냉장고만 열면 밥을 먹을 수 있도록 식사를 준비해 둔다. 내심 남편이 '돕기'를 바랄 정도로 힘들게 느끼고 있지만 이미 그렇게 남편을 길들인 것도 자신이기에 임금노동을 하는 것과는 별개로 식사 준비는 계속 자기 책임으로 받아들인다.

우리 남편은 거의 입만 갖고 사는 사람인데... (중략) 나는 여기다가 출근하려면 [쟁반에] 밥에다가 뭐에다가 이렇게 싹, 반찬 싹 차려 가지고 냉장고에 딱 넣어 놓고, 여기 딱 해다가 숟가락, 젓가락 해 가지고 이렇게 해 놓고 커피[도 놓고] 이렇게 다 해서 이렇게 하고 나왔어. 이렇게 불편하지 않게. (중략) 그래서 나는 또 너무 길을 잘못 들였다고. 나는 그게 내가 힘들다고 생각하지 않았다? 내가 당연히 해야 하는 일이라고 생각해서 했는데 직장 생활을 쭉 해 왔다면 나도 그렇게까지는 못 했을 거라 생각이 들더라고. (중략) 힘들어져 인제 점점.... 이걸 언제쯤 끝을 낼까? 이런 생각이... 이걸 언제쯤 우리 남편이 이걸 도와줄까? 막 하는데... 아이들 다 없어지고, 장가 다 가고 결혼하고 그러면 자기가 하겠다 그러는데... 안 할 거 같애. 그래서 나는 항상 하는 말이 있어. 다음 세상에 태어나면 어... 그런 사람을 만나면 모를까. 이곳에서 우리 남편을 바꿀 마음이 없다... 라고 생각을 내가 포기를 하는 거죠.
<서지향, (다)지점 근무>

지금은 시대가 많이 변해 "우리 나이대 신랑들도 다 이제는 많이 깨서 같이 웬만하면 다 도와주지"*만, 어디까지나 세탁기 돌리기, 빨래 널고 개기처럼 일회적이고 단순 반복인 집안일인 경우가 많다. <이미애>의 대학생 아들은 "청소, 설거지, 빨래"를 돕는다. 그러나 요리는 다르다. 냉장고와 냉동고에 어떤 식재료가 있는지, 산지는 얼마나 되었는지, 빨리 먹어야 하는 식재료는 무엇인지에 대한 정보와 요리법에 대한 지식, 가족들의 기호와 식성 등 식구들에 대한 지속적인 관심과 애정이 필요하다.

이로 인해 살림 중에도 가장 총체적 관심이 요구되는 밥 짓기는 오롯이 엄마들의 몫이 되고, 밥 짓기로 대표되는 가사 노동은 중년여성의 생활의 큰 부분을 차지하게 된다. 청소, 빨래 등의 '단순 반복적' 가사 노동은 매일 해야만 하는 일이 아니기 때문에 노동

---

* (가)지점에서 근무하는 <양선자>의 녹취록 일부를 인용했다.

자들도 쉬는 날 가족과 함께 한꺼번에 몰아서 처리한다.

> 연구자: 마트에서 일하시고 남는 시간 있잖아요. 뭐 하면서 지내세
> 요? 퇴근하고나 출근하기 전에나.
> 황주옥: 집안일하거나 친구 만나서 밥 먹거나.
> 김선희: 우리 셋은 운동은 안 하고. (중략)
> 연구자: 특이한 일 없을 때는 집에서 뭐 청소하거나 밥하거나 빨
> 래하고 이런 거 하시는 거예요?
> 김선희: TV 보거나 몰아 보기.
> 황주옥: 다시보기.

<황주옥>, <김선희>는 마트에서 일하지 않는 시간을 어떻게 보내는지를 묻는 질문에 '그냥 놀았다'고 답했다. 하지만 여러 차례 질문을 하다 보면 '놀았다'는 TV를 보면서 식사 준비를 했다는 말임을 알게 된다. 엄마가 나에게 '대충 해 먹었다'고 말한 것과 마찬가지 맥락인 셈이다. 이처럼 가사 노동은 필수적인 노동임에도 일로 인지되지 않았다.

물론 이는 돌봄노동 그 자체의 특성에 기인하는 것일 수 있다. 나는 하루에 두 번씩 아침, 저녁으로 소기를 산책시키는데, 이게 일인가 하면 일인 것 같기도 하지만 일이 아닌 것도 같다. 내가 소기

를 사랑해서 소기의 건강과 행복을 위해 자발적으로 하는 행위이기 때문이다. 이처럼 돌봄노동은 상대를 위해서 '자발적으로' 하는 행위여서, 흔히 우리가 생각하는 노동과는 달리, '일'로 인식되지 않는 경향이 있다. 동시에 일로 여겨진다 하더라도 엄마라면 '일'로 받아들여선 안 된다고 생각된다. 돌봄노동의 전제가 되는 모성이 엄마라면 마땅히 지녀야 할 덕목으로 여겨지기 때문이다.

그러나 아무리 돌봄노동을 자발적으로 선택하여 했다고 하더라도 '자발적'이라는 이유로 이들의 노동을 당연시해서는 안 된다. 우리는 먹고 살기 위해 자발적으로 일을 하지만, 자발적으로 일을 한다고 해서 노동을 하는 동안 노동권을 보호받지 않아도 된다고 생각하지 않는다. 어떠한 선택이건 상황의 제약을 받기 때문에 누구든 의지만으로 오롯이 자유로운 선택을 하기는 어렵다. 여성들의 돌봄노동이 가족에 대한 사랑에서 비롯되었다 하더라도 이는 가족 내에서 가사 노동을 포함한 돌봄노동의 책임이 분배되지 않는 현실에 대한 순응의 표현일 수 있음을, 사회에서 엄마에게 당연하게 요구하는 덕목에 대한 적응일 수 있음을 감안해야 한다. 나의 엄마를 비롯한 딸을 가진 많은 엄마들이, 자발적으로 돌봄노동을 제공하여 가족을 꾸리고 있음에도 불구하고 딸이 자신과 같은 삶을 살지 않기를 바라며 딸의 비혼을 응원하는 모습은 이들의 자발성이 온전히 자유로운 선택이 아님을 드러낸다.

이처럼 중년여성 생활시간에서 큰 부분을 차지하는 가사 노동이 아무것도 하지 않음으로 의미화되면서 중년여성의 생활시간은 '비어 있는 시간'으로 인식된다. 중년여성은 이 '빈 시간' 동안 아무것도 안 할 것이라고 기대되고, 동시에 무엇을 하면서 시간을 보낼지에 대한 상상력도 없어 중년여성 스스로도 그 시간을 '무無'로 인식한다는 것이다. 이러한 인식은 결혼과 출산을 계기로 노동시장을 빠져나온 여성이 돌봄노동을 한 시간을 '아무것도 하지 않음'으로 간주하여 경력이 단절되었다고 보는 시각과 맥을 같이한다.[69]

나란히 지지하는 시간,
계 모임과 조합 활동

중·노년 여성들에게 '계 모임'은 인간관계를 맺고 유지하는 중요한 창구이다. 계 모임이란 달에 한 번 정도 정기적으로 만나 정해진 곗돈(회비)을 내고 갖는 모임을 말한다. 계 모임에서 매달 모은 회비가 일정 금액에 도달하면 계원들은 정해진 순서에 따라 모아진 회비를 받게 된다(곗돈을 탄다). 과거에는 계 모임이 경제적인 목적을 기반으로 하는 모임이었다. 은행을 이용하기 어려웠던 시절, 여성들은 주변 친구나 이웃들과의 계를 통해 목돈을 마련하곤 했다.

그러나 요즘은 돈을 모으기 위해 계 모임을 하기 보다는 정기적으로 친구들과 만나기 위해서 계 모임을 한다. 스타 유튜버 박막례 할머니는 사람들이 돈 때문에 계 모임을 한다고 생각하는데, 그게 아니라고 단언한다. 계 모임의 핵심은 (여행계가 끝나면 함께) '여행을 갈 거라는 기대'를 충족하는 것과 '우정'을 쌓고 '카톡'으로 대표되는 연락을 지속하는 것이라고 했다. 외로워질 수 있는 여성 노인에게 삶의 활력소를 부여하는 것이 바로 계 모임이다. 나의 엄마도 계 모임이 많다. 카톡이 갑자기 많이 들어오거나 전화가 와서 누구냐고 물으면, 다 계 모임 사람들이다. 엄마가 하는 계 모임이 몇 개인지 나는 다 알지도 못한다. 박막례 할머니가 가장 많이 내는 곗돈이 3만 원이라고 했던 것처럼, 엄마가 내는 곗돈 금액도 별로 크지 않다.* 곗돈을 내기 위한 모임에서 밥을 먹고, 술을 마시고 다시 그날 모은 곗돈으로 그 값을 치르다 보면, 원래 정한 계의 목적을 달성하기까지 오랜 시간이 걸리기도 한다.

중년여성은 계 모임을 통해 사회적 관계망을 만드는데, 이 관계망이 노동 현장을 기반으로 하는 경우도 많다. 이 글을 읽는 사람들 중에는 회사 밖에서 회사 사람을 만나는 일은 '노동'으로 의미화되어야 한다고 생각하는 사람도 있을 것이다. 회사에서의 관계가 사적인 개인의 삶의 시간에 침범하는 일은 노동권 침해라고도 생각할 수 있다. 그런데 왜 이 여성들은 왜 회사 사람과 회사 밖에서 만

* 가장 많이 내는 계 모임 회비는 12만 원이다.

나는 걸까? 이는 중년여성 노동의 특성 때문이다. 중년여성 사업장에는 대개 승진 체계가 존재하지 않는다. 이들은 일터에서 모두 같은 직위이다. 승진이 있는 직장인 경우에는 노동자들이 서로의 경쟁자로서 각각 승진을 향해 달려가야 하기 때문에 연대가 쉽지 않다.

또한 중년여성이 하는 일은 실제로는 숙련을 요하는 일이라 할지라도 단순 반복적인 일로 여겨진다. 그래서 계약직 노동자도, 아르바이트도, 무기계약직 노동자도 다 똑같은 일을 한다. 그리고 비슷한 급여를 받는다. 같은 일을 함에도 정규직이냐 비정규직이냐에 따라 급여에 큰 차이가 나는 남성 집중 사업장과는 다른 양상을 띤다. 애초부터 이들 사이에는 상하 관계가 없고, 상하 관계가 앞으로 생길 전망도 없다. 이런 환경에서 구성된 관계는 성과를 두고 다투며 좁은 승진의 문을 통과하게 되는 다른 노동 현장의 동료 관계와 달리 경쟁적이기보다는 협력적일 수밖에 없다.

나는 딱 두 개 있어. 나 같은 경우는. 다른 사람들은 많을지도 모르는데 나 같은 경우는 딱 두 개 있어. 하나는 B마트 친구들 모임. 하나는 동네 애들 어렸을 때부터 큰 딸내미들 키울 때부터… 같이… 애기 때 그 동네에서 같이 맨날 놀이터 가서 하루 종일 떼우고 유치원 같이 가고 이러던 엄마들 있지? 그 엄마들 네 명. 그리고 여기 B마트 와 갖고 내가 중간에 온라인으로 갔었어. 그 온라인으로 가고 처음 그 온라인에서 같이 일하던 친구들 네 명. 요렇게 딱 둘밖에 없어. <박인혜, (가)지점 근무>

동네 친구 모임 있고. 우리 PT(파트타이머) 모임 있고. 노조 모임이야 다. <이미애, (다)지점 근무>

또 이 여성들이 공유하는 시대적, 사회경제적 환경의 유사성 역시 이들이 사적 친밀감을 쉽게 형성하는 이유가 된다. 여자들이야 다 스무 살을 넘기면 결혼을 해서 아이를 둘쯤 낳는 게 보편이었던 시대를 살아왔기에 자식들의 나이까지 비슷하다. 또한 마트는 주택가 내에 위치하는 경우가 많고, 그 주택가에 살고 있는 여성들이 취업을 한다. 마트는 고졸 여성노동자들을 채용하기 때문에 이들의 경제적 조건도 비슷한 경우가 많다. 하는 일이 같기에 공감할 만한 화제는 더 많다. 이런 조건들로 이들은 사적으로 만난 친구들보다 서로 공통분모가 많다.

따라서 중년여성 노동자는 일터에서 만난 다른 노동자를 '동료'로 인식하는 것이 아니라 '친구'로 인식한다. 일터에서 만난 사람들과 우정을 쌓으면서 서로에게 도움을 얻기도, 도움을 주기도 하는 것이다. 중년여성 노동자들에게 '친구'는 동네 친구일 수도 있고, 마트에서 일하는 동료일 수도 있고, 노동조합을 통해 만난 다른 지점의 조합원일 수도 있다.

또한 이들에게 있어서 노동조합 활동은 정기적으로 시간을 내어 참여해야 하기 때문에 노동자들의 사회적 반경을 넓히고 동료들을 만나 노동자로서 힘 기르기(임파워링)를 가능하게 한다. 회의나 집회, 교육 등 노동조합 활동을 통해 노동자들은 자신이 일하는 지점 외에도 다른 지점의 상황을 알 수 있고, 다른 지점과 비교하면서 어떤 점이 불합리한 관행인지를 인식하게 된다. 당연한 규칙이라고 여겨 왔던 관행이 당연하지 않음을 깨닫는 것이다. 나아가 다른 지점이 불합리한 관행을 해결한 방식을 전해 듣고 그 경험을 참조하여 비슷한 전략을 세우기도 한다. <김나연>은 마트노조 회의에 참석한 이후 다른 지점에서 노동 현장의 '문제'를 해결한 방식을 배우고 우리 지점에도 적용해야 되겠다는 생각을 했다.

마트노조 전체가 [회의를] 하니까. 어느 지점에서는 어떻게 어떻게 했다. 뭐 어느 지점에서 뭐 어쨌다. 뭐 이런 공유를 다 하니까. 사건 사고 있었던 얘기들… 다 공유해 주면, 어, 그래? 아, 저 지점은 저렇게 써먹었네? 그러면 우리도 써먹어야 되겠구나. 이게 되더라고. 그러니까 하나씩 하나씩 배워 가는 거지. (중략) 그래서 그런 경험이 중요한 거 같애. <김나연, (가)지점 근무>

<서지향>의 지점이 캐셔 노동자에게 추가적인 노동을 요구한 불합리한 관행을 바꾸자 다른 지점에서 마찬가지 방식으로 이를 없애게 된 것처럼, 노동자들은 다른 노동자들의 경험담을 듣고 이를 바탕으로 관행을 바꾼다.

　　이걸 왜 이렇게 무겁게 왜 이걸 들고 다니는지 모르겠다. (중략) 인제 뭐 그렇게 막 싸우는 거지. (중략) 그래 갖고 그냥 그때부터 없어진 거야. 그래 갖고 다른 데(지점)도 야, 안 든다, 안 든다 막 이러니까 그래 너네도 안 들면 [우리도] 안 든다. 그래 가지고 거의 없어졌을 걸? <서지향, (다)지점 근무>

　　더불어 노동조합에 가입한 후 노동자들이 근무하는 지점에도 지회가 생기면서, 노동자들은 선전전이나 집회 참여 등 단체행동을 통해 자신이 "깨어 있음"을 확인하게 된다. 사회적인 문제를 접하고 이를 해결하기 위해 행동하면서, 이전에는 접해 보지 못했던 감정을 느끼게 되는 것이다. 이러한 쾌감은 '왜 사람들이 노동운동을 하게 하는지' 이해하는 계기가 되어 준다. <서지향>은 집회에 가면 사회를 "배우는 것 같아" 참석한다. 다른 노동자들과 함께 현장의 문제를 인식하고, 함께 지지하면서 "기운을 받게" 되고, 노동조합 일은 "반드시 해야" 하는 일로 의미화된다.

[집회를] 갔다 오면 좀 뭔가 배우는 거 같고. 그렇게 가는 사람하고 안 가는 사람하고는 좀 달라. 이 마음가짐이 달라. 거기 가면 기운을 받아. 그럼... 아, 이 일은 반드시 해야 해. 내가 할 일이야. 이런 게... 내가 다른 것도 중요하지만 정말 잘했다, 잘한다. 나 스스로 칭찬하면서 오는 거야. 오길 잘했다. <서지향, (다)지점 근무>

<박인혜>는 노동자의 날 집회에 참석하면서 노동자의 처우 개선을 외치며 처음으로 차들이 다니는 도로를 행진하고는 "의식이 깨어 있는 사람"이 된 느낌을 받는다. <박인혜>는 백화점이 있던 명동에서 종로4가까지 구호를 외치며 도로를 걸으면서, 집회에 중독되는 사람들이 있다는 말을 이해했다. "쾌감"이 느껴진 것이다.

뿌듯해. 왠지 뿌듯하고, 왠지 내가 사고 있는 사람? 의식이 깨어 있는 사람? (웃음) 그런 느낌을 받는 거지 내가. 그래서 좀 뿌듯해. 내 집회도 두 번? 두 번 가 봤나 그때. 노동자의 날 그때 한 번하고 두 번 가 봤는데, 가 보니까, 가서 있으니까 되게 좋더라고. 할 때는. 백화점에서부터 시청까지 걸어가서... 어, 행진했지. 카트 끌고 막 이런 데 맨날 와야지 (중략) 내가 계속 한 얘기야. 우리가 언제 이 도로를 걸어 보겠냐. 인도로 밖에 더 가겠냐. 이러면서 걸었어. 그러면서 우리가 종로4가까지 갔지, 아마? 좋더라고. 그 쾌감이 진짜... 진짜 그래서 이런 것도 진짜 중독이라 그런다매. 중독

이라 그런대. <박인혜, (가)지점 근무>

노동자들은 노동조합 활동을 통해 노동환경의 변화를 몸소 체험한다. 마트노조에 가입한 후 일하는 지점에 노동조합 지회가 설립되자 관리자들의 행동이 달라졌다. 이 변화를 통해 노동자들은 주어진 노동환경에 만족할 것이 아니라 불합리한 상황에 대해 개인이 아닌 노동자로서 문제를 제기하면 바꿀 수 있다는 사실을 알게 되었다.

(나)지점에 근무하는 <김선희>는 지회가 설립된 이후 "다혈질"이어서 자기 "기분이 나쁘면 확 내뱉"던 파트장이 "말을 조심하"는 모습을 보면서 노동조합이 노동자에게 보호막이 된다는 사실을 깨달았다. 이처럼 회사에서 시키는 대로만, 회사가 원하는 대로만 해야 한다고 생각했던 노동자들은 그러한 태도에서 벗어나 노동조건 개선을 당당하게 요구할 수 있게 되었다. <서지향>은 노동자들에게 명절에 연장노동을 할 것인지도 묻지 않고 스케줄에 마음대로 넣어 버린 관리자들에게 당일 아침에 '연장을 못 한다'는 사실을 알렸고, 그 이후 관리자가 노동자와 상의 없이 연장노동을 시킬 수 없도록 했다.

명절에 연장이 쫙 들어간 거야. 의견 하나도 안 묻고. (중략) 그래서 우리들은 우리들끼리 연장 빼고 나가자. 아침에 문자 띄우는 거야. 아침에. '오늘 연장 못 하니까 문 닫고 나갑니다~' 하고. 다 나간 거야. <서지향, (다)지점 근무>

중년여성 노동자들은 동료들과의 사회생활과 노동조합에서의 주체적 활동을 통해 '공적 영역'에서 주체가 되는 경험을 한다. 친구로 인식하면서도 '사회생활'로 의미화되는 동료들과의 관계는 개인적인 친목에만 머물러 있는 것이 아니라, 일터에서의 정보를 공유하고 스트레스를 해소할 수 있도록 돕고, 노동 현장에서 목소리를 낼 수 있도록 한다. 노동조합 활동으로 노동자들은 '어쩔 수 없다'고 느꼈던 회사를 바꿀 수 있음을 깨닫게 되고, 이로 인해 노동자들의 생각과 태도가 변화한다. 노동환경에 관심을 갖고 "깨어 있는 사람"이 되도록 하는 것이다.

이처럼 아줌마들은 일터를 통해서, 사적 영역과 공적 영역을 넘나드는 관계망을 형성한다. 직장 동료 모임은 공적인 것일까, 사적인 것일까? 노동조합에서의 만남은 단순히 공적인 것일까? 중년여성들은 공과 사라는 영역의 경계를 넘어서며 우정을 쌓고, 이렇게 쌓인 우정은 나 자신을 강화하고, 다시 이들이 노동 현장에서 서로 돕고 지지하게 한다.

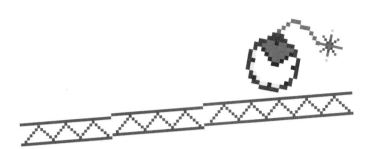

3부
계산대 앞에서 사라진 한 시간이 바꾼 것

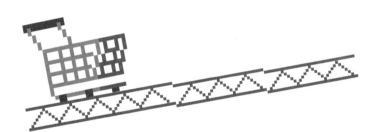

1장 당신이 몰랐던 계산대 앞의 일
―시간과 싸우는 숙련노동

 H그룹 대졸 사무직 노동자들은 노동시간 단축 이후 실질적 임금 상승을 경험했다. 노동시간 단축 이전까지 적용됐던 포괄임금제가 수정되면서 야근 등 추가 노동에 대해서 수당 및 대체 휴무가 지급되기 시작했기 때문이다. 전날 야근을 했다면 다음 날 일찍 퇴근하거나, 야근을 모아 휴가로 사용하는 것 모두 회사가 지불하는 일종의 비용으로 이해할 수 있다. 하지만 사무직과는 달리 B대형마트 노동자들은 포괄임금제가 아닌 노동시간을 기반으로 책정된 임금을 받는다. 이 차이는 노동시간 단축에 어떤 영향을 주었을까? 유통 서비스직 임금 역시 노동시간 단축 이후 증가했을까?

노동시간에 따라 임금을 책정하는 노동

 <표 11> 국내 대형마트 3사의 임금 현황을 살펴보면 B대형마트가 유난히 기본급 비율을 낮게 책정하고 있음이 확인된다.

<표 11> 2020년 대형마트 3사 임금 현황(단위: 원)

		A대형마트	B대형마트	C대형마트
월 고정금	기본급	1,601,250	838,000	1,795,310
	기본급 외	134,318	964,000	31,289
상여금		없음	명절 상여 연 2회, 기본급 100퍼센트	명절 상여 연 2회, 기본급 100퍼센트
연간 임금 총액		20,826,816	23,300,000	25,509,808

* 자료 출처: 안정화·장진숙·정민정, 「마트산업 노동자 임금 실태와 정책 방향」, 전국서비스 산업노동연맹 정책연구원, 2020를 바탕으로 연구자가 재구성.

2019년 무기계약직 사원의 정규직화를 발표한 C대형마트는 거의 임금 전체를 기본급으로 하고 있다. 월 급여로 보면 B대형마트와 C대형마트 간 차이는 24,599원이라는 근소한 값이다. 그러나 연간 임금 총액에서는 2,209,808원으로 차이가 급격하게 커지는데 이는 상여금 산정 기준이 되는 기본급의 차이 때문이다.

돈은... 최저임금 수준? 그게 월급이 딱 되어 있는 게 아니라 모든 우리는 또 기본급이 되게 조금이에요. 조금이고, 수당을 나눠 놨기 때문에, 그게 그거를 지금 없애야 되는 상황인데 이거를 하루 아침에 되겠냐고.... C대형마트 같은 경우는 기본급이 그래도 많아서 저기 병가를 쓴다거나 그러면 크게 무리가 가지 않잖아요. 근데 우리는 병가를 한 번 쓰면 기본급이 너무 적기 때문에 되게 조금, 생활하는 데 그래도 그 월급에 맞춰서 생활을 하잖아요? (병가를 쓰면 어떻게 되나요?) 그 기본급만 나와요. 70 얼마. 72만 얼마. 그것만 나오고 150만 원 얼마를 받다가 70 얼마가 나오면 완전 반으로 밖에 안 나오는 거니까 그게 인제 생활이 좀... 그렇죠. <서지향, (다)지점 근무>

B대형마트 유통 서비스직의 월급은 기본급과 각종 수당으로 구성된다. B대형마트는 상여금과 각종 수당의 규모를 낮추기 위해 통상임금과 기본급을 동일하게 설정하지 않고, 기본급을 최대한 낮추고 나머지 월급을 각종 수당으로 나누어 지급한다. 수당에는 직무능력급, 직무 수당, CS(Customer Satisfaction, 고객 만족) 수당, 능력가급, 근속 수당이 있다. 각 수당들은 기본급을 낮추기 위해 임의로 구분해 놓은 수당이다. B대형마트의 임금 지급 기준에서 상여금은 기본급의 200퍼센트를 지급하게 되어 있어 각종 수당이 기본급에 합쳐질 경우 상여금 액수도 늘어난다. 노동자가 피치 못할 사정으로 병가 등을 낼 때에도 지급되는 급여는 기본급을 기준으로 하기 때문에 기본급을 줄이는 것이 회사에게 유리하다.

또한 대형마트는 최저임금에서 크게 벗어나지 않는 수준으로 시간당 임금을 정해 왔다. <표 12> B대형마트 연도별 임금 현황

<표 12> B대형마트 연도별 임금 현황(단위: 원)

	연도	B대형마트 시간급	최저임금	차이	B대형마트 시급에 따른 월 급여
노동시간 단축 이후	2019	9,410	8,350	1,060	1,722,030
	2018	8,645	7,530	1,115	1,582,035
노동시간 단축 이전	2017	6,789	6,470	319	1,418,901
	2016	6,148	6,030	118	1,284,932
	2015	5,919	5,580	339	1,237,071
	2014	5,660	5,210	450	1,182,940

* 자료 출처: 박하순, 「최저임금인상을 무력화하려는 이마트의 주35시간제」, 민주노총 정책 연구원, 2017에서 연구자가 재구성.

을 살펴보면, 노동시간 단축 이전의 B대형마트 시급은 최저임금 수준으로 설정되어 있다. 그러나 노동시간 단축 이후에는 7시간 근무를 하더라도 8시간의 급여를 제공하겠다고 본사에서 공언했기에 이를 반영할 수 있도록 최저시급보다 천 원 가량을 높여 시간급을 계산하고 있다.* 노동시간을 단축할 때 B대형마트가 했던 임금 감소

✻ 표에 제시된 금액은 연장노동수당이나 야간노동수당이 포함되지 않은, 각종 수당의 책정 단위가 되는 시간급이다. 연장수당이나 야간수당은 근무 스케줄에 따라 추가적으로 지급는 금액이기에, 표에서는 수당 산정 기준에 해당하는 임금만을 계산했다. B대형마트 급여는 각종 수당으로 나뉘어 있다. 실제 기능이나 목적이 있다기보다 기본급을 낮추기 위해 임의로 나뉜 수당이기 때문에 이에 따른 월 급여나 연봉의 차이가 크지 않다.

없는 노동시간 단축이라는 약속에는 상시적으로 진행되던 연장노동 수당과 야간 수당은 포함되지 않았으며, 이에 노동자들은 노동시간 단축 이후 기존보다 적은 급여를 받게 되었다.

실질적으로는 회사에서는… 사측에서는 월급을 올려 줬다 하지만, 올려 준 거는 맞는데 인제 작년 같은 경우는 우리가 연장이랑 심야 수당이 열두 시까지 했었으니까 심야 수당이 있었어요. 그래서 그게 한 십만 원에서 많게는 십오만 원 정도 차이가 있어요. 근데 지금은 연장이란 게 전혀 없으니까 실질적으로 우리가 받는 거는 작아요. <김나연, (가)지점 근무>

노동시간을 단축하는 과정에서 노동력을 추가로 고용하지 않고, 기존의 노동력을 통해 노동생산성을 향상시키는 경우 노동시간 단축 이전의 급여를 보전해야 한다. 특히, 노동시간 단축 이전 사업장에서 연장노동이나 야간노동이 상시적으로 발생하여 이 같은 추가 노동 수당이 노동자들의 고정적 수입이 되었을 때는 이 금액까지도 보전해야 한다. 이미 연장노동이 고정적으로 진행되어 해당 사업장의 표준노동시간으로 정착했기 때문이다.[78]

B대형마트의 경우 연장노동과 야간노동은 "노동자들이 하고 싶어서 한 게 아니고" "아예 시간표에 돌아가면서 의무적으로 넣

었"기 때문에 노동자들의 연장노동수당은 통상임금에 포함되어 노동시간 단축 이후 임금에 반영되었어야 한다. 연장노동을 원하지 않았다 하더라도 이미 채용 시에 연장근로동의서를 작성한 만큼 연장노동을 거부할 수 없었을 뿐더러, 돌아가면서 당번제를 수행하듯 고정적으로 연장노동을 수행했기 때문에 연장노동을 포함하여 월 급여가 일정하게 유지되었고, 이 연장노동을 포함한 임금을 기준으로 생계비 지출을 계획해 왔기 때문이다. 마찬가지로 야간노동 또한 B대형마트의 영업시간에 맞추어 선택권 없이 의무적으로 진행되었기에 진정한 의미의 '임금 감소 없는' 노동시간 단축이라면 야간수당 또한 반영되었어야 한다.

　더불어 <표 12> B대형마트 연도별 임금 현황(170쪽)에서 확인할 수 있듯, B대형마트가 매년 최저임금과 비슷한 수준의 시간급을 지불해 왔다는 점은 노동자들에게 불안 요소로 작용한다. B대형마트가 노동시간 단축 이후 임금 감소가 없을 것이라 약속했다 하더라도, 노동자들의 입장에서 언제 7시간을 기준으로 급여를 책정할지 알 수가 없기 때문이다. 특히 현재 B대형마트 교섭 대표노조가 유통 서비스업 노동자들이 다수 가입한 민주노총 소속 마트노조가 아니라, B대형마트 사무직이 가입한 한국노총이라는 점은 유통 서비스직의 목소리가 회사 측에 충분히 반영되는가에 대한 의문을 가지게 한다. 더욱이 마트노조가 한국노총 소속 노조를 어용노조라 간주하고 있는 상황에서 노동자들의 불안은 증폭될 수밖에 없다. 현실적으로 당장 내년부터 B대형마트가 A대형마트와 같이 7시간을 기준으로 임금을 지급한다고 하더라도 B대형마트 노동자들은 그대로 받아들여야 한다.

그게 월급은 더 줄어들고. 뭐 대대적으로 언론으로 해가지고 막 한 시간 줄이고 월급 올려 줬다, 이렇게 해 놓고. (중략) 월급은 작년보다, 실제로 우리가 받는 거는 통장으로 들어오는 돈은 더 적게 들어오니까. 그게 우리가 받아들이기엔 인정하기에는 좀 합당하다고 생각을 안 하죠? 우리 언니들이 전부 다 다들… 이거는 아니지. 이거는 아니다. 속임수다. [우리가] 원하는 것도 아니고 우리한테 물어본 것도 아니었고…. 정말 이렇게 의견 한번 취합해 보지도 않았구요. 우리한테 한 시간 줄이려고 하는데, 뭐 어떠냐, 이런 말 한마디도 안 했었거든요. 근데 갑자기 언론이 먼저 떴었어요. (아 그럼 언론에서 보고 아신 거예요?) 네. 언론 보고. 어머 우리 한 시간 줄은대! 그러면은 이거 월급이 그대로 나올까? 시간 줄이면 월급 내리겠지. 우리도 막 반반 막 그랬었어요. 그랬다가 뚜껑 열어 보니까 이렇게…. 속임수가 있었더라고. 그냥 우리는 설마… 그럴까? 하고서는 우리도 기다리고 있었죠. 언론은 이미 발표를 했으니까. 내용을 들은 거는 없고. 그런다, 아니다 뭐 말은 많고. 뚜껑을 안 열었잖아요. 얘기를 해 줘야, 자세하게 설명을 해 줘야 되는데... 나는 마감조 아니었으면... 마감조 아닌 사람들은 설명을 또 못 들어요. 포스에 또 들어가고 아니면 휴무고 이러기 때매. 또 듣는 사람만 들었어요. 저 같은 경우는 못 듣고.... 얘는 또 그 자리에 있었으니까 들은 거고. <김나연, (가)지점 근무>

　노동시간 단축 과정에서 협상의 과정이나 토론의 장 없이 노동자들은 일방적으로 B대형마트의 통보를 받았다. 2017년 12월, (가)지점 노동자들은 언론 보도를 접하고 나서야 자신들의 노동시간이 단축된다는 사실을 알았다. '임금 감소는 없다'고 마트에서 말했기 때문에 노동자들 사이에서는 실제 임금이 줄어드는지 줄어들지 않는지에 대해서 의견이 분분했다. 어떻게 노동시간을 단축할 것인지에 대해 노동자들은 알 수 없었고, 단축이 시행되었던 2018년 1월이 지나서야 체감하게 되었다. 그 누구도 설명을 해 주지 않았기 때문이다. 노동시간 단축은 노동자들이 "원하는 것도 아니"었고, 원하는 일이냐고 노동자들에게 "물어본 것도 아니었"다.

　또한 B대형마트는 개인 이메일 등으로 급여명세서를 발송하지 않아 노동자들은 사내 인트라넷을 통해서만 급여명세서를 확인할 수 있었다. 내가 근무한 (가)지점의 경우 노동자들이 사용할 수 있는 PC가 있어 노동자들이 급여명세서를 쉽게 볼 수 있었으나 (나)지점의 경우에는 지점 내에 열람용 PC가 없어, SV를 통해야만 명세서를 확인할 수 있었다. 그래서 얼마를 어떻게 받고 있는지도 노동자들이 정확하게 알 수 없는 상황이다.

> 양선자: 우리가 이거를 보려면 미리 가거나, 미리 가도 SV가 없으면 또 못 보고 점심시간에도 또 걔를 못 만나면 못 보거나. 쉬는 시간에는 절대 못 봐 20분인데 들어오는 시간 3분, 환전하면 3분, 화장실 갔다 오면 한 5분, 뭐 하다 보면 바로 나가야 돼. 궁댕이 붙이는 시간이 한 5분. 5분 안에 PC 절대 못 보거든. 열 수도 없어. 속도가 느려서 열리지도 않아.
>
> 황주옥: 가장 중요한 게 그건데 가장 중요한 걸 우리가 못 보고 있잖아. 지금. 우리가 얼마 받는지도 모르지.

이러한 B대형마트 노동자들의 상황은 노동시간 단축을 시간의 문제보다는 임금의 문제로 해석하게 하는 조건이 된다. 노동시간 단축이 노동자들의 노동권을 위한 것이었다면 단축 과정에서 노동자들의 의견이 충분히 반영되었어야 한다. 그게 어렵다 하더라도 바뀌는 제도에 대해서 알리고 노동자들을 설득했어야 한다. 그러나 노동자들은 노동시간 단축에 대한 고지도 받지 못한 채로 노동시간이 단축되었고 일방적으로 바뀐 스케줄을 통보받았다. 이러한 경험은 B대형마트와 노동자 간의 신뢰 관계를 형성하지 못하게 했고, 노동자들 역시 경제 논리에 기반해 노동시간 단축을 바라보게 하는 단초가 되었다.

매일 출퇴근시간이 다른 노동

B대형마트에서 일하는 캐셔들은 매일 업무 스케줄이 다르다. 앞에서 이미 지적했듯 이윤을 높이려면 최소한의 노동력으로 노동자들을 최대한 유연하게 조정하여 마트에 배치해야 하기 때문이다. B대형마트의 교대제는 대개 3교대로 구성된다. 3교대를 구성하는 오픈타임, 중간타임, 마감타임은 임의로 나눈 근무시간 묶음을 의미한다. 교대제는 <표 13>과 같이 배치된다. 보통 마감타임에 배치되는 주말 스태프를 제외하면, 중간타임 평일 근무자는 항상 8명에서 9명으로 유지되고, 중간타임 근무자가 이보다 많을 경우에는

<표 13> B대형마트 순환형 교대제 현황

	1조	2조	3조	4조	5조
첫째 주	오픈	마감	중간	오픈	마감
둘째 주	마감	중간	오픈	마감	오픈
셋째 주	중간	오픈	마감	오픈	마감
넷째 주	오픈	마감	오픈	마감	중간
첫째 주	마감	오픈	마감	중간	오픈
둘째 주	오픈	마감	중간	오픈	마감

일부 노동자를 오픈이나 마감타임으로 이동시킨다.

순환형 교대제는 관리자가 세부 스케줄을 공지하기 전까지 노동자들이 출근시간대를 예측할 수 없게 한다. B대형마트 (가)지점에서 사용하는 요일별 근무시간을 정리한 <표 14> (가)지점의 요일 및 시간대 별 노동자 배치 현황을 살펴보면, B대형마트의 교대제는 가장 많은 노동자를 배치하는 마감타임(15시 10분)을 제외하면 시간대별로 1명에서 2명을 배치하는 등 파편적으로 운영되고 있음을 확인할 수 있다. 출근시간이 15시 10분과 15시 20분 두 가지로 정해진 마감타임을 제외하고 나머지 근무조는 교대제 순환 주기만으로는 출근시간을 전혀 예측할 수 없다. 같은 오픈타임 안에서도 세부 스케줄상 확인되는 출근시간의 차이는 2시간 20분까지 벌어진다. 중간타임 출근시간 최대 시차는 2시간이지만, 10개로 구분되어 5개로 구분되는 오픈타임 출근시간보다 세밀하게 나뉘어 있다. 또한 앞서 언급했듯 중간타임 근무자는 휴무나 병가 등으로 다른 타임 인력이 부족할 때 해당 타임으로 근무시간이 이동되기 때문에 스케줄 변동 폭이 더 크다.

이처럼 캐셔 노동은 출퇴근시간이 적게는 10분, 크게는 2시간 20분의 차이를 두고 매일 다르게 정해진다. 이런 스케줄은 개인의 생활시간을 계획할 수 없게 하며, 개인의 생체리듬을 깨트려 건

<표 14> (가)지점의 일주일 출퇴근시간별 노동자 배치 현황

	출근시간	월요일	화요일	수요일	목요일	금요일	토요일
오픈타임	9:30	3	3	3	3	3	3
	9:50	1	1	1	1	1	2
	10:20	2	2	2	2	2	2
	10:50	1	1	1	1	2	2
	11:50	3	3	3	3	3	3
중간타임	12:20	1	1	1	1	1	1
	12:30	0	0	0	1	1	0
	13:10	2	2	2	2	2	2
	13:20	1	1	1	1	1	1
	13:30	1	1	1	1	1	1
	13:40	0	0	0	0	0	0
	13:50	1	1	1	1	1	1
	14:00	0	0	0	0	0	0
	14:10	0	0	1	0	0	0
	14:20	2	2	1	2	2	2
마감타임	15:10	8	8	8	11	9	9
	15:20	1	0	0	0	0	0
총 인원		27	26	26	30	29	29

* 자료 출처: 참여관찰 당시 스케줄을 바탕으로 연구자가 재구성.

<표 15> 연구참여자 M의 일주일 근무 스케줄

	2주차	3주차
근무시간대	중간	오픈
일요일	대형마트 의무 휴업	09:30 ~ 17:30
월요일	11:50 ~ 19:50	10:50 ~ 18:50
화요일	12:20 ~ 20:20	휴무
수요일	12:30 ~ 20:30	휴무
목요일	휴무	10:20 ~ 18:20
금요일	11:50 ~ 19:50	10:50 ~ 18:50
토요일	10:50 ~ 18:50	09:30 ~ 17:30

강을 악화시키기도 한다. 단적인 예로 <표 15>에 적힌 스케줄대로라면 연구참여자 M*은 점심 식사와 저녁 식사 사이에 있는 근무시간 때문에 매일 다른 시간에 식사를 해야 할 것이다. 매일 변화하는 생활 패턴, 이로 인해 발생하는 생체리듬의 변화는 건강과 밀접한 관련이 있고, 장기적으로 신체에 악영향을 줄 수 있다. 연구참여자 M의 일주일 근무 스케줄을 보면 2주차에는 중간타임에, 3주차에는 오픈타임에 근무하고 있다. 한 주 사이에 출근시간이 같게 정해진

* 해당 자료는 실제 본 연구참여자들 중 한 명의 근무 스케줄이다. 연구참여자의 이름을 가명으로 기재하더라도, 사측에서 스케줄을 대조할 경우 연구참여자의 신상이 특정되기 때문에 여기에서는 M으로 기재한다.

날은 최대 2일이고, 연속해서 같은 시간에 출근한 날은 없다.

육체-정신-감정을 동시에 사용하는 노동

캐셔 노동뿐 아니라 대부분의 노동은 육체, 정신, 감정을 모두 사용한다. 그러나 유독 감정노동을 사용하는 노동의 경우에는, 노동과정에서 감정노동만이 그들의 주된 노동으로 간주되는 경향이 있다.[7] 사람들은 캐셔의 노동에 대해서 많이 알고 있는 것 같으면서도, 알지 못하는데, 그 이유 중 하나는 캐셔 노동에서 '고객의 갑질' 문제만이 주로 부각되어 왔기 때문이다. 익숙하지만 그들이 정확히 무슨 일을 어떻게 하는지에 대해서는 알지 못한다. 감정노동자의 주된 업무는 실상 감정노동이 아니다. 예를 들어, 인바운드 콜센터 노동자는 고객이 요청하는 문제를 해결하는 것이 업무이다. 여객 승무원은 고객에게 친절을 베푸는 것이 아니라 그들의 안전을 책임지는 것이 주된 일이다. 본 절은 이러한 문제의식을 담아, 캐셔의 노동과정을 육체, 정신, 감정이라는 세 가지 노동의 측면에서 분석하고자 했다.*

B대형마트에서 참여관찰을 시작하기 전에 나는 대형마트 캐

---

* 물론 이 세 가지 영역의 노동은 엄격하게 구분되지 않는다. 유기적으로 연결되어 있기 때문이다. 사무직 노동자는 정신노동만을 하는 것이 아니라, 육체노동을 함께 수행한다. 마찬가지로 생산직 노동자 또한 육체노동만을 수행하는 것이 아니라 일정 부분 정신노동을 함께 수행한다.

셔 일이 카페에서 주문을 받는 일과 별반 다르지 않을 것이라 생각했다. 나는 어렸을 때부터 기계를 잘 다루는 편이었고, 고객 앞에서 포스를 다루다 실수를 하더라도 당황한 기색을 들키지 않을 정도로 순발력이 있었다. 그래서 마트 계산 업무도 능숙하게 처리할 수 있을 것이라 예상했다. 계산대에서 물건을 계산하는 일이 거기서 거기 아니겠는가? 카페에서 주문받는 일과 똑같이 계산대를 사용하는 일이니 쉬울 것이라 기대한 것이다.

하지만 내 짐작과는 달리 계산 업무는 내가 해 본 아르바이트 중에 가장 복잡하고 까다로운 일이었다. 제일 먼저, 캐셔는 고객이 계산대 앞으로 와 물건을 올리면 고객과 인사를 나눈다. 고객이 올린 물건이 컨베이어벨트를 따라 스캐너 앞으로 오면 물건을 움직여 바코드를 인식시킨다. 바코드는 물건마다 다른 곳에 인쇄되어 있기 때문에 바코드의 위치를 생각하며 물건을 빠르게 움직여 바코드를 찍어야 한다. 쌀 포대나 생수 묶음과 같이 무거운 물건은 카트에 둔 채로 스캐너바bar라고 하는 휴대용 스캐너를 이용해 물건을 입력하기도 한다. 어떤 고객의 경우 무거운 물건을 직접 컨베이어벨트 위에 올려 주기도 하는데, 컨베이어벨트에 올린 물건을 어차피 다시 들어 계산대에 고정되어 있는 스캐너로 들어 옮겨 바코드를 스캔한 후 다시 계산대 밖으로 끌어내야 하기 때문에 오히려 더 많은 힘이 든다.

마트에서 파는 물건 중에는 포장이 비슷해 같은 물건처럼 보여도, 가격이 다른 물건이 많다. 포장 때문에 같은 물건으로 착각해서 다시 바코드를 찍지 않고 구매 수량만 입력하면, 금액이 맞지 않아 마트나 고객이 손해를 볼 수 있다. 그래서 나를 가르친 선임은 되도록이면 수기로 제품 개수를 입력하지 말고, 교차로 제품을 스캔하라고 당부했다.

예를 들어 우유 2팩과 맥주 2캔을 산 경우, 우유 1팩, 맥주 1캔, 우유 1팩, 맥주 1캔 순으로 스캔하는 방식이다. 같은 제품을 두 번 찍는 경우, 계산원의 실수나 스캐너 오류로 잘못 스캔이 되는 경우도 있기 때문에 이를 방지하기 위해 같은 제품을 연달아 스캔할 경우 계산대에서 두 번 찍은 것이 맞느냐는 확인음이 울리게 된다. 그러면 추가적으로 확인 버튼을 눌러 이를 승인해야 한다. 이 과정에서 바코드 스캔 속도는 늦어질 수밖에 없고, 스캔이 늦어지면 고객의 항의를 받는다. 그래서 빠른 속도를 위해 교차 스캔으로 바코드를 찍는다.

하지만 이런 방식으로 스캔했을 때 고객은 영수증을 보고 구매한 물건의 개수를 확인하기 어려워 계산상 착오를 직접 확인하기 어려워진다. 계산을 하는 사람도 마찬가지로 개수를 세어 가며 스캔을 하는 것이 아니라서, 물건 계산에 실수가 발생해도 바로 인지하기가 어렵다. 나 또한 이 과정에서 계산 실수를 많이 했던 것 같

영 수 증

상품명	단가	수량	금액
01 C맥주500ml	1,860	1	1,860
02 제주생수2L	1,540	1	1,540
03 D맥주500ml	1,860	1	1,860
04 제주생수2L	1,540	1	1,540
05 K브랜드 베이컨	1,480	1	1,480
06 C맥주500ml	1,860	1	1,860
07 제주생수2L	1,540	1	1,540

다. 모든 고객들이 계산이 제대로 되었는지 확인하는 것은 아니라서 내가 얼마나 실수를 했는지 알지는 못하지만, 종종 헷갈리는 순간이 있었고 컴플레인을 걸었던 고객도 있었다.

이처럼 계산대에서는 가격과 관련한 문제가 많이 발생한다. B대형마트에서 청과물을 사려면 청과물 코너에서 무게(그램g)를 달아 가격표를 붙여 계산대로 가져와야 한다. 하지만 모든 청과물 가격이 같은 방식(무게)으로 정해지는 것은 아니다. 애호박처럼 한 개씩 개별 포장이 되어 있거나, 같은 상품이라도 크기나 무게가 비슷한 가지나 단호박 같은 채소는 무게와 상관없이 개수에 따라 가격이 책정된다. 이런 경우에는 계산대 안에 가격표가 내장되어 따로 가격표를 뽑아 올 필요가 없다. 매일 아침 캐셔가 계산대에서 가격표 동기화 버튼을 눌러 기계에 내장된 가격표를 갱신하고, 청과물의 종류와 개수를 직접 입력하기 때문이다.

그러나 고객은 어떤 청과물에 가격표를 붙여야 하고, 붙이지 않아야 하는지 알 수 없다. 나도 일을 그만둘 즈음에야 그 기준을 추측할 수 있었다. (가)지점에서 일하던 무렵, 한창 제철이던 수박 가격표 때문에 한바탕 소동이 생긴 적도 있었다. 당시 수박은 청과물 코너에서 고객이 직접 가격표를 붙여야 하는 품목이었다. 하지만 당연하게도 고객 대부분이 그 사실을 몰랐다. 가격표를 붙이지 않은 수박이 계산대에 오르자 여기저기서 관리자를 호출하기 시작했다. 결국 계산대마다 수박 바코드 스티커를 붙여 놓고 캐셔가 바코드를 찍는 방식으로 문제를 해결했다. 고객 입장에서는 청과물 코너에 물어볼 수 있는 직원이 항상 있는 것도 아닐뿐더러 야채에 '가격표를 찍으세요'라는 표시가 되어 있는 것도 아니어서 헷갈리는 것이 당연했다.

바코드 스캔을 하고 나서 몇몇 제품에 붙은 보안 태그를 제거하는 일도 잊어서는 안 된다. 태그를 제거하지 않을 경우 보안 검색대를 통과할 때 큰 소리로 경고음이 울려 고객이 다시 계산대에 방문해야 할 수 있다. 보안 태그는 핀형과 부착형 두 종류로 나뉘는데 의류 제품에 붙은 핀형 보안 태그는 계산대에 비치된 태그 제거 도구를 이용해 하나하나 제거해야 한다. 부착형 태그는 계산대에 비치된 있는 보안 스캐너에 스캔해서 제거한다. 그런데 보안 태그가 필요한 제품이라 하더라도 모든 제품에 부착되는 것이 아니라 무작위로 부착되어 있어 물건을 스캔하면서도 한쪽 눈으로는 보안 태그를 찾아내야 한다. 경험이 쌓이면, 어떤 물건에 보안 태그가 자주 붙어 있는지를 알게 되기 때문에 오래 일한 노동자일수록 수월하게 보안 태그를 제거할 수 있다.

결제에 앞서 쿠폰도 적용해야 하는데 이 일도 간단하지 않다. 쿠폰 중에는 품목별로 할인이 되는 에누리 쿠폰도 있지만, 특정 신용카드로 특정 금액 이상을 결제하면 할인이 되는 쿠폰도 있다. 신용카드 쿠폰은 고지서 귀퉁이에 아주 작게 인쇄된다. 그래서 자세히 들여다보지 않으면 해당 쿠폰에 특정한 사용 조건이 있다는 사실을 알기가 어렵다. 신용카드 쿠폰은 주말 혹은 평일과 같이 특정 요일이나 시간대에만 쓸 수 있거나, 조건이 되는 결제 금액에 주류, 담배는 포함하지 않는 등 사용 조건이 제한되어 있다. 고객들은 제약 조건을 숙지하지 않은 채로 계산대에서 쿠폰의 적용을 요구하는데, 캐셔가 해당 쿠폰을 적용했음에도 할인이 되지 않는 경우가 발생할 수 있다. 캐셔는 카드사나 통신사에서 어떤 쿠폰을 발행하는지 알지 못하지만 그럼에도 고객은 캐셔에게 왜 쿠폰이 적용되지 않는지, 왜 할인이 되지 않는지를 묻기 때문에 스마트폰이나 종이 쿠폰에 적힌 쿠폰의 조건을 보면서 고객과 함께 그 이유를 찾아야 한다.

쿠폰을 적용했다면 그 다음에는 포인트를 적립해야 한다. B대형마트에서는 H그룹 포인트 외에도 자동차 멤버십이나 항공사 마일리지 등 각종 제휴사의 포인트를 적립할 수 있다. 다른 제휴사 포인트를 적립하고 나서 반드시 H그룹 포인트 적립 의사를 물어야 한다. 포인트 적립을 못 했다는 항의를 받게 될 수도 있기 때문이다. H그룹 포인트는 핸드폰 번호나 카드로 적립할 수 있는데, 핸드폰 번호는 개인정보보호법의 적용을 받기 때문에 고객이 직접 패드에 입력을 해야 한다. 핀패드 입력을 어려워하는 노년층 고객에게는 캐셔가 대리로 입력을 해 줄 수도 있으나 엄밀히 따지면 개인 정보보호법 위반 소지가 있기 때문에 요청하는 고객에게만 자의 반 타의 반으로 제공한다.* H그룹 포인트 카드로 포인트를 적립할 때 는 카드 리더기에 카드를 긁어 마그네틱을 읽히면 된다. 하지만 제 휴 신용카드로 적립할 경우 IC칩으로 인식을 해야 하는데, 자칫 카 드로 결제가 될 수도 있어 주의해야 한다. 제휴 신용카드는 신용카 드 결제와 마찬가지의 방식으로 카드를 인식시킨 후 할부 개월에 특 정 코드를 입력하면 결제가 아닌 적립만 된다.

마지막 단계는 고객에게 결제 방법을 묻고 결제를 하는 일이 다. 결제 방법에는 카드, 간편결제(○○페이), 기프티콘, 상품권, 현 금이 있다. 고객 대부분이 신용카드나 체크카드로 결제를 하지만, 카드와 현금을 함께 쓴다든가 여러 결제 수단으로 금액을 나누어 계산하는 경우도 있다. 신용카드 포인트로도 결제할 수 있는데, 이 경우에도 포스에 숫자로 된 특정 코드를 입력한다. 포인트 결제 코 드인 숫자 99는 영수증에 할부 개월로 인쇄가 되기 때문에, 고객은 영수증에 찍힌 99개월 할부가 맞는지 묻기도 한다. 이런 경우 할부

---

* 사측에서는 개인정보보호법 위반의 소지가 있어 대리 입력을 하지 말라고 지시 하고 있으나 캐셔는 업무 현장에서 기계를 다루기 어려워하는 고객에게 '나 못 해. 대신 해 줘'와 같은 부탁을 받게 된다. 이 상황에서 원칙적으로 대응하면 실랑이가 생겨 계산 업무가 지체되어 기다리고 있는 고객에게 항의를 받을 수도 있다. 그래 서 자의 반 타의 반으로 대신 입력하게 된다. 이때에도 계산대에서는 입력할 수 없 게 되어 있어 고객과 마찬가지로, 고객용 핀패드에 캐셔가 입력한다.

개월 앞에 붙은 숫자가 포인트 결제 여부 표시라는 내용을 고객에게 설명해야 한다. 카드 결제는 매달 카드사 무이자 할부 개월 수가 다르고, 행사 내역도 때마다 달라지기 때문에, 계산대에 붙어 있는 카드사 할인 내역을 살펴본 후 응대해야 한다.

상품권의 경우 B대형마트 전체 지점에서 사용할 수 있는 H그룹 상품권과 국민관광상품권, 지점에 따라 사용가능한 지역상품권이 있다. H그룹 상품권의 경우에는 상품권 뒷면에 계산대에서 바로 인식할 수 있는 바코드가 있어 스캔 한 번으로 계산대에 입력할 수 있다. 하지만 국민관광상품권이나 지역상품권은 상품권 뒷면에 바코드가 있어도 계산대 프로그램에 번호가 입력되어 있지 않아 캐셔가 직접 금액과 상품권 번호를 눌러 가며 입력해야 해서 시간이 많이 걸린다. 상품권 번호를 입력하면서 시간이 지체되면 왜 빨리 바코드로 찍지 못하는지에 대해서 설명한다(그 편이 정신건강에 이롭다).

기프티콘은 쿠폰과 무척 비슷하게 생겼으나 현금으로 간주되기 때문에 포스에서 적용되는 방식이 다르다. 고객조차도 5,000원을 할인하는 쿠폰인지, 5,000원짜리 기프티콘인지 모르는 경우가 많다. 그래서인지 간혹 쿠폰을 기프티콘으로 착각하고 결제 단계에서 제시하는 고객이 있는데, 그런 경우에는 이미 마친 포인트 적립을 모두 취소하고 고객이 제시한 쿠폰을 적용한 후 포인트 적립과 결제를 다시 해야 한다. 또한 현금영수증을 발급할 수 있는 기프티콘, 상품권, 현금 결제에서는 꼭 현금영수증 번호를 확인해야 한다. 마찬가지로 핸드폰 번호로 확인하는 H그룹 포인트 적립을 해 이미 핸드폰 번호를 알고 있다 하더라도 다시 물어야 한다. 다른 번호로 영수증 발급을 원하는 고객이 많기 때문이다.

계산대 앞에서 캐셔가 하는 일은 분명히 복잡한 멀티태스킹이다. 그럼에도 이 일을 편한 자세로, 노동자가 원하는 속도에 맞춰서 할 수 있다면 캐셔의 노동강도는 그리 높지 않을지도 모른다. 문제는 캐셔가 일하는 물리적인 환경이 캐셔 일의 노동강도를 급격하게 높인다는 점이다. 또한 캐셔는 이 과정에서도 친절하게 고객 응대를 함으로써 감정노동을 수행해야 한다.

캐셔는 개인 현금통으로 계산대를 열어 놓은 후에는 원칙적으로 계산대를 떠날 수 없다. 그래서 계산대 밖에서 해결해야만 하는 문제가 생기면 직접 움직이지 못하고 계산대 옆에 달린 버튼을 눌러 SV(슈퍼바이저)를 호출한다. 유리나 자기 제품이 파손된 경우, 고객에게 거슬러 줄 지폐나 상품권이 부족한 경우 등이다. 하지만 그중에서도 자주 발생하는 문제는 가격표가 잘못 붙은 물건을 처리하는 일이다. 특히 청과물은 고객이 매대에서 본 가격과 계산대에 입력된 가격이 다른 경우가 많다. 대부분 제품 진열 문제로 생기는 착오다. 이때 고객이 눈으로 본 가격과 실제 가격에 차이가 나기 때문에 고객은 의문을 가질 수밖에 없다. 이럴 때 SV를 호출하고, SV가 제품에 가격표를 붙여 오거나, 제품 진열대에 가격표를 다시 확인한 후 계산대로 돌아와 문제를 해결한다.

하지만 SV가 바빠 호출된 계산대로 바로 오지 못하는 경우도 많고, 운이 좋아 바로 도착하더라도 문제 상황을 확인하는 데 시간이 많이 걸리기도 한다. 그러다 보니 SV 호출은 곧 계산 업무 지연으로 이어진다. 바코드를 찍던 중 이런 일이 생기면 그나마 다행이다. SV가 올 때까지 다른 물건을 스캔하면서 기다릴 수 있기 때문이다. 그런데 모든 물건을 스캔하고도 SV가 오지 않을 때는 곤란해진다. 캐셔는 기다리고 있는 고객들의 따가운 눈초리를 견뎌야 한다. 나는 '나도 답답하다'는 표정을 지으면서, 상황에 대해 기다리고 있는 고객에게 설명하고, 과장된 한숨을 쉬곤 했다.

캐셔들은 다른 마트 노동자들과는 달리 한자리에서 고객과 소통하며 일한다. 고객과의 소통은 캐셔들에게 교육되는 업무 내용이기도 하다. 계산대에서 캐셔가 고객과 인사를 나눈 순간부터 고객은 캐셔를 상대로 마트에 관한 궁금증이나 불만 모두를 해결하고 싶어 한다. 고객은 어디서부터 어디까지가 캐셔의 업무 범위인지 고려할 필요도 없고, 그렇게 하지도 않는다. 그래서 항상 사던 제품 가격이 왜 올랐냐는 항의에서부터 마트에 직원이 왜 이렇게 없냐며 물어볼 사람이 없다는 푸념, 줄 선 사람이 많은데 왜 계산대는 전부 열지 않느냐는 비판까지 고객은 모든 불만을 캐셔에게 털어놓기 시작한다. 하지만 캐셔가 어떤 물건이 어디에 있는지, 왜 진열을 하는 사람이 적은 것인지 등 모든 질문에 답할 수는 없다. 실제로 캐셔는 모른다. 그리고 안다 해도 대답할 수 없다. 고객이 사실에 기반한 대답을 원하는 것도 아니기 때문이다. 그래서 쏟아지는 질문에 캐셔가 할 수 있는 답은 그저 "죄송합니다 고객님"뿐이다. 그런 질문을 받을 때면 나는 "그러게요. 저는 아르바이트여서 모릅니다"라고 대답하곤 했다.

캐셔가 업무를 보는 순간에는 늘 고객이 그 앞에 서서 지켜보기 때문에 캐셔들은 더 빠르고, 친절하고, 능숙하게 일을 처리해야만 한다. 계산대 하나하나가 고객만족센터가 되는 동안에도 캐셔의 손은 분주하게 바코드를 찍어 물건 가격을 입력한다. '고객의 눈'이라는 감시체계는 캐셔가 더 빨리 일을 처리하도록 재촉한다.

앞선 장에서 지적했듯, 마트에서는 시간마다 방문 고객량을 예측해 거기 맞춰 계산대를 연다. 그렇기 때문에 어느 때든 계산대 숫자는 고객 수보다 적게 열려 있고, 결국 고객은 계산을 하려면 언제나 줄을 서야만 한다. 줄을 선 고객 중에는 한숨을 쉬거나 캐셔에게 적극적으로 계산을 재촉하는 사람도 있다. 물론 그러지 않고 함께 온 아이를 돌보거나 휴대폰을 보고, 전화를 하는 고객도 있다. 하지만 그런 고객이라도 언제쯤 자기 차례가 오는지를 곁눈질로 가늠한다. 캐셔에게 그런 시선들은 감독관이 바라보는 눈초리로 느껴진다.

이러한 감시체계는 자신도 모르게 노동자의 몸에 각인된다. 푸코가 말하듯 캐셔는 "권력관계 속에 사로잡혀 스스로가 그것의 담지자가 된다."[72] 고객이 많든 적든, 오늘은 천천히 계산을 해야겠다고 스스로 다짐을 하든 하지 않든 마찬가지다. 감시의 눈초리로 둘러싸인 계산대 앞에 서면 몸이 자동으로 속도를 내어 물건을 계산하게 된다. 참여관찰 당시에 나도 같은 경험을 했다. 나는 늘 계산을 시작하기 전에 '천천히 찍자'고 다짐하고 계산을 시작했다. 하지만 일을 하다 보면 어느새 모든 과정에서 속도를 최고로 높여 일을 하고 있는 나 자신을 발견하곤 했다. 나는 아르바이트고, 일을 느리게 한다고 해서 해고되지 않을 것임을 알고 있고, 심지어 나는 노동자가 아닌 연구자라고 스스로를 규정하고 있었음에도 규율이 몸에 새겨지는 경험을 피할 수 없었다. 일단 규율이 한번 몸에 새겨진 노동자들은, 동료 노동자를 감시하는 또 다른 권력으로 작동하기도 한다.

앞에 사람이 줄을 나래미로 섰다, 그러면 어차피 사람이 하는 일 천천히 하자, 빨리 한다고 해도 될 것도 아니고 천천히 하자. 마음은 그래. 머리는 그래, 머리는. 근데 이게 몸이 안 되는 거야. 여기서 벌써부터 두근두근대고, 빨리 막 계산해야 할 것 같고. 조급함이 생기는 거지, 마음속으로. 그러면 더 힘든 거 같더라고. 그게 '아 이렇게 조급하게 일을...' 사람이 일을 하다 보면, 조급하게 하면은 되게 힘들더라고. 느슨하게, 이렇게 느슨하게 있는 게 편한데. 어후, 막 조급한 마음을 갖고 빨리빨리 하다 보면은 마음 때문에 더 힘들더라고. 그걸 아는데도 안 돼. (중략) 일단 사람이 앞에 막 있으면 빨리 저 사람 빼야 될 거 같고... 또 그 와중에 또 손님들이, 또 시비 거는 손님들이 있을 거고, 왜 이렇게 계산이 늦어! 소리 내는 사람도 있을 거. 오래 기다리다 보면은 또 사람들도 성질이 나니까 예민해져 갖고 꼬투리 안 잡을 것도 꼬투리를 잡게 될 수도 있는 거 같고. (중략) 나만 쳐다보고 있잖아. 내 앞에 서 있는 사람들이. <박인혜, (가)지점 근무>

많으면 많은 대로. 저는 조금... 아 오늘 손님이 많다. 어차피 다 치러야 되니까. 다... 그렇게 막 [빨리빨리] 이거는 아니고. [다른 노동자들이] 막 [빠르게] 하면서 짜증 내잖아 왜. 천천히 해~ 그래도. "어떻게 천천히 해! 어?" [이러는데,] 앞에 천천히 하면 "아후, 저기 저렇게 해 가지고 내가 힘들어 죽겠네!" (중략) 이게 뿌리내린 거야. 빨리빨리 해야 된다.... 그래서 의자가 다 있음에도 불구하고 의자 앉아서 찍으면 앞뒤 사람들이 막 뭐라고 하는 거야. 앉으면 속도가 늦어지니까. 그, 내가 세 개 찍으면 얘는 두 개밖에 안 찍는다고 생각하는 거야. 화장실을 갔다 오고. 뭐 이런 것도 자리 비우면 막 싫어하고. <서지향, (다)지점 근무>

또한 대부분 마트 계산대는 서서 계산을 하도록 설계되어 있다. 의자를 놓을 수 없을 정도로 계산대 사이 간격이 좁거나, 계산대 밑이 막혀 있어서 의자를 놓더라도 앉기 어렵다. B대형마트 지점 대부분에는 계산대 아래 여닫이장이 있다. 하지만 대체로 텅 비어 있고, 거의 사용하지 않는다. 쓰지도 않는 장으로 계산대 밑이 막혀 있어 의자를 두고 앉으려면 다리를 양쪽으로 한껏 벌려야 한다. 이 자세로 앉으면 서 있을 때보다 계산대에서 몸이 멀어진다. 그래서 앉은 채로 바코드를 스캔하려면 팔을 뻗어 물건을 당겨 와야 하기 때문에 어깨에 무리가 간다. 결국 서서 계산을 해 다리가 아프냐, 앉아서 계산을 해 어깨가 아프냐 중 선택하는 셈이다. 앉아서 일하는 자세에 익숙해진다 하더라도 문제는 해결되지 않는다. 계산대 사이 간격이 좁아 계산대 사이로 카트가 지나갈 때 캐셔가 앉은 의자를 치는 경우가 잦기 때문이다. 그럴 때마다 의자를 옮기느니 아예 의자를 계산대 밖으로 치우고는 서서 업무를 보는 게 낫다.

[계산대 밑이] 막혀 있으니까 그렇고. 앉으면은 물건 댕겨 올 때 내가 어깨가 안 좋거든. 댕겨 올 때 그거 때문에... 그게 더 불편해서 오히려 안 앉아 나는. 나는, 내 같은 경우는 다리가 아프진 않더라고. 어깨나 허리가 아파서 그렇지. 나 같은 경우는 원래 안 앉지.
<양선자, (나)지점 근무>

고객과 나 자신, 그리고 동료들이라는 감시체계 안에서 캐셔 노동은 육체, 정신, 감정노동이 한꺼번에 이루어지고, 동시에 처리해야 하기에 세 가지 노동의 특성을 한꺼번에 가진다고 볼 수 있다. 노동자에 비해 언제나 고객이 항상 많기 때문에 빠르게 계산을 하면서, 동시에 고객의 궁금증을 해결해야 한다. 또한 계산하는 방법을 언제나 머릿속으로 생각하면서도 고객에게 친절히 응대해야 한다. 그렇기 때문에 정신적 긴장도가 높은 일이라고 할 수 있다.

끊임없이 감정을 관리해야 하는 노동

감정노동이란, 감정을 관리하는 노동을 의미한다. 혹실드에 따르면, 감정노동은 사용가치를 낳는 감정노동과 교환가치를 낳는 감정노동으로 분류된다.* 사용가치만을 지니는 감정노동이란 그 자

---

* 상품은 사용가치와 교환가치를 모두 지닌다. 예를 들어, 지우개는 연필을 지우는 '사용가치'를 지니고 있으며, 문방구에서 일정한 금액과 교환 가능한 '교환가치'를 지닌다.

체로 경제적 교환이 아닌 것, 즉 가족, 연인과 같은 사적인 관계에서 발생하는 감정 관리를 의미한다. 엄밀한 의미에서 사용가치만을 지니는 감정노동은 노동이 아니다.

반면, 교환가치를 낳는 감정노동이란 서비스업 등에서 노동자에게 강요되는 감정노동을 말한다.* 이 노동이 바로 우리가 '감정노동'이라 부르는 노동이다. 캐셔 노동이 감정노동이라는 것은 익히 알려져 있다. 계산대 하나하나는 '고객만족센터'가 되어 계산을 하면서도 고객의 궁금증을 바로 해결할 수 있도록 돕고, 만족감을 심어 주는 역할을 맡는다. 이로 인해 마트 캐셔는 '마트의 꽃'**으로 불리기도 한다. 대형마트는 캐셔를 통해 친절한 서비스를 제공하고, 이러한 서비스에 만족한 고객은 다시 마트를 방문하여 물건을

---

* 혹실드는 교환가치로 환산되는 감정노동, 즉 상품화된 감정노동만을 소외된 노동으로 보았으나 여성학자 고미라는 가사 노동과 같이 사용가치만 존재하는 감정노동 또한 소외된 노동일 수 있음을 지적하면서 '사회적 가치'화된 노동을 감정노동으로 간주해야 한다고 주장했다. 여기서 사회적 가치란, 성역할 규범, 생계부양자 이데올로기 등을 의미한다. 혹실드의 기준에 따르면 내 가족을 위한 가사 노동이나 양육과 같은 일은 교환가치를 지니지 않는다는 점에서, 즉 시장에서 거래될 수 없는 종류의 일이라는 점에서 감정노동이 아니지만, 고미라의 기준에 따르면 성역할 규범을 재생산하기 때문에 감정노동이다.(고미라, 「노동 개념 새로 보기: 감정 노동의 이해를 위한 시론」, 조순경 엮음, 『노동과 페미니즘』, 이화여대출판부, 2000, 13~41쪽).

** '마트의 꽃'이란 표현은 감정노동의 성별성을 직접적으로 드러내는 표현으로, '꽃'은 남성들이 많은 상황에서 분위기를 밝게 만드는 여성에게 붙는 은유적 표현이다.

구입하게 된다. 이 경우 캐셔의 친절함과 미소와 같은 감정은 고객의 소비와 교환되는 재화가 된다. 이러한 교환이 일어나는 노동을 '감정노동'이라 칭한다.[73]

캐셔 노동자들은 일을 하면서 가장 힘든 것으로 '감정노동'을 꼽았다. <서지향>은 근무한 지 얼마 되지 않았을 때 악성 고객을 만났다. 당시에는 감정노동이란 이름조차 낯선 때여서 잘못했든 잘못을 하지 않았든 고객에게 무조건 사과를 해야 했다. 그렇게 일이 마무리되고 나면, 자기 감정을 마주할 틈도 없이 바로 실전에 투입되어 아무렇지 않은 표정으로 다른 고객을 맞이해야만 했다. 그때 악성 고객에게 시달리고, 무작정 사과해야만 했던 <서지향>은 지금도 그때와 비슷한 고객을 만나면 가슴이 떨리는 경험을 하게 되었다.

일주일에 한 번 정도는 말도 안 되는 진상들이... 그렇게 하고. 저 같은 경우는 아주 악성을 만난 거예요. 내가 12년도에 했으면, 13년도 초니까 내가 무전기 사용도 못 하고 이럴 때. (중략) 그 내가 처음에 했었을 때는 그냥 TV에 나온 거랑 똑같아. 그냥 무조건 [죄송합니다] 하고. [고객에게] 죄송하다고 해라. 그리고 나서 딱 [사과가] 끝나면 바로 또 일을 해야 돼. 그게 막 또 쌓여 가지고. 아 치사하고 더러워도 이 일을 하려면 이거를 참아야 된다, 그렇다고 일을.... [그 고객이] 아주 악성인데, 지금도 다른 진상을 만나면 그게 떠올라서 겹쳐지는 거야. <서지향, (다)지점 근무>

제일 힘든 게... 고객 상대하는 거지. 처음에 나는... 지금보다는... 지금은 조금 많이 나아졌어. 처음에는 엄청 힘들었지. 처음 B대형마트에 들어갈 때... 뭐 여자들이 별로 할 수 있는 일도 없었고, 내가 학벌이 있는 것도 아니고. 식당 가서 설거지하는 거보다는 계산대에서 [물건값] 찍어 주고 얼맙니다, 하고 돈만 받으면 되니까. (중략) 딱 들어와 갖고 제일, 엄청 울었어. 처음에는. 억울해서. 분이 터지고 막, 인제 손님들한테 당해 봐. 처음에는 ✕✕년 소리 듣고 막 그랬어. 제일 처음 운 게... 별것도 아니었어. 나는 아직도 그게 기억이 나는데 손님이, 어떤 손님이 초밥을 사 갖고 왔는데, 초밥이 다 뒤집어진 거야. 그래서 자기는 그걸 안 갖고 가겠대. 그래서 초밥을 이제 리턴(회수)을 시키려고 놔뒀는데, 뒤에 있는 손님이 그거를 인제 자기를 달라는 거야. 그 초밥을 그냥. 공짜로. 어차피 버리는 거 아니냐. 나를 달라. 할머니가. 60대? 초반? 이거 어차피 버리는 거니까 자기를 달라는 거야. 아, 이거 드릴 수가 없다고. 판매가 안 돼서 드릴 수가 없다고. 그때부터 "✕발 뭐, 그래 B대형마트에 충성? 충신 났다." 너무 놀란 거지 그때. 입사한 지 얼마 안 돼 갖고. 그때 놀란 거 생각하면.... 엄청 울었어. 아무튼.

근데 너무 쉽게 생각했던 거야. 다 내 맘 같은 줄 안 거지. <박인혜, (가)지점 근무>

계산대에서 강요되는 감정노동의 강도는 캐셔 노동자의 성별과 연령에 따라 달라진다. 나는 업무 첫날부터 내 신념대로 '불친절하지 않은' 정도를 기준으로 감정노동을 했다. 캐셔 일은 내게 연구를 위한 수단이었을 뿐 생계수단이 아니었고(물론 당시 생계에 도움이 많이 되기는 했다), 오래 일할 계획도 없었기 때문이다. 또 나는 고객의 비합리적인 감정에 맞춰 줄 생각도 없었다. 그래서 화를 내는 고객이 있더라도 어느 정도 감정적 거리를 두려고 노력했다. 하대나 무시, 터무니없는 요구를 하는 고객의 말은 못 들은 척하거나 해결할 방법을 모른다는 시늉을 하고 중간관리자를 부르는 방식으로 응대했다. 나는 그런 고객과 최대한 대화를 피하고, 고객이 불만을 표시하면 "저는 알바라 모릅니다" 같이 정해진 답을 반복하곤 했다.

이런 대응이 가능했던 것은 다른 캐셔에 비해 나이가 어린 내가 고객들에게 '대학생'으로 인식되었기 때문이다. 고객뿐 아니라 마트에서 근무하는 전일제 노동자들도 나를 학생으로 간주했다. 이들은 교대시간이나 쉬는 시간이면 나에게 '원래 무슨 공부를 하는 사람'인지를 묻곤 했다. 사회에 나가 '캐셔 일'이 아닌 '다른 발전적인 일'을 할 사람이라는 의미에서 나는 학생이었다.

캐셔 권한으로는 처리할 수 없는 요청을 거절할 때에도 내가 보이는 반응은 '학생'다운 합리적인 것으로 간주되었고, 고객들은 나에게 강한 항의를 하지 않았다. 그러나 같은 상황에서 중년여성 캐셔는 더 강하고 잦은 항의를 받았다. 고객들에게 내가 하는 거절은 사실에 기반한 합리적인 것이었지만, 중년여성 캐셔의 거절은 비합리적인 것이었다. 중년여성 노동자가 고객의 요구를 거부할 경우 고객은 '해야만 하지만 방법을 몰라 못하는' 것이거나 '귀찮아서 둘러대는 것'으로 해석했다. 고객들은 캐셔 노동자들을 '중년여성', 어느 집에나 있는 '부지런하지만 약간은 답답한 엄마'쯤으로 인식하는 듯했다.

반면 나와 함께 일했던 남성 스태프는 고객이 하는 거의 모든 질문에 약간은 심드렁하게 (어떻게 보면 불친절하게) '잘 모르겠는데요'라고 답했음에도 컴플레인을 받지 않았다. 그는 정말이지 계산만 열심히 했다. 이는 남성의 분노가 '상황에 대한 합리적인 문제 제기'로 받아들여지지만 여성의 분노는 '상황에 대한 막연한 불안감'으로 해석되는 맥락과 같다.[74] 어떤 상황에서 남성이 화를 내면, 누군가 문제를 일으켜 합리적으로 화를 내는 것으로 받아들여지지만, 같은 상황에서 여성이 화를 내면 상황 때문이 아니라 여성이 예민해서(생리를 하는 날이어서) 화를 내는 것으로 받아들여지는 것이다. 비슷한 맥락에서 엄마의 합리적 요구가 '잔소리'로 의미화되는 것도 마찬가지다. 집안의 가사 노동을 담당하는 엄마의 입장에서, "청소 좀 해라", "쓰레기 좀 바닥에 버리지 마라" 등은 합리적인 요구이지만, 이러한 요구는 '잔소리*'로 치부된다.

이처럼 중년여성은 가족 내에서 조차 그녀들의 감정이 합리적이라 이해되는 경우가 드물어, 자신의 감정을 합리적으로 설명하지 못하는 경우가 많다. 설명한다 하더라도 무시를 당하는 경험을 하기 때문에 자기의 감정과 생각을 확신하지 못한다. 그래서 화를 내는 고객이 있으면 '고객이 화를 낼 만한 행동을 했는가'를 스스로에게 질문하면서 고객의 감정적 표출을 이해하고자 노력하게 된다. 고객의 분노를 합리적으로 이해할 수 있어야만 동일한 실수를 하지 않고 스스로를 보호할 수 있기 때문이다. 노동자가 아닌 연구자로 스스로를 인식하며 한발 물러나 상황을 관찰하고 있던 나 또한 막상 고객이 나에게 짜증을 내자 '내가 무엇을 잘못했나' 하는 생각에서 벗어나기가 어려웠다.

오늘은 진상 손님을 만났다. 지하 2층 7번 계산대에서 계산을 하고 있을 때였다. (중략) [그 손님은] 내 줄에 서 있었는데 아무래도 내가 앉아서 물건을 찍어 대는 것이 불만이었던 듯, 별로 느린

＊   잔소리의 사전적 정의는 '쓸데없이 자질구레한 말을 늘어놓음'이다.

속도도 아니었는데 빨리 안 한다고 처음부터 화를 냈다. 그래서 그냥 무시했다. 뭐, 내 잘못은 아니라고 생각했다. (중략)

그 손님은 물건을 한두 개 정도 사서 빨리 끝났는데, 내가 "포인트 적립하시겠어요?" 하고 물으니, 뭐라고 하긴 했는데 잘 들리지 않아서 안 한다는 줄 알고 계산을 했다. 하도 구시렁대니까 나한테 뭐라는 건지, 혼잣말을 하는 건 지 알 수 없었다. 그러고서 사인을 하려는 듯 펜을 잡고 있길래, (5만 원 이하니까) 사인하실 필요 없어요, 하고 영수증과 카드를 건넸다.

그랬더니 대뜸 "포인트는?" 하고 묻길래, "네? 안 하신다 그러셔서 넘겼는데요" 하고 답했다. 그랬더니 "빨리 해"[라고 되받아치기에] 여기서는 할 수 없다고, 맞은편에 있는 고객만족센터에 가셔서 따로 적립을 하시라고 했더니, 카드와 영수증을 탁자에 던지듯 탁 내려놓으면서 "싫어, 여기서 해"라고 했다. 뭔가 매우 화난 표정이었는데, (중략) 나는 속으로 매우 짜증이 나서 욱하는 마음이 들었지만, 나는 참여관찰 중이고, 나는 연구를 하고 있고, 여기서 욱했다가 짤리면 답이 없어서 꾹 눌러 담고는 미안하다는 표정을 얼굴 가득 지으며, "죄송합니다. 제가 아르바이트생이라서 저에게 권한이 없어요. 정말 죄송합니다. 고객만족센터로 가시면 될 거 같습니다. 죄송합니다"라고 했다. 내가 할 수 있는 말이라고는 '죄송합니다' 밖에 없었다. (중략) 그랬더니 나를 노려보고는 그냥 가 버렸다. (중략)

이러한 감정노동에서 힘겨운 것은, 다른 사람들은 어떨지 몰라도 끊임없이 "내가 뭘 잘못했나?" 하고 따져 묻게 된다는 것이다. 내가 뭘 잘못 말했나? 내가 뭘 잘못했나? 그래서 이렇게 나한테 짜증을 내는 건가? <참여관찰일지, 8월 3일 자>

한번은 주위가 너무 시끄러워서 고객이 하는 말이 잘 들리지 않았던 적이 있었다. 내가 몇 차례 "네?" 하고 되묻자, 그 손님은 "왜 이렇게 말귀를 못 알아먹어? 그러니까 이런 일이나 하지" 하고 답한 후 쌩하니 가 버렸다. 감정을 쏟아내는 고객들은 자기 할 말만 하고 가 버린다. 나는 말귀를 못 알아먹는 사람이 아니라는 걸 고객에게 증명하고, 네가 지금 나에게 부당하게 화내고 있다는 사실을 지적하고 싶지만 이미 그 고객은 떠났다. 그래서 감정적인 잔여물을 해소하기 위해서 스스로를 되짚어 보게 되는 것이다. 나는 고객이 떠난 후에도 진지하게 '내가 말귀를 못 알아먹었는지' 되짚어 보고, 몇 번이 됐든 되물어 대답을 제대로 들었어야 하는지를 계속 생각했다.

고객을 향한 무조건적인 '사과'와 노동자의 자기반성은 과거 대형마트가 노동자들에게 적극적으로 권하는 전략이었다. 대형마트는 어떠한 상황이든 "초딩처럼 데려가 무릎 꿇어!"*라고 지시하

---

* <황주옥>의 발언이다.

는 등 노동자에게 무조건 잘못했다고 말하게 하고, 그렇게 생각하게 함으로써 고객에게 순응하도록 했다. 과거 <김나연>은 물건을 계산하지 않고 가지고 나가려는 고객에게 '물건은 어떻게 된 것이냐'고 물었다가 고객에게 항의를 받은 적이 있었다. 그때 관리자(매니저)는 <김나연>에게 상황에 대한 설명도 듣지 않고 무조건 사과를 요구했다. 이 사례에서도 알 수 있듯, 마트는 캐셔를 비롯한 직원들이 고객에게 무조건 '죄송하다'고 하게 함으로써 직원들이 고객의 심기를 거스르지 않도록 관리해 왔다.

그 사람들(매니저)이 나더러 고객님한테 사과하라는 거예요. 잘못했다고 사과하라는 거예요. 그래서, 이렇게 해서 이렇게 했는데 왜 사과를 하냐고. (중략) 우리가 잘못을 했든 안 했든 간에 떠나서. 손님은 있는 데서 우리 편을 들어다 주는 게 아니라, 일단 사과부터 하라는 게 아니고, 손님이 그렇게 하면, "고객님, 이 부분에서 조금 오해가 있었나 보다고. 우리 주의 줄 테니까 화 좀 누그러뜨리고 가세요. 죄송합니다" 하고서는 이렇게 보내야 되잖아요. 근데 다짜고짜 불러서 "사과하세요. 왜 물어봤어요." 왜 그 소리를 하냐고. 이렇게 하면 우리가 누구를 믿고 일을 해요. 그러면은 저기 훔쳐가도 본척만척하고 못 본 척 해야 되네. 그 말을 우리가 사과를 해야 된다면. 그렇잖아요. <김나연, (가)지점 근무>

고객의 언어폭력을 동반한 소위 '갑질'에 대해 '무조건 사과하라'는 회사의 전략에, 중년여성 노동자들은 자기 자신을 보호하는 방책으로 친절을 연습했다. <이미애>는 '자신이 친절하지 않아서' 고객이 자꾸만 화를 낸다는 생각이 들어 집에서 "웃을 때 입꼬리 올라가게" 연습을 할 정도로 친절에 열심이었다.

> 7년 전이니까. 이 세상에서 제일 바보 같은 년은 첨 본다 그랬어요. 계산을 좀 복잡하게 주셔서, 그거를 좀 버버벅거렸더니. 에이! 그렇게 사람 많은 데서, 젊은 남자가. 이렇게 계산도 못 하고. 뭐 어쩌고저쩌고 바보 같은 년.... 그런 일도 있었고. 점장 나오라 그래! 이러면서 기둥 치는 고객도 있었고. (중략) 아 나는 절대로 또 당하지 말아야지, 아 나 저렇게 않아야지. 그러다 보니까 과잉 친절, 과잉.... 막 이렇게... 그래서 그 칭찬하기 싫어하는 파트장들도 친절로 치면 다섯 손가락 안에 든다고 그랬어요. 그냥... 웃고... 인사도 빳빳하게 하고.... 진짜 다른 사람들은 안녕하세요, 이러잖아요. 어서오세요, 이러잖아. 나는 어서오세요~, 이렇게. 나름 연구 많이 했어요. 집에서. 거울 보고 얼굴 찢는 연습하고, 웃을 때 입꼬리 올라가게 막 이렇게 연습 진짜 많이 하고. <이미애, (다)지점 근무>

그러나 고객에 대한 과도한 친절은 결국 하대로 이어진다는 점에서 여성들을 구원하는 것이 아니라 여성들을 오히려 억압하고 착취한다. 캐셔는 아무나 할 수 있는 일이고, 그렇기 때문에 할일이 없는 아줌마들이나 하는 일이기 때문에 아무리 일을 열심히 해 보았자, 능력이 있다고 받아들여지지 않는다.* 더욱이 감정노동에서 친절은 능력으로 받아들여지기보다는 성향으로 해석되기 때문에 다른 능력보다도 보상이 적다. 특히 유교문화의 영향으로 위계가 강한 한국사회에서 친절이란 위계상 아래에 있는 사람이 윗사람에게 베푸는 감정으로 맥락화된다.[75]**

> 전에는 다 이해하고 다 넘어가 주고 가면 쓰고. 지금도 가면을 썼지만 그때는 완전 가면. 힘들어도 가면. 티 안 내고. 맨날 웃고. 진상을 떨어도 뭐…. 저는 캐셔 파트 일할 때 내가 이렇게 스마일, 웃고 친절하면 정말 나한테 아무 일 없을 줄 알았어요. (중략) [그때는] 사람은 화를 내는 데는 이유가 있을 거야, 라고 생각을 했지

---

* 마찬가지로 학생으로 보이는 내가 아무리 계산을 잘한다 하더라도 일부 고객들에게 나는 '무식해서' 이런 일을 하는 사람으로 인식된다. 서울의 '이름 있는' 대학을 나오지 못해 과외 교사나 학원 교사가 되어 편하게 일하지 못하고 힘들게 아르바이트를 하고 있는 학생으로 인식되는 것이다.

** 유교 사회에서 도덕적 실천은 지배계층보다는 피지배계층을 중심으로 강요되었고, 덕에 따른 통치가 가능하지 않은 상황에서조차 국가에서는 군주보다는 신하에게, 가부장을 군주로 두는 사적 영역에서는 남성보다는 여성에게 강요되어 왔다. 캐셔가 감정노동에 집중할수록, 캐셔는 아랫사람임을 입증하게 되고, 캐셔 업무는 평가절하되어 무시를 당하게 된다.

만 지금은 [아니야]. 그거를 이 나이 먹어서 그 일을 겪고 나서야 알았다니까. <이미애, (다)지점 근무>

<이미애>는 마트에 처음 입사할 때 "사람은 화를 내는 데는 이유가 있을 거"라고 생각했다. 그래서 고객이 화를 내면, 그 이유를 찾기 위해 스스로 '자기반성'을 했다. 그러나 <이미애>가 "이 나이 먹어서 그 일***을 겪고 나서야 알았"던 것처럼 고객의 분노에 항상 이유가 있는 것은 아니다. 오히려 그 이유를 노동자들에게서 찾을 수 없는 경우가 많다. '자기반성'은 대형마트의 전략이 그러했듯 노동자들이 고객에게 대응하지 못하도록 만들 뿐 근본적으로 노동자들을 고객의 분노로부터 보호하지 못한다.

울고... 그냥 속상하면 울고... 그냥.... 또 일이니까 또 하고. (중략) 내가 더 그때는... 원론적으로도 회사적으로도 무조건 사과해야 된다는 이미지가 컸던 거 같아. 그런데 그렇게 하면 우리만 다치는데. (중략) 뭐 당당하지 못할 일이 없는 거 같애. 그... 그렇게 진상을 부리는 고객들은 내가 아무리 친절하게 해도 그 사람들은 있는 거잖아. (중략) 그래서 그냥 좀. 내가 오히려 그 사람들 듣기에는 좀 안 좋을지 몰라도... 무시해 버린 거지. 한마디로. 그쵸, 그

*** <이미애>는 마트 내에서 일을 하던 도중 폭력적인 상황에 노출되어 현재 산업재해로 인정받아 심리치료를 받고 있다.

냥. 무시하고.... 거기에 대한 대응을 많이 할수록 불리해지니까.
<서지향, (다)지점 근무>

결국 노동자들은 일을 하면서 화를 내는 고객을 대응하는
방법이 친절이 아닌 '무시'라는 사실을 터득하게 된다. <서지향>도
대형마트 일을 시작한 지 얼마 되지 않았을 무렵에는 고객에게 무조
건 사과를 했다. 그러나 이러한 사과와 친절이 점점 더 자신을 불리
하게 한다는 사실을 깨달았다. 그래서 지금은 스스로 대응을 하지
않고, 매니저를 호출한 후 "머리가 아파서 좀 쉬었다가 해야겠다"고
말하고는 계산대를 마감하고 자리를 떠나 버린다.

그리고 옛날 같으면 이렇게 아주. [요즘 일어나는 일은] 그것보다
경미하지만 [계산대] 문을 딱 닫고 나가. 그냥. 딱 닫고 나가. 그
냥. 그리고 저기 가서 쉬어, 그냥. 어후 머리가 아파서 좀 쉬었다가
해야겠다고. 그리고 이제 부르지. SV불러서 여기(고객과의 마찰)
정리하라고 그러고 나는 나가 그냥. 그러면 파트장이 와 가지고 또
일지 쓰고. [고객이] 그러셔 가지고요, [고객이] 그러셔 가지고요.
<서지향, (다)지점 근무>

그러나 이렇게 고객의 감정을 차단한다 하더라도 노동자에

게 '감정적 잔여물'은 여전히 남는다. 고객의 비합리적인 감정과 폭력에 노출될 때마다 나는 내가 전혀 잘못하지 않았다는 사실을 명확하게 알고 있었다. 하지만 내가 내 잘못이 아니라는 사실을 알고 있는 것과 내가 폭력에 노출되는 것, 그로 인해 심리적 타격을 받는 것은 별개의 문제였다.

> 동료들이... 일단은 포스에서 저런 일을 당하면 동병상련이라고 그러잖아요. 같은 일을 하는 사람이고. 제일 공감을 해 주는... 이해를 해 주고, 다독거려 준단 말이에요. 그러면서 이제 속 풀고 가는 거죠. <김나연, (가)지점 근무>

고객과 감정적 마찰이 있은 후 혼자서 쉬는 시간도 필요하지만 그에 못지않게 동료들과 대화하는 시간이 필요한 이유는 동료들과의 대화를 통해 '내가 잘못했으니까 고객이 화를 냈을 것이다', '나는 무엇을 잘못했나'와 같은 자기반성에서 벗어날 수 있기 때문이다. 동료들은 고객이나 매장 관리자에게 무시를 받은 노동자를 위로하면서 그들의 잘못으로 인해 발생한 사건이 아님을 확인시켜 주어 감정노동에 지친 노동자들에게 위안을 준다. 레스토랑 직원들의 감정노동에 관한 연구에 따르면 서빙 노동자들은 동료들과 짧은 대화를 나누면서 고객에게 받은 스트레스를 해소하는데[76] 대형마트에서도 동료들과 나누는 대화가 감정적 긴장을 해소하는 역할을 하는 것이다.

 따라서 업무 중간에 존재하는 교대시간과 점심시간은 단순히 옆에 있는 동료와 수다를 떠는 시간이 아니라 고객을 응대하면서 발생한 마찰, 그로 인한 감정적 잔여물을 해소하는 시간으로 기능한다. 실제로도 휴게실에서 다른 노동자들이 동료를 위로해 주는 모습을 종종 목격할 수 있었다. 동료들은 고객이 화를 낸 이유가 있을 것이라는 생각에 공감하면서도, 상황에 따라 모든 고객이 합당하게 화를 내는 것은 아님을 상기시켜 준다.

 이 과정을 통해 노동자들은 자신이 "바보 같은 년"이어서 고객이 화를 낸 것이 아니라는 사실을 깨닫게 되고, 동료들의 공감에 위안을 받으면서 다음 업무에 집중할 수 있게 된다. 교대시간은 잔돈을 교환하고, 목을 보호하기 위해 물통을 채우고, 화장실에 다녀오는 등 육체노동과 정신노동을 하기 위해 몸과 마음을 정비하는 시간이기도 하지만 고객과의 마찰이 불러오는 감정을 해소하고 새로운 기분으로 다음 고객을 맞을 수 있도록 준비하는 시간으로도 기능한다.

2장   사라진 한 시간과
         강화된 노동강도

B대형마트는 노동시간을 단축하면서 추가 고용은 없다고 선언했지만 어디까지나 '정규직', 그러니까 '풀타임 노동자'를 더 고용하지 않겠다는 의미일 뿐 실제로는 초단시간 노동자를 고용하여 노동력 부족을 해결하려 했다. 여기서는 노동시간 단축 이후 부족한 노동력을 메우고 있는 초단시간 노동자인 B대형마트 주말 스태프 직군에 대해서 살펴본 후, 스태프 직군이 어떻게 기존 노동자들의 노동강도를 강화하는지 살펴보도록 하겠다.

교육 없이 투입되는 초단시간 노동자들

최저임금이 인상되며 새롭게 등장한 '초단시간 노동'은 주휴수당 및 퇴직금 지급을 피하기 위해 생겨난 고용 형태로, 고용주가 주 14시간 이하로 근로계약을 맺는 형태를 말한다.[77] 근로기준법에 따르면 노동자가 한 주에 15시간 이상 근무할 경우에는 주휴수당[*]을 지급해야 하기 때문이다. 또한 대부분의 초단시간 노동자는 1년 미만인 초단기간 계약을 맺는데, 이는 1년 이상 근무할 경우 지급해야 하는 퇴직금을 지급하지 않기 위해서이다. 2018년을 기준으로 초단시간 노동자는 75만 6,000명으로 추산되고 있으며, 임금노동자의 약 3.8퍼센트를, 그중 여성이 73.3퍼센트를 차지하고 있다.[78]

B대형마트의 '주말 스태프' 또한 이러한 초단시간 노동자이다. 스태프 직군의 기본 계약기간은 6개월로 1년 이상 일할 수 없고, 특히 주말 스태프는 한 주에 15시간 미만으로 일하기 때문에 주휴수당을 지급할 필요가 없다. 주휴수당을 지급받지 못하는 주말 스태프에 한해 B대형마트는 2018년도 당시 최저임금을 크게 상회하는 시간당 1만 원을 급여로 지급하고 있었다. 시간당으로 따지면 당시 무기계약직 사원이나 주중 스태프보다 높은 금액이었다. 더불어 스태프 사원이라 하더라도 무기계약직과 비슷한 수준의 복지[**]를 제공했기에 주말 스태프 직원의 체감 임금은 더 높다.

[*] 주휴수당은 고용주와 근로계약서를 작성할 때 계약한 한 주치 노동시간을 채워 일했을 때 고용주가 노동자에게 지급해야 하는 하루치 임금이다.

[**] H그룹에서 운영하고 있는 계열사 할인을 의미한다. 결제금액 100만 원 한도 내에서 S백화점의 경우 5퍼센트, B대형마트는 식품은 5퍼센트, 식품 외의 상품은 10퍼센트가 할인된다. 20대 노동자에게 가장 인기가 많은 복지는 커피 전문점인 S커피 할인으로, S커피 전 지점에서 30퍼센트 직원 할인을 받을 수 있다. 나 역시 S커피 할인을 가장 많이 활용했다.

이는 미국의 자동차 기업인 포드사가 강한 노동강도와 노동자들의 잦은 퇴직에도 불구하고 '하루 5달러'라는 높은 임금으로 인해 많은 수의 산업 예비군을 두고 있었던 것[7]과 동일한 전략이라고 볼 수 있다. B대형마트는 스태프 직군에 한해 '상시 모집'을 걸어두고 있기 때문이다.*** B대형마트는 수시로 입사 가능 인력의 목록을 확보해 두었다가, 노동력이 필요할 경우 해당 목록 안에서 연락을 취하는 방식으로 이 목록을 활용하고 있다.

주중 스태프의 경우, 1년 미만이라는 계약기간은 같지만 초단시간 노동자가 아니기 때문에, 즉 주휴수당을 어차피 지급해야 하기 때문에 주말 스태프보다 낮은 시급을 적용하고 있다. 주중 스태프는 기존 무기계약직 노동자와 일일 노동시간은 같지만 계약기간만 짧은 노동자이기 때문에 기존 무기계약직 사원들의 시급(2019년 기준 9,540원)과 비슷한 수준에서 시간당 임금이 결정된다.

고용된 스태프 인력의 수는 대형마트의 지점에 따라 편차가 존재한다. 내가 일했던 (가)지점은 스태프 인력이 많은 지점이었다. 일을 시작했을 무렵에는 6명 정도였지만, 일을 그만두던 시점에는 20명으로 늘어나 있었다. 반면 (나)지점의 경우에는 노동시간 단

*** H그룹 계열사는 모든 계열사의 인력 채용을 본사 채용 홈페이지를 통해 접수하는데, 한 번 지원을 하면 지원을 철회할 수 없다.

축 이후에도 스태프를 고용하지 않았으며 이로 인해 노동시간 단축 이후 다른 지점보다도 노동강도 강화가 심했다. 시간제 무기계약직 사원*이 많은 (다)지점의 경우에는 스태프 인력이 5~6명 정도로 유지되고 있었다.

스태프 인력이 많아진다 하더라도 '풀타임 노동자'의 일이 수월해지는 것은 아니다. 주말 스태프는 노동시간이 짧아 업무에 익숙해지기가 어렵고, 계약기간이 짧아 업무에 익숙해질 즈음이면 퇴사하기 때문이다. 기본적인 계산 방법을 배운다 하더라도 고객을 응대하기 위해서는 주 단위로 갱신되는 행사 내용과 같이 전반적인 매장 운영 방식을 알아야 한다. 그러나 주말 스태프 사원은 일주일에 이틀만 근무하기 때문에 그런 내용을 알 수 없다. 나 또한 고객이 행사에 대해 물어 올 때 미리 알고 있던 적이 한 번도 없었다. 한번은 A신용카드로 결제를 하면 휴지를 증정하는 행사가 있었는데, 나는 그에 대해 전혀 모르고 있다가 업무를 시작한 지 몇 시간이 지난 뒤에야 "A카드 행사하죠?"라는 고객의 질문을 듣고 알게 된 적도 있었다. 물론 나는 또 "저는 아르바이트라 모릅니다"라고 답했지만 말이다.** 이 글을 읽는 독자들은 대형마트에서 꼭 중년여성 캐셔

* (다)지점은 노동시간 단축을 시행하면서 5.5시간, 6시간, 6.5시간을 일했던 기존 노동자들을 무기계약직으로 전환했다.

** 내가 업무에 태만했던 것이 아니라, 그 누구도 행사 내용을 체크해야 한다는 사실을 알려 주지 않았다. 행사 내용을 알려 주는 게시판이 따로 있던 것도 아니라 확

가 있는 계산대에서 줄을 서시기를!***

　　　이러한 이유로 스태프 사원들은 돌발 상황이 생길 경우 바로 SV를 호출한다. 하지만 금요일이나 특히 의무 휴업일의 전날인 토요일과 같이 손님이 몰리는 요일과 시간에는 호출 버튼을 눌러도 SV가 바로 계산대로 오지 못한다. 여러 계산대에서 호출 버튼이 눌려 바쁘기 때문이다. 그래서 이런 경우 SV는 계산대 앞이나 뒤에 위치한 숙련된 캐셔 노동자에게 도움을 요청하라 지시한다. 행사 안내부터 종량제 봉투가 부족하니 더 가져다달라거나, 오만 원권을 만 원짜리 5장으로 바꿔 달라는 등 다양한 상황이 발생할 수 있다. SV는 일부러 숙련노동자와 스태프가 나란히 일하도록 계획한다. 10번 계산대에 무기계약직을 배치했다면, 11번에는 스태프를, 12번에는 다시 무기계약직을, 13번에는 다시 스태프를 넣는다. 이러한 방식은 숙련노동자의 노동강도를 더욱 강화하게 된다.

　　　전에는 같은 직원들끼리, 익숙해진 사람들끼리 일을 한단 말이야.
　　　근데 지금 같으면, 주말이면 양쪽으로 스태프가 있을 경우가 있어.

인할 수 없었다.

*** 중년여성 노동자의 계산대에 줄을 서는 것은 언뜻 중년여성 노동자의 노동강도를 강화시키는 것처럼 보이지만, 장기적으로는 노동자들에게 도움이 된다. 고객들이 전일제 캐셔를 선호하게 되면 마트는 전일제 노동자를 더 고용하려 할 것이기 때문이다.

얘 몰라. 여사님~ 얘 몰라, 여사님~ 이거 어떡해. 나도 힘든데, 하다 보면, 이거 해 주면 중간에서 욕먹을 때도 있고, 고객님한테. 빨리 내 꺼나 해요. 이러고. 이러니까 당연히 힘들지. [스태프들이] 자주 바뀌고... 어쩌다 한 번씩 나오니까. 일주일에 한 번씩, 5일마다 한 번씩 나오니까. 우리가 행사가 일주일에 한 번씩 바뀌잖아. 그동안에 바뀌는 거를 캐치를 못 한단 말이야. (중략) 계산대에 서서 일은 하지만 모르는 거야. 그러면은 막 열심히 일하고 있는데, 나 혼자 일하는 것도 버거운데, 같이 일하던 사람이면은 알지만 이건 어떻게 하라는 거야. 요즘 같으면 [스태프가] 양쪽으로 서는 경우도 많아. <박인혜, (가)지점 근무>

이게 숙련된 사람들은 자기들이 빨리빨리 하니까 손님들을 빨리빨리 빼니까. 좀 오래 안 된 사람들은 모르는 게 많고, 이게 매주마다 행사가 돌아가니까 모를 수가 있죠. 특히나 주말 애들은 주말만 오는데 어찌 알겠어요. 매주마다 바뀌는 행사인데.... 그러니까 이제 (손님을) 빼다가도 손은 빠를 수 있지만... 내용을 모르니까 [다른 캐셔에게] 확인하고 하면 그만큼 지체되죠. 그만큼 지체가 돼 버리면 이제 다른 포스로 손님들이 밀려오는 거죠. 그러면은 옆에 우리가 힘들죠. 더 많이.... <김나연, (가)지점 근무>

숙련되지 않은 노동자들은 B대형마트에 자주 방문하는 단골 고객보다도 계산 방법에 대한 정보가 적다. 내가 일하던 당시, 한 번은 결제 금액보다 많은 상품권을 내고, 거스름돈을 현금으로 받 겠다는 고객이 있었다. 내가 아는 정보로는 가능하지 않은 요청이 어서 거절했지만, 나는 항의를 받았다. 나중에 우연히 알게 되었지 만, 계산대에서 상품권 결제에 현금 거스름돈을 지급하는 원리를 알면 불가능한 일은 아니었다. 그 고객은 이전에 숙련노동자들에게 서 경험한 바를 기억해 두었다가 요청한 듯했다. 하지만 나는 그런 방법은 알지 못했다.

지금도 내 계산대를 거쳤던 고객들을 생각하면 미안한 마음 이 든다. 나는 행사도 몰랐고, 쿠폰 적용을 놓친 적도 많았다.* 놓 친 쿠폰을 뒤늦게 알아차렸지만 그냥 넘긴 적도 많았다. 사실 스태 프 노동자들의 한계를 지적하는 이 장은 많은 부분 내 경험에 기반 한 것이다. 내가 일을 했을 때 알지 못했던 것들로 인해 많은 동료 노동자들이 어려움을 겪었다. 나를 돕느라 계산이 늦어져 항의를 받는 모습도 종종 보았다. 늘 미안했다.

* 쿠폰을 적용하려면 고객에게 다시 안내를 하고, 물건을 취소하고, 쿠폰을 등 록한 후 다시 스캔을 해야 했는데 그런 과정을 거치게 되면 분명 누군가에게 비 난을 받을 것이 뻔했기 때문이다. 쿠폰만 재등록하지 않으면, 나는 욕을 먹을 일 이 없었다. 그래서 무시했다. 혹은 주문 취소를 해야 하는 경우, 알바에게는 주문 취소를 할 권한이 없어서, 고객만족센터 방문을 안내하는 수밖에 없었는데 그렇 게 되면 고객의 짜증과 분노, 원망을 받아내야 할 것이 분명했기 때문에 그냥 넘어 갔다.

이렇게 주말 스태프들이 업무 전반을 능숙하게 처리하지 못하는 이유 중 하나는 스태프 교육에 정해진 매뉴얼이 존재하는 것이 아니라, 현장에서 즉석으로 이루어지기 때문이다. 경험이 많은 노동자는 신입 스태프를 데리고 계산을 하면서 틈틈이 계산 방법을 가르친다. 대형마트의 경우에는 계산 방법이 매우 다양하기 때문에, 기본적인 계산 방법만 숙지해서는 계산 업무를 보기가 어려워 숙련노동자 옆에 서서 계산 방법을 지켜보도록 한다.

처음 근무를 하게 되었을 때 나는 계산대 교육을 단 30분 받았다. 원래는 해당일 근무자 옆에 서서 2시간 정도 교육을 받은 후에 실전에 투입되지만, 어쩐 일인지 나는 다른 전일제 노동자들이 많았음에도 불구하고 30분밖에 교육을 받지 못했다. SV가 노동자들에게 내 교육을 담당해 줄 것을 부탁했지만 "나 있다가 교육 가야 하는데?" "(다른 일 때문에) 안 되는데?"라는 몇 번의 거절을 당했다. SV는 나를 교육시키는 일 말고도 할 일이 많았기 때문에 그때까지 좀 봐 달라고 부탁한 후에 사라졌다. 그러고 나서 나를 가르쳐 줄 사람이 없어 나는 바로 실전에 투입되었다. 내가 그대로 실전에 투입되었다는 것을 아무도 몰랐다는 사실은 그날 업무가 끝나고 나서야 알았다.*

* 나중에야 알게 되었지만 (가)지점에서는 한국노총 소속 조합원이나 조합 소속이 아닌 노동자에게만 스태프 교육을 맡기고 있었다. 그날 근무자 중에는 마트노조 조합원이 많았기 때문에 근무 인력이 많았음에도 교육을 맡을 노동자가

스태프 교육 또한 매장 상황에 따라 편차가 크다. 2시간을 배울 수도 있고, 4시간을 배울 수도 있다. 나처럼 30분 만에 교육이 끝나는 경우도 있다. 중년여성 노동자들이 입사할 당시에는 일주일에서 이 주일 동안 숙련노동자 옆에 서서 계산을 관찰했지만, 이제 단 몇 시간의 교육으로 대체된 것이다. 그 결과 나와 같이 항상 "저는 아르바이트라 모릅니다"를 당당하게 말하는 엉터리 캐셔가 탄생하게 되었다.

이 모든 일들은 스태프가 초단기간 계약직이기 때문에 발생한다. 앞서 언급했듯, 일주일 중 이틀만 근무했던 나는 행사에 대해 전부 알아야 한다고 생각하지 않았다. 알려고 해도 어떻게 알 수 있는지를 몰랐다. 마트를 관리하는 방식도 스태프에게 많은 것을 알려 주지 않고 직접 현장에서 부딪혀 가며 업무를 습득하도록 했기 때문에 더 어려웠다. 짧은 근무로 인해 매주 계산대가 새롭게 느껴졌던 나에게는 무리였다. 다른 스태프 사원에게 행사에 대해 물어보았지만, 이를 제대로 알고 있는 스태프 사원은 한 명도 없었다.

나중에 인터뷰를 하면서 다른 무기계약직 노동자들은 캐셔 휴게실에서 동료와 대화를 나누면서 매일 행사 같은 정보 변화를 점검한다는 것을 알게 되었다. 하지만 스태프 사원은 무기계약직 캐셔들과 소통하기가 쉽지 않다. 전일제로 일하는 또래 중년여성 노

없었던 것이다.

동자들은 "친구야 오늘 뭐 있니?"라며 동료에게 묻거나 일을 한 타임 정도 하고 나면 다 알게 되는 게 자연스럽다. 하지만 스태프 사원은 다르다. 스태프 사원이 배치되는 요일은 특히 바쁜 날들이 많아 다른 노동자들과 대화를 나눌 여유가 없다. 여유가 있다 한들 물어볼 만한 사람도 없다. 어차피 하루만 더 참으면 한동안 마트에 오지 않기 때문에 물어봐야 할 필요성도 느끼지 못한다.

또한 주말 스태프는 계약기간이 짧아 자주 바뀌기 때문에 노동자들이 동료로 인식하기 어렵다. 스태프 사원이 6개월 단위인 계약을 갱신해 1년 가까이 근무를 하는 경우는 거의 없다. 내가 그랬듯 스태프 사원 대부분이 6개월조차 채우기 어려워했다. 일을 시작할 때 스태프 사원 4명과 함께 일했던 나는 4개월쯤 일을 했는데, 그 무렵에는 내가 (가)지점에서 가장 오래 일한 스태프가 되어 있었다.

다른 아르바이트 일자리에 비해서 시급이 높음에도 B대형마트 스태프들이 자주 그만두는 이유는 캐셔 노동의 업무 강도가 높고, 근무 스케줄이 수시로 바뀌어서 학업이나 다른 일과의 병행이 어렵기 때문이다. 스태프 직군은 근무시간이 짧기 때문에 근무 스케줄 변동이 더 크다. 주말 스태프로 일했던 나는 처음 면접에서 받은 약속과는 달리 의무 휴업일인 일요일이 있는 주는 평일에도 쉬는 일요일을 대체하여 일을 해야 했고, 주말에도 몇 시에 출근하게 될지 하루 전날에 알게 되는 경우가 많아 아예 주말에 다른 일정을 잡지 못하고 하루를 통으로 비워 둘 수밖에 없었다. 또한 오픈, 마감, 중간이라는 대략적인 근무시간대라도 알 수 있는 무기계약 전일제 노동자와는 달리 스태프직은 그러한 시간대조차도 알 수 없기 때문이다. SV에게 미리 알려 스케줄을 조정할 수는 있으나 대부분 노동자가 비슷한 시간(저녁 시간)에 쉬고 싶어 해서 늘 조정이 되는 건 아니다.

<표 16>은 내가 일을 한 날짜와 해당 날짜의 출퇴근시간, 그리고 해당 스케줄을 공지받은 날짜를 기록한 것이다. 스케줄은 H그룹 사내 어플리케이션 게시판에 공지되었기 때문에 다른 노동자들 또한 나와 동일한 날짜에 스케줄을 공유받았다. 예를 들어 7월 27일 근무시간이 7월 26일에, 8월 3일 근무 스케줄이 하루 전인 8월 2일에 고지되는 등 많은 경우 하루 전날에 스케줄이 고지됨을 확인할 수 있다.

정리하면, B대형마트는 자사 노동자들의 노동시간을 단축하면서 '노동력 충원 없이'라는 약속을 했으나 실제로 부족해진 노동력을 저렴한 '초단기간 노동자'로 충원했다. 이로 인해 기존 전일제로 일하던 중년여성 캐셔들의 노동강도가 더욱 더 강화되었다. '초단기간 노동자'인 스태프들은 근무 일수가 적고(한 주에 이틀), 6개월 단기계약이기에 숙련을 기대할 수 없다. 미숙련노동자들은 젊기 때문에 계산대에 설치된 기계 사용법은 빠르게 익힌다. 하지만

<표 16> 참여관찰 기간 내 연구자의 출퇴근시간과 공지 일자

날짜	요일	출퇴근시간	공지 일자	날짜	요일	출퇴근시간	공지 일자
7월 7일	토	09:00 ~ 17:00	-	9월 8일	토	10:50 ~ 18:50	9월 7일
7월 9일	월	10:00 ~ 18:00	7월 7일	9월 14일	금	13:10 ~ 21:10	9월 12일
7월 14일	토	12:30 ~ 20:30	-	9월 15일	토	14:00 ~ 22:00	9월 13일
7월 15일	일	10:20 ~ 18:20	-	9월 21일	금	10:50 ~ 18:50	9월 18일
7월 20일	금	15:20 ~ 23:20	-	9월 28일	금	15:10 ~ 23:10	9월 27일
7월 27일	금	09:50 ~ 17:50	7월 26일	9월 29일	토	10:50 ~ 18:50	9월 27일
7월 28일	토	14:00 ~ 22:00	7월 26일	9월 30일	일	10:50 ~ 18:50	9월 29일
8월 3일	금	15:10 ~ 23:10	8월 2일	10월 6일	토	14:00 ~ 22:00	10월 5일
8월 5일	일	13:20 ~ 21:20	8월 4일	10월 7일	일	12:30 ~ 20:30	10월 6일
8월 11일	토	14:00 ~ 22:00	8월 10일	10월 9일	화	13:10 ~ 17:10	10월 8일
8월 15일	수	09:50 ~ 17:50	8월 14일	10월 19일	금	19:10 ~ 23:10	10월 16일
8월 17일	금	15:10 ~ 23:10	8월 14일	10월 20일	토	19:10 ~ 23:10	10월 19일
8월 24일	금	15:10 ~ 23:10	8월 21일	10월 21일	일	13:50 ~ 21:50	10월 19일
8월 25일	토	13:50 ~ 21:50	8월 21일	11월 2일	금	15:10 ~ 23:10	10월 31일
8월 31일	금	15:10 ~ 23:10	8월 28일	11월 3일	토	13:50 ~ 21:50	11월 1일
9월 2일	일	14:00 ~ 22:00	8월 31일	11월 4일	일	10:50 ~ 18:50	11월 1일

더 긴 시간 일하며 숙련된 기존 사원들과 같은 수준으로 일을 할 수 없다. 미숙련노동자는 숙련노동자의 지원 없이는 일할 수 없기에 이는 숙련노동자의 노동강도 강화로 이어진다.

셀프 계산대는 셀프가 아니다

2017년 문재인 정부는 임기 내 '최저임금 1만 원'이라는 대선공약을 달성하기 위해 2018년도의 최저임금을 전년 대비 16.4퍼센트 인상했다. 시간당 최저시급이 6,470원에서 7,530원이 된 것이다. 이에 유통업체들은 갑작스럽게 증가한 인건비를 줄이기 위해 셀프 계산대를 도입했다. 서구권에 비하면 늦은 도입이었다. 인건비가 상대적으로 높은 유럽에서는 이미 2008년 세계 경제위기 이후 2009년부터 유통업계에서 셀프 계산대를 도입하기 시작했다.[80] 당시 2009년 당시 프랑스의 최저임금은 8.7유로, 한화로 1만 1,695원이었다.[81] 영국은 5.86파운드, 한화로 9,210원이었다.[82] 그리고 같은 시기 한국의 시간당 최저임금은 4,000원이었다.

이제 한국에서 셀프 계산대는 어디가나 흔히 접할 수 있는 기계가 되었다.* 최근에는 점원 없이 셀프 계산대만을 두고 있는 무

---

* 한국은 신기술 도입 속도가 무척 빠른 나라다. 하이패스가 도입되었을 때 나는 '뭐 하러 이런 기계를 내 돈 주고 다냐?'고 생각했다. 그런데 다른 사람들 생각은 달랐던지 몇 년 사이에 하이패스를 달지 않은 차량을 찾기가 어려워졌다. 문제는 신기술 도입 과정에서 일자리를 잃을 노동자들에 대한 사회적 합의가 전무하다는

인점포도 늘어났다. B대형마트는 2018년도에 3개 점포에서 셀프 계산대 16대를 도입한 것을 시작으로 현재는 60개 점포에서 셀프 계산대를 운영하고 있다. 모기업 H그룹은 셀프 계산대를 도입하면서 인건비를 절감하고 계산대에서 생기는 고객 대기 시간을 감소시켜 고객 만족도를 증진시키겠다고 밝혔다. 그러면서 최저임금 상승으로 인한 인건비 부담이 셀프 계산대를 도입하는 '주된' 이유는 아니라고 밝혔다. 그보다는 사생활 보호를 원하는 고객이 늘어난 것이 더 주요하다고 주장(?)했다.[83]

그러나 B대형마트의 입장과는 달리 마트노조에 따르면 B대형마트에서 셀프 계산대를 도입한 궁극적인 목표는 장기적인 인력 감축과 인건비 절감이다. 노동시간 단축 이후 부족한 노동력을 메우기 위하여 셀프 계산대를 도입했다는 것이다. 2019년 5월 8일 B대형마트 본점 앞에서 이루어진 마트노조 기자회견에서 B대형마트 지부장은 셀프 계산대 도입이 "고객에게는 장시간 대기와 혼잡함으로 쇼핑에 불편을 주고, 노동자에게는 업무 강도 강화, 고용불안의 위험으로 직결"된다고 주장했다.

한국 사회에서 셀프 계산대를 비롯한 키오스크(무인 정보 단말기)는 노인과 장애인에게 불편을 야기한다는 점에서만 주목받아

것이다. 편리하다는 이유로 누군가의 일자리를 강제로 빼앗고 있지는 않은지 한 번쯤은 고민해 보아야 한다.

왔고, 키오스크 도입과 매장 노동자들과의 관계는 주목받지 못했다. 사실상 기업이 소비자에게 스스로 하기를 기대하며 떠넘기는 '그림자 노동'은 남아 있는 노동자들에게 과다한 업무와 감정노동을 부과한다. 즉, 무인 매장의 경우 상주하는 노동자가 없어 무인 계산대를 두어도 감정노동이 발생하지 않지만, 무인 매장이 아닌 경우에는 무인 계산대로 인해 발생하는 고객의 불만과 분노를 기존 노동자들이 온전히 감당해야 한다.[89]*

B대형마트는 점포별로 무인 계산대를 5~6대가량 운영하고 있는데, 고객들에게 사용 방법 등을 알려 주고, 봉투나 장바구니를 구입한 고객에게 물품을 제공하고자 이곳에 전일제 캐셔 노동자 1~2명을 무인 계산대에 배치하고 있다. 주말 스태프는 무인 계산대에 배치되지 않는데, 무인 계산대 업무 핵심이 고객과 대면해 '친절함'이라는 서비스를 제공하는 것이라는 점이 큰 이유인 듯하다.

처음에 나는 바코드를 스캔하기 위해 물건을 직접 들어 옮길 필요가 없는 무인 계산대 업무가 일반 계산대 업무보다 훨씬 쉬울

---

* 더욱이 한국에 도입된 셀프 계산대는 노인 세대에 대한 배려가 부족하다. 유럽과 마찬가지로 인건비가 높아 자영업 매장에 무인 계산 시스템이 일찍 도입되었던 일본의 경우, 돌출된 버튼이 달린 기계가 아날로그 방식으로 작동한다. 식당이라면 돈을 넣고 음식 이름이 적힌 버튼을 누르면 식권이 나오고 바로 거스름돈이 지급되는 형식이다. 그러나 한국에 도입된 셀프 계산대나 무인점포 키오스크는 LED 화면에서 그래픽이 움직이며 작동되는 디지털 방식이다. 물리적으로 누를 수 있는 버튼이 없는 '터치' 방식과 한번에 너무 많은 정보를 제시하며 움직이는 화면으로 인해 그래픽이 익숙하지 않은 세대에게 장벽이 되고 있다.

것이라고 예상했다. 하지만 인터뷰에서 노동자들은 무인 계산대 배치를 꺼리고 있었다. B대형마트 노동자들에게 셀프 계산대는 "사람이 망가지는 곳"이다. '셀프' 계산대 임에도 불구하고 고객들이 스스로 계산을 하려 하지 않기 때문에 "말이 셀프지, 셀프가 아닌" 곳이었기 때문이다.

이 사람들이, 나도 그러겠지만, 뭐를 하려고 들지를 않아. 셀프라는 게... 뭘 하려고 하지를 않아... 셀프가 뭐야... 나 스스로 하는 데 잖아. 밀리면은... 초창기에는 더 했지. 밀리면은 와.... 오면은, 나 이거 하나밖에 안 되는데 해 주실 수 있어요? 젊은 사람들은 거의 드물지. 나이 든 사람들.... 젊은 사람들은 뭐 열에 하나? 근데 나이 든 사람들이 대부분 그런 식이지. 그러고 와서 막 어떨 때는 괜히 우리한테 성질 부리기도 하고. <박인혜, (가)지점 근무>

할머니들은 무조건 들어와서 그냥 해 달라고 무조건 백 프로 해 달라고. 괜히 친한 척하면서 나 할 줄 몰라~ 해 줘~, 그러고. 해 줘야 해. 안 해 주면은 '지들은 맨 처음부터 알았냐'부터 시작해서. 젊은 사람들도 가끔은 있어. 맨 처음부터 잘하는 사람이 어디 있냐고. <양선자, (나)지점 근무>

셀프 계산대는 고객의 분노를 야기하고 이 분노는 고스란히

226

노동자들에게 전가된다. 셀프 계산대를 이용하기 어려운 고객들은 배치된 캐셔에게 자기 물건을 직접 계산해 줄 것을 요구하는데, '셀프'라는 원칙을 이유로 캐셔가 이를 거부하면 화를 내는 것이다. 고객의 분노는 이러한 상황을 초래한 B대형마트를 향한 것이어야 하지만, 노동자들을 향하고 노동자들은 이러한 '화'에 직접적으로 노출되어 있다.

　　더불어 한국 사회에서 '아줌마'로 보인다는 것은 화를 내도 괜찮은 사람으로, 아무리 화를 내도 어쩌지 못하는 사람으로 인식됨을 의미한다. 이로 인해 중년여성인 전일제 캐셔 노동자들은 셀프 계산대에 배치되면, '감정의 쓰레기통'이 되기 십상이다. 노동자들은 인터뷰에서 무인 계산대 경험을 스트레스받고 성질이 나는데도, 화를 낼 수 없어 사람이 망가지는 경험으로 언어화했다.

　　게다가 셀프 계산대로 인해 같은 시간대에 열리는 유인 계산대 수도 줄어들어 노동강도를 강화하고 있다. 유인 계산대에서 일해야 할 캐셔 노동자가 셀프 계산대로 배치되면서 유인 계산대 업무에 부하가 생겨 "포스(계산대)가 몇 개 안 열리니까 안에 매장에 들어가 보면 손님은 별로 없는 거 같은데 우리만 계속 하고 있는" 상황이 되는 것이다.

　　기술적 문제도 있다. 현재 설치된 셀프 계산대는 모든 계산 업무를 처리할 수 없다. 따라서 포인트나 쿠폰 등을 사용하는 고객은 유인 계산대에서 줄을 서야만 하고 이러한 문제로 유인 계산대에 사람이 몰린다. 셀프 계산대에서는 H그룹 포인트를 제외한 타업체 포인트 적립이나 사용과 같은 복잡한 계산이 불가능하다.

화 내지. 엄청. 포스 많이 안 열린다고. 그래서 왜냐면 아침에 딱.... 우리 지점은 어르신들이 많이 와 아침에. 옛날에는 쭈욱 한 서너 개가 열렸으면, 딱 한 개 열리고 딱 두 개 열리고 이래. (연구자: 오픈 때?) 그리고 나서 점차적으로 열리는데 그 사이에 몰릴 때가 있어. 승질 급한 사람들은 막! [삿대질 해.] (중략) 저기서부터 "왜 이렇게 안 여는 거야!" <서지향, (다)지점 근무>

결국 셀프 계산대는 노동자에게도, 고객에게도 환영받지 못하고 있다. 몇 개 열리지 않는 계산대 앞에서 고객들은 긴 줄을 서야만 하고, 길어지는 대기 시간에 대한 불만은 다시 노동자들에게 전가된다. 기다리는 고객들은 왜 이렇게 매장을 운영하는지, 왜 이렇게 유인 계산대 수가 적은지 노동자에게 따져 묻고, 노동자는 자신도 이런 운영 방식이 불만스럽지만 그럼에도 '친절하게' 회사의 입장을 대변해야 한다. 노동자들은 늘어선 고객들을 보며 압박감을 느끼고, 계산에 속도를 더 높인다. 셀프 계산대에 배치된 노동자들 또한 계산대를 다루기 어려운 고객들의 짜증과 화를 견디고, 계산을 대신 해 달라는 요청에 지친다. 이렇게 무인 계산대는 고객들에게 만족은커녕 불만을 야기하고, 이 불만은 다시 노동자에게 전가되어 노동자들의 노동강도를 육체적, 정신적, 감정적으로 강화시킨다.

턱없이 부족한 노동 준비시간

노동시간 단축 이후 캐셔의 근무 스케줄에서 눈에 띄는 변화는 노동 준비시간의 단축이다. 업무 시간 중 노동 준비시간으로 분류할 수 있는 시간은 출근준비시간과 교대시간, 퇴근준비시간이 있다.

노동자들은 출근할 때, 매장 정문이 아닌 직원 휴게실, 창고 등 직원 전용 공간으로 이어지는 직원 출입구를 통해 출입해야 한다. 직원 출입구 앞에는 보안 직원이 상주하는 보안실이 있고, 그 뒤로 보안 검색대가 있다. 도난 방지를 위해 매장 출구에 설치되어 있는 네모난 회색 기둥이 여기에도 설치되어 있다. 보안 검색대에서 핸드폰 블루투스를 연결한 뒤 H그룹 사내 앱을 통해 원격으로 출근 등록을 한다. 그다음 탈의실로 이동하여 작업복으로 옷을 갈아입고 정산소로 가서 개인 사물함에 들어 있는 현금통을 찾아 현금 정산 기계에 사번과 비밀번호를 입력, 준비금을 받아 현금통에 분류해 넣는다. 이 절차들을 마치고 시간이 남으면 현금통을 정산소 안에 있는 개인 사물함에 다시 넣어 두고, 화장실에 가는 등 개인적인

캐셔 업무의 하루 스케줄

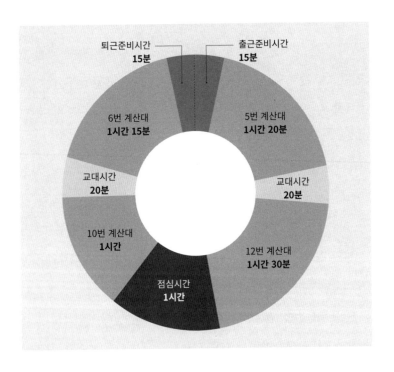

퇴근준비시간
15분

출근준비시간
15분

6번 계산대
1시간 15분

5번 계산대
1시간 20분

교대시간
20분

교대시간
20분

10번 계산대
1시간

12번 계산대
1시간 30분

점심시간
1시간

용무를 본다. 그 후 교대시간에 맞추어 다시 현금통을 찾아 교대가 예정된 계산대로 이동한다. 이상의 절차가 출근준비시간에 이루어진다.*

계산대 근무를 한 차례 마치면 다음 준비시간인 교대시간이 주어진다. 교대시간이 되면, 다음 근무자와 계산대 교대를 한 후에 계산대를 빠져나와 우선 정산소에 간다. 현금통을 소지하고 돌아다니는 것은 원칙적으로 금지되어 있기 때문이다. 개인적인 용무를 보려면 반드시 정산소 사물함 안에 현금통을 보관해야 한다. 특정 지폐가 부족한 경우에는 정산소에 있는 기계나 정산소 직원을 통해 환전을 할 수 있다. 정산소에 직원이 없거나 기계 고장 혹은 현금 보충 등의 이유로 기계를 사용하지 못할 때는 매장 내에 위치한 고객서비스센터까지 가서 현금을 받아 가야 한다. 상품권 잔돈이 필요할 때에도 고객서비스센터로 간다. 상품권은 정산소에서 교환할 수 없기 때문이다. 모든 볼일을 끝내면 다시 교대를 하기 위해 계산대에 가야 한다. 보통은 캐셔 휴게실에서 교대시간이 끝나기 5분 전에 출발해 계산대 업무 시작 2분 전에 교대를 하는 것이 노동자들 사이에서 지켜지고 있는 암묵적인 규칙이다.

다음 계산대 업무가 끝나고 퇴근을 할 때가 되면 다시 정산

---

* 규정된 시간을 지키지 않는다 해서 별도로 패널티가 주어지지는 않는다. 대개 구두 경고에 그친다. 그러나 계산 업무는 교대가 필요한 업무이기 때문에 다음 계산대 근무자의 시간을 빼앗지 않기 위해 노동자들은 시간을 엄격하게 관리한다.

소로 이동하여 현금통에 남겨 둘 H그룹 상품권 5만 원을 제외한 금액을 모두 다 정산기에 입금한다. H그룹 상품권은 현금과 마찬가지로 직접 입금하지만 이와 달리 지역상품권은 정산기에 상품권 금액과 번호를 직접 입력하고 영수증도 받아야 한다. 이후 따로 마련된 정산용 봉투 안에 상품권과 영수증을 함께 넣고 묶은 후 기계에 있는 봉투 출입구에 직접 넣는다. 입금을 마치면 다시 탈의실로 이동하여 유니폼을 벗고, 평상복으로 갈아입는다.* 출근 때와 마찬가지로 앱을 켜고 보안대로 이동해 퇴근 등록을 하면 된다.

　　보통 출근 준비보다는 퇴근 준비에 더 많은 시간이 걸리는데, 출근 시 준비금을 받을 때는 일시에 기계에서 현금을 지급받아 현금통에 분류하면 끝나지만, 정산의 경우에는 현금 따로, 상품권 따로, 동전 따로 입금을 해야 하기 때문에 시간이 더 많이 소요될 수밖에 없다. 또한 출근 시에는 사람마다 도착하는 시간이 조금씩 달라 현금지급기 앞에서 기다릴 필요가 없다. 그러나 퇴근 시에는 같은 시간에 퇴근하는 노동자 몇 명이 한꺼번에 마감 입금을 하게 된다. 특히나 마감타임 마지막 시간대에는 사람이 많아 기다려

---

* 나는 이 시간이 아까워 유니폼도 세탁할 겸 그대로 위에 입고 간 적도 많았다. 여름에는 반바지를 입고 근무할 수 없어 갈아입었지만, 가을에는 외투를 걸치고 다녔기 때문에 옷을 갈아입지 않고 퇴근했다. 작업복 하의의 경우 어두운 색을 입어야 한다는 규정이 있어 집에서 미리 검정색 계통으로 입고 출근하여 퇴근 시에도 환복하지 않고 그대로 집으로 왔다.

야 하기 때문에 시간이 많이 걸린다. 매번 업무 마감 때 남겨 두어야 하는 5만 원치 상품권도 문제가 된다. H그룹 상품권은 천 원권부터 오만 원권까지 여러 종류가 있는데 고객에게 상품권으로 거스름돈을 지급하기 위해서는 상품권을 금액별로 적절히 섞어서 가지고 있어야 한다. 따라서 근무 중 받은 상품권 가운데서 필요한 상품권을 추리는 과정도 필요하다. 이 과정에서 마감 정산기가 오류를 일으켜 동전을 틀리게 세는 경우도 있어, 노동자들 중에는 직접 동전을 세어 기계가 센 금액과 비교한 후 입금을 하기도 한다.

노동시간 단축 이후 변경된 준비시간 안에 주어진 일을 모두 처리하기란 쉽지 않다. 지점에 따라 다르기는 하지만 대형마트라는 공간은 매우 커서 공간과 공간 사이를 이동하는 데 상당한 시간이 걸리기 때문이다. 직접 일을 해 보기 전에 가졌던 노동자들과의 인터뷰에서 노동자들은 대형마트라는 공간이 너무나 커서 그 안에서 이동하는 데만도 시간이 많이 걸린다고 호소하곤 했는데, 그때까지 나는 대형마트의 공간적 크기에 대해서 명확하게 인식해 본 적이 없었다. 마트는 언제나 충분한 시간 여유를 두고 돈을 쓰기 위해 방문하는 곳이어서, 단 한 번도 그 안에서 바쁘게 움직여 본 적이 없었기 때문이다. 거기서 나는 언제나 시간이 많았고, 모든 물건을 천천히 둘러봤기 때문에, 그 공간이 '너무' 크다고 생각하지 못했다.

하지만 대형마트가 일터가 되니 너무 넓어졌다. 내가 일한

(가)지점은 출퇴근 등록을 하는 보안 검색대와 캐셔가 오가야 하는 공간인 탈의실, 캐셔 휴게실, 정산소 등이 서로 다른 층에 위치했다. 그래서 탈의실에서 캐셔 휴게실이나 정산소까지 계단을 오르내려 이동해야 했고, 이동할 때마다 대략 2~3분 정도 소요됐다. 이동 시간을 3분이라 했을 때, 정시에 출근한다고 가정하면 7분이 남는다. 이 7분 내에 유니폼 환복, 정산소 이동, 준비금 지급 등의 업무를 해야 한다. 넉넉한 시간처럼 느껴질 수도 있지만, 노동자들 사이의 암묵적 규칙에 따라 휴게실에서 5분 전에 출발해 교대시간 2분 전에 교대를 해야 하므로, 실제로는 이 5분을 제외한 나머지 2분 안에 준비시간에 해야 할 일들을 마쳐야 하는 꼴이다. 동일한 상황은 퇴근 시에도 반복된다.

나는 오늘 23시 10분에 계산대에서 빠지는 것이었는데 적절하게 [계산대에 줄을 서 있던] 사람들을 막고 9분을 좀 넘겨서 계산대를 나올 수 있었다. 그다음에 정산소에 들어가서 정산을 하고 왔다. 정산을 마치고 나니 18분이었다. 10분 안에 모든 일을 하는 것은 실질적으로 불가능하다. 나는 그 사이에 [다른 일은] 아무것도 하지 않았다. 2분 안에 옷을 갈아입는 것도 불가능하다. 왜냐하면 정산소는 지하 1층에, 탈의실은 지하 2층에 있기 때문이다.
<참여관찰일지, 7월 20일 자>

시간이 부족한 상황에서 노동자들은 내가 그랬던 것처럼 출근시간은 앞당기고, 퇴근시간을 늦추어 개인적인 준비시간을 늘리는 방식으로 대응하고 있었다. 출근을 조금 일찍 하고 퇴근을 조금 늦게 하는 식이다. 나 또한 업무 초창기에는 출근준비시간으로 지정된 10분 안에 모든 일을 할 수 있을 것이라 생각해 정시에 출근했다. 하지만 정시에 출근하면 늦을까 봐 전전긍긍하면서 빠르게 움직여야만 했다. 화장실을 간다거나 물통에 물을 채우는 등 개인적인 일은 꿈도 꾸지 못하고, 업무에 투입되기 바빴다. 그래서 그다음부터는 20분 정도 일찍 출근하게 되었다.

　　전일제 노동자들은 보통 출근시간보다 30분 먼저 도착해 커피를 마시고, 물을 채우고 화장실도 가는 등의 준비를 한다. 내가 본 노동자 중에서는 출근시간보다 한 시간 일찍 마트에 도착해 준비하는 사람도 있었다. 노동 준비시간에서 그나마 단축할 수 있는 시간이 환복 시간이기 때문에 노동자 대부분이 나와 마찬가지로 집에서 최대한 근무복을 갖추고 출근하여, 상의만을 갈아입고 업무를 시작한 후 다시 상의만 갈아입고 퇴근하는 방식을 택하고 있었다. 내가 B대형마트 이전에 일했던 카페에서는 음료를 제조하는 부엌 바로 뒤에 있는 직원실에서 상의를 갈아입고 앞치마를 두르면 업무에 바로 투입될 수 있었다. 하지만 대형마트, 특히나 캐셔의 경우 개인 현금통을 직접 가지고 움직여야 하기 때문에 현장에 투입되기 전까지 준비해야 할 것들이 많다. 이러한 업무의 특성은 업무 시간에 출퇴근 준비시간이 업무 시간에 반드시 포함되어야 하는 이유로 자리 잡는다.

오늘은 2시부터 근무였으나 1시 53분에 도착했다. 2시 10분부터 계산대 투입이었는데 역시나 B대형마트는 2시까지 나오라고 하지만 일전에 말했던 대로 옷을 갈아입고, 돈통 출금을 받고, 물을 채우기 위해서 10분은 턱없이 부족하다. 요즘 같은 여름에는 바지를 집에서 미리 입고 갈 수도 없는 일이어서, 옷을 모두 갈아입어야 하고, 거기에만 5분 이상은 족히 걸린다. 그렇기 때문에 많은 사람이 일찍 출근하는 듯하다. 다른 곳보다 준비시간이 많이 필요하다. <참여관찰일지, 7월 28일 자>

이처럼 B대형마트에서 지시하는 근무 스케줄을 지키기 위해서는 분 단위로 시간을 체크하면서 주어진 시간에 모든 일을 처리할 수 있도록 밀도 높게 시간을 사용해야만 한다. 개인 시간을 써서 늘릴 수 있는 출퇴근 준비시간과 달리 교대시간은 개인 시간으로도 조정할 수 없다. 그렇기에 노동자들은 시간의 밀도를 더 높이고, 노동 강도를 강화시키는 방향으로 시간 부족에 대처하고 있었다. 노동시간 단축 이전 30분이었던 교대시간은 단축 이후 20분으로 줄었다.

20분 중에서 이동 시간으로만 6분에서 8분이 소요되기 때문에 남은 12분 안에 화장실을 다녀오고, 커피를 마시고, 담배를 피우는 등 개인 용무를 본다. 환전이 필요할 때에는 더욱 시간이 줄어든다. 노동자들은 교대시간에 무엇을 할지 생각하면서 항상 시간을 체크해야 하고, 다음 교대자에게 피해가 가지 않도록 신경을 쓰면서 시간을 관리해야 했다.

> 7시간 내내 긴장을 해야 되는 거죠. 쉬는 타임이라도 긴장을 풀어야 되는데 긴장을 풀 시간이 없는 거에요. 다시 또 나가야 하는 시간을 맞춰 줘야 또 다음 교대가 들어올 수 있으니까. 우리가 1분이라도 늦게 가 버리면은 그 사람이 그만큼 늦게 들어오거든요. 그러니까 시계 쳐다보고, 확인하고, 긴장 속에 앉아서 우리가 [편하게] 있지를 못하는 거에요. 우리가 앉아 있어도 불안하고. 심리적으로. <김나연, (가)지점 근무>

사라진 해소의 시간
즐거움과 활력이 사라진 일터

노동시간 단축 이후 휴게시간이 단축되었다는 마트노조의 비판에 대해 B대형마트는 교대시간은 휴게를 위한 시간이 아니라 다음 계산대 투입을 위해 업무를 보는 시간이기에 근무시간이며,

따라서 휴게시간 단축은 없었다고 반박했다. 실제로 법적으로 고지되어 있는 노동시간 4시간당 30분씩 주어지는 휴게시간은 점심시간으로 책정되어 있으니, 이 반박은 언뜻 타당해 보인다.

그런데 B대형마트 사내에 게시되어 있는 노동환경 홍보 자료를 살펴보면 B대형마트는 타 기업과 달리 계산대에 서서 근무를 하는 시간이 2시간을 넘지 않는다는 점을 들어 좋은 노동환경임을 홍보하고 있었다. 계산대 투입 시간이 상대적으로 짧은데, 일일 노동시간은 같다면 B대형마트 캐셔들은 계산대에서 일하는 시간이 절대적으로 짧다는 말일까? 그렇지는 않다. 하루 투입 횟수까지 고려하면 계산대에 서서 일하는 시간의 총량은 다른 마트와 큰 차이가 없다. 그보다는 계산대 투입 사이사이에 간격을 두어 노동강도가 상대적으로 완화된 환경임을 강조하려는 의도로 보인다. 계산대 업무 사이사이에 배치되는 '간격'인 교대시간은 '교대 업무'를 위한 시간이기도 하지만, B대형마트가 자랑하는 '좋은 노동환경' 즉, 노동강도 완화의 시간으로 기능한다는 것을 방증한다.

캐셔 업무에서 휴식은 다음 노동을 준비하기 위한 필수적인 시간이다. 그러나 이 시간이 단축되면서 육체적, 정신적, 감정적 긴장을 해소하지 못한 채로 다음 업무에 투입되는 경우가 잦아졌다. 계산 업무는 선 채로, 혹은 불편하게 앉아서 근력을 사용하는 노동인 동시에 효율성과 속도를 신경 쓰면서 친절하게 고객을 응대해야 하는 정신적, 육체적 노동이다. 따라서 교대시간은 집약적인 노동으로 인한 피로를 일정 부분 해소하고, 다음 근무에 집중할 수 있도록 긴장을 풀어주는 역할을 한다. 노동자들은 교대에 필요한 업무를 하고 남는 시간에는 다음 근무를 위한 준비의 의미로 휴식을 취해 왔다. 이처럼 휴게시간은 고객 응대 과정에서 발생하는 감정적 잔여물을 해소하는 시간으로도 기능한다. 감정의 해소는 고객과의 마찰을 털고 새로운 마음으로 새로운 고객에게 서비스를 응대하는 측면에서 볼 때, 다시 말해 캐셔 노동에서 반드시 필요한 과정이다.

그러나 노동시간 단축 이후 업무 과정에서 발생한 감정적 잔여물을 해소하는 시간이 대폭 삭감되었고 노동시간 이외에도 동료들과 단합을 하기가 어려워졌다. 근무시간 배치가 30분 단위에서 10분 단위로 세분화되었기 때문이다. 단축 이전 3~4명 정도의 노동자들이 같은 시간에 출근하고 같은 시간에 퇴근을 했다면, 단축 이후에는 매장을 여는 오전 9시 30분 근무만 3명으로 고정으로 운용되고 나머지 시간대는 1명에서 3명까지 인원이 다양하게 세분화되어 배치된다. 노동자들이 각각 다른 시간에 출근하고 퇴근하게 되자 근무 이후 노동자들이 갖던 모임은 지속하기 어려워졌다.

오픈조 한 사람들은 시간 여유가 있어서 술 한잔하고 같이 끝나는 사람들 이렇게 조금씩, 조금씩 이렇게 저도 마음에 맞는 사람들끼리 술 한잔을 하긴 하는데 (중략) 지금은 10분 단위로 한 사람 들어오고, 한 사람 들어오고 하니까 이제 누군가는 기다려야 하잖아요. 그게 쉽지가 않아요. (중략) 그러니까 술 한잔... 놔 놓고 수다 떨다가, 그러고 [먼저] 들어가기도 하고. 오픈하면. 먼저 끝나는 사람들은. <김나연, (가)지점 근무>

밤늦게까지 영업을 하는 만큼, 마트 노동자들의 퇴근시간도 18시에서 23시까지 다양하다. 오픈타임 근무자가 다른 시간대 근무자와 만나기 위해서는 최대 2시간 20분을 기다려야 한다. 그렇기에 캐셔 노동자들이 다 같이 만나서 모임을 갖기는 어렵고, 먼저 시간이 되는 사람끼리 만나서 술 한잔 놓고 이야기를 하다 보면, 먼저 온 사람은 집으로 가고 나중에 온 사람은 남아 있게 되어 결국 이전처럼 노동자 다수가 모여 해소의 자리를 갖기는 어려워진다. 근무시간 중 주어지는 식사 시간이나 교대시간도 상황은 비슷하다. 계산대 투입 시간과 교대시간, 식사 시간을 전체를 오롯이 혼자 보내는 일이 반복된다.

우리 같은 경우는, 전에는 30분 단위로 될 때는 같이 일하면서 수다도 좀 떨고 쉬는 시간 30분 동안 수다도 좀 떨고, 있는 얘기 없는 얘기 해 가면서 쓸데없는 얘기도 하면서 웃고, 회사 얘기도 하

고 막 그랬는데 지금은 얼굴을 볼 수가 없으니까. 얼굴을 진짜 못
봐. 대기실에선 마주치면은 대기실에서 같이 쉬는 사람도 몇 명은
됐었거든. 몇 명은 됐고, 그래서 같이 웃고 떠들고 했었는데. 밥도
먹는 사람들 몇 명 됐고. 지금은 다 10분 단위로 돌아가니까 대기
실에 혼자 앉아서 쉴 때도 있고, 밥도 혼자 앉아서 먹고. 출근도
혼자하고 퇴근도 혼자하고. 일도 혼자하고. 이거는 원래 계산대
일은 혼자 하는 일이니까. 그러니까 전에 같은 경우는... 이게 같이
모여서 웃고 떠드는 시간이 정말 중요하거든. 아줌마들끼리. 그런
게 거의 없어졌지. <박인혜, (가)지점 근무>

대형마트 노동자는 보통 사람들과는 다른 생활패턴을 가지
고 있기 때문에 집에서도 좀처럼 가족과 이야기를 나누기가 쉽지 않
다. 가족과 저녁 식사 한 번 하기도 힘들다. 캐셔들은 마트의 다른
부서 노동자에 비해서도 대화를 나눌 기회가 적다. 상품의 재고를
파악하고 진열하는 영업직 노동자도 캐셔와 마찬가지로 혼자 근무
하지만, 함께 근무하는 다른 노동자들과 쉬는 시간과 식사 시간을
공유할 수 있다. 반면 10분 단위로 분절된 시간 안에서 움직이는 캐
셔들은 '혼자인 느낌'을 갖게 된다. 일터에서 고독감을 경험하게 되
는 것이다.

오늘은 아마도 내가 온 시간에 출근한 사람이 한 명도 없는 모양이었다. 나는 혼자 쉬고 혼자 밥을 먹고, 뭔가 한 타임씩 어긋났다. 그래서 하루 종일 혼자 있는 느낌이 들었다. 스케줄표가 10분 단위로 끊어져 있으니 그럴 만도 했다. 누군가는 분명 하루 종일 혼자 있는 느낌이 들지도 모른다. 이러한 점이 노동강도 강화로 이어지는 건 뻔한 일이다. 하루 종일 잠깐잠깐씩 다른 사람과 이야기한다고 해서 입안의 단내가 빠지는 건 아니다. 일을 하기 위해서는 정신적인 긴장을 내려놓아야 하지만, 오늘은 전혀 그렇지 못했다. <참여관찰일지, 7월 14일 자>

주말 스태프였던 나는 다른 사람과 근무 스케줄이 겹치지 않는 때가 많았다. 근무시간이 아니더라도 점심시간에는 함께 일하는 전일제 노동자들과 이야기를 나누고 싶었지만, 자리에 앉으면 먼저 도착해 있던 사람들이 식사를 마치고 자리를 떠나는 동에 길게 이야기를 나누거나 깊이 있는 대화를 할 수 없었다. 업무가 끝나고 휴게실에 가면 아무도 없는 날도 많았다. 고객과의 대화 말고는 종일 아무 말도 하지 않았던 날도 있었다.

동료들과 친밀한 관계는 강한 노동강도를 견딜 수 있게 하는 활력소가 된다. 상당수의 스태프들이 계약기간 6개월을 다 채우지 못하고 퇴사를 선택하는 이유는 일터에서 유대감을 형성하지 못했기 때문이다. B대형마트 스태프는 전일제 노동자에 비해 실제 혼자인 시간이 많기도 하지만, 다른 전일제 노동자들과 함께 있어도 "혼자 있는 느낌"을 떨쳐 버리기 어렵다. 근무 일수가 적고, 근무시간이 겹칠 확률도 낮아 같은 스태프 동료들과 서로 얼굴을 마주할 시간이 매우 드물기 때문이다.

노동자들에게 교대시간, 식사 시간은 노동의 활력소였다. 이 시간에 다른 노동자들과 수다를 떨면서 행사 정보를 공유하기도 하고, 악성 고객을 비난하고, 회사 측이 내린 불합리한 결정을 함께 비판하면서 스트레스를 해소하고 친목을 도모한다. 그러나 이런 시간이 줄어들고 개인 단위로 노동력이 배치되면서 "인간관계가 점점 사라져" 간다.

언니 오늘 출근했네? 이렇게... 이럴 정도로... 정말 못 만날 때는 같은 공간에서 근무를 했는데도 얼굴 한 번 본 적이 없는 경우도 있어요. 10분 단위로 들어오면 나가고, 그 언니 들어오면 나 나가고 이런 식이니까. 그렇게 돼 버리니까. 같은 동료여도 얼굴 못 보는 시간도 있고, 말할 시간도 없고, 같이 앉아서, 전에는 30분 쉬었다가, 우르르 와서 우르르 나가고 이랬거든요. 그러니까 한꺼번에 대여섯 명 빠져서 대여섯 명 들어가고. 이렇게 순환근무를 했는데 지금은 그렇게 못 하는 거죠. 그리고 시간이 안 되니까 앉아서 수다 떨 시간도 없어요. 말할 틈도 없고. <김나연, (가)지점 근무>

노동시간 단축 이전, 중년여성에게 노동은 소득을 위한 것이기도 했지만 자신을 기준으로 하는 사회적 자본을 형성하는 것이기도 했다. "나 혼자 돈만 딱 벌어 가지고 집, 회사, 집, 회사... 이거는 나는 아니라고 봐. 어디를 가도 뭔가 즐거움을 하나씩 찾아야지"라던 <서지향>의 말처럼, 대형마트는 노동자들에게 사회적 네트워크를 형성하는 공간이었다. 그러나 노동시간이 단축된 이후 부족한 노동력을 메꾸기 위해 노동력 및 노동시간 배치가 파편적으로 변화하면서 노동자들에게 노동과 노동현장의 의미는 달라질 수밖에 없었다. 일터가 더 이상 즐거움을 찾을 수 없는 삭막한 공간이 되어버린 것이다.

3장   휴식도 건강도 계획할 수 없는
조각난 시간

서비스업은 노동자들의 시간을 쪼개어 부족한 시간에 메우는 '테트리스' 방식으로 노동자들의 노동시간을 관리한다.[85] 회사의 편의에 맞추어 일방적으로 노동자들의 시간을 배치하는 것이다. B대형마트 또한 노동시간 단축 이전과 이후 모두 이러한 방식으로 시간을 관리해 왔다.

통신 기술이 발전하면서 이러한 현상은 더욱 심화되었다. 과거에는 고용주가 마음대로 근무시간을 변경하고 싶어도 노동자에게 알릴 수 있는 방법이 없었기 때문에 갑작스러운 스케줄 조정이 어려웠다. 이제는 언제 어디에 있든 고용주는 노동자의 시간을 조직할 수 있기 때문에 노동자의 시간은 더욱 더 고용주에 의해 자의적으로 관리되기 시작했다. 노동규율이 새롭게 정립된 것이다.*

---

* 기술의 변화에 따른 사회규범의 변화에는 시간차가 존재한다. 마찬가지로 스마트폰이 보급된 지 오래이지만, 노동규율이 스마트폰에 맞추어 재정립되는 데에

B대형마트 노동시간 단축 과정에서도 스마트폰은 중요한 역할을 했다. 스마트폰이 완벽히 도입된 이제는 회사가 마음대로 근무시간을 정하고, 갑자기 스케줄을 올려도 제때 확인하고 조정 요청을 하지 못한 노동자의 탓이 된다.

노동력이 부족할수록 심해지는
'쪽대본' 스케줄

노동력이 부족할수록 노동자들의 노동시간은 세분화되어 쪼개지고 무작위로 배치된다.[86] B대형마트에서도 마찬가지였다. 상대적으로 노동력이 부족이 덜했던 (다)지점은 스케줄을 가장 잘 예측할 수 있었으며, 노동력이 부족한 (나)지점은 전혀 예측할 수 없었다.

는 시간이 많이 소요됐다. 스마트폰 도입 초기에는 대다수 노동자가 스마트폰을 사용하지 않았고, 관리자들 또한 스마트폰의 시간성에 충분히 익숙하지 않았기 때문에 즉각적인 변화가 불가능했다. 갤럽에 따르면, 2012년 1월 기준 전체 인구 대비 스마트폰 보급률은 53.4퍼센트에 불과했고 그중에서도 50대 스마트폰 보급률은 33퍼센트였다. 2년 후인 2014년 1월이 되면 50대 스마트폰 보급률은 71퍼센트로 증가한다. 50대 여성과 남성의 비율이 공개되어 있지 않아 정확하게 알 수 없지만, 성별 자료가 공개된 60대를 살펴보면 2019년 60대 남성의 90퍼센트가 스마트폰을 사용하고 있으나 여성의 경우 65퍼센트만이 스마트폰을 사용하고 있다. 이를 통해서 고령층 여성의 스마트폰 보급률이 고령층 남성에 비해 상대적으로 낮은 지표를 보여 왔음을 확인할 수 있다(갤럽리서치, https://www.gallup.co.kr/gallupdb/reportContent.asp?seqNo=1041).

노동시간 단축 이후 가장 안정적으로 운영되고 있던 (다)지점은 전국에서도 매출이 상위권에 드는 알짜배기 지점이다. 해당 지점은 노동시간 단축 당시 계약직 시간제 사원이 많았는데 단축을 시행하면서 이들을 무기계약으로 전환했기 때문에 다른 지점에 비해 노동력이 부족하지 않았다. 그래서 초단시간 노동자인 스태프 노동자들을 3~4명 수준으로 유지해도 매장 운영이 가능했다.

내가 일했던 (가)지점은 도시 중심부에 위치하여 (다)지점보다 임대료 등 공간 유지비가 더 많이 드는 데다가 (다)지점보다 매출도 적었다. 그럼에도 높은 접근성 때문에 마트에 방문하는 고객의 수는 (나)지점보다 많았다. 이러한 특성으로 (가)지점은 다른 지점에 비해 노동시간 단축 이후 노동력이 더욱 부족해졌다. 그리고 부족한 노동력을 스태프 인력으로 보충해 세 지점 가운데 스태프 인력 수가 가장 많았다.

(나)지점은 인터뷰를 했던 매장들 중에서도 가장 인원이 적은 매장이었는데, 근무 스케줄 또한 가장 예측하기 어려웠다. 방문객 수가 적은 만큼 매장 매출이 작은 편인 (나)지점은 상대적으로 노동시간 파편화가 천천히 진행됐다. 다른 매장에서는 노동시간 단축 직후인 1월부터 바로 근무시간이 30분 단위에서 10분 단위로 전환되었으나 (나)지점에서는 20분 단위로 바뀌었다가 그 해 12월이 되어서야 10분 단위로 노동자들을 배치하기 시작했다. 또한 (나)지

점은 2019년 초까지도 스태프 인력을 운용하지 않고 매장을 운영하고 있었다.

> 쪽대본이에요. 마음만 먹으면 한 삼사일치 나오고. 오늘 께, 내일 께 오늘께 나오고. 그럴 때는 꼭 봐야 하니까. 카톡을 꼭 봐야 하지. (중략) 그냥 옛날에는 한 일주일씩 쭉쭉쭉 나왔는데 어느 날부터 더 잘 안 나와 지금. <양선자, (나)지점 근무>

> 일주일치가 나오는 것도 아니고. 출퇴근시간이 딱 정해져 있는 것도 아니고. 엄청 불편하지. 그러니까 이제 계산대를 효율적으로 운영하기 위해서 이렇게 10분 단위로 20분 단위로 출퇴근시간을 정해 놓은 거야. 그러니까 이게 너무 힘든 거지. 우리 같은 경우는. <박인혜, (가)지점 근무>

매출이 가장 잘 나오는 (다)지점은 스태프 고용 비중이 적고 무기계약직 사원 비율이 높아 근무 스케줄도 일주일 전에 미리 공지됐다. 휴일 또한 조에 따라 규칙적으로 돌아간다. 다른 지점도 SV 한 명이 스케줄 작성을 담당하지만, 현장 지원도 함께 맡고 있어 상대적으로 스케줄 배분과 공지가 늦어진다.

주말 스태프를 많이 고용한 (가)지점의 경우, (다)지점처럼 스케줄이 일주일 단위로 나오지는 않는다. 빨라야 근무일 2~3일 전, 늦으면 1일 전에 사내 어플리케이션을 통해 공지된다. SV가 휴가를 가는 경우와 같은 예외적인 상황에서는 일주일 전쯤 스케줄이 미리 작성되지만, 보통은 정확한 공지일을 알 수 없다. 그러나 (가)지점은 휴일이 조에 따라 규칙적으로 돌아가기에 스태프를 한 명도 고용하지 않은 (나)지점보다는 상황이 나은 편이다.

(나)지점은 주말 스태프가 한 명도 없기 때문에 다른 지점과 같은 방식으로 휴무를 배치할 수 없다. 이로 인해 (나)지점 노동자들이 오롯이 한 달에 5번 다 쉬는 주말 휴무는 1년에 한 번밖에 없었다. 규칙적으로 휴무일이 배치되어 어느 달에 언제 쉬는지 알 수 있는 (가), (다)지점과는 달리 (나)지점은 파트장이 임의로(자기 마음대로) 휴무를 배치하기 때문에 다음 달 휴무일조차 알 수 없다. 예를 들어, (가)지점에서는 1월에 A조가 월, 화를 쉬었다면 B조가 화, 수를 쉬게 되고, 2월이 되면 A조가 화, 수를 쉬게 되기 때문에 휴일을 예측하기가 쉽다. 그러나 (나)지점은 그런 규칙과 관계없이 파트장이 마음대로 휴무일을 배치하기 때문에 휴일 계획을 짤 수 없다. (나)지점 노동자들이 예측할 수 있는 휴무는 오로지 대형마트 의무 휴업일뿐이었다.

오롯이 한 달에 5번 다 쉬는 주말 휴무는 1년에 한 번밖에 없는 거

지. 근데 그게 또 언제 쉴지 모르는 무기한. 계산이 안 나와. 막 무
작위로 집어넣어서 그냥 계산이 안 나와. 그러니까 이렇게 바둑판
표시로, 지그재그로 가면 내가 다음 달에 뭘 쉴지를 알고 계산이
나오는데, 계획도 짤 수 있고. 내가 주말 휴무가 6월쯤 온다, 그러
면 내가 주말에 6월 여행 계획을 짜야겠다. 이게 안 되는 거야 우
리는. 언제 나올지 모르는 거지. 그러니까 월, 화 쉬고 다음에 화,
수 쉬면은 다시 또 [그다음 달엔] 월, 화로 갈 때도 있고 막 이러니
까 모르는 거지. <양선자, (나)지점 근무>

이처럼 (나)지점은 무작위로 휴무가 배치되기 때문에 다음
달 휴무 스케줄이 공지된 후 약 10일 동안 수정 기한이 주어진다. 이
기한 동안 특정한 날짜에 휴무가 필요한 노동자는 다른 노동자들
과 '맞교환'을 통해서 휴무를 바꿔야 한다. 하지만 이 기간에도 주
말로 지정된 휴무 교환은 요청하지 않는 것이 노동자들의 암묵적
인 규칙이다. 1년에 딱 1달만 주말에 쉴 수 있는데 "1년에 한 번 자
기 휴무를 받은" 사람의 휴무를 "달라고 하는" 것이 미안하기 때문
이다.

이러한 시간의 예측 불가능성은 더 불안정한 고용조건을 가
진 노동자들에게 전이된다.[87] (가)지점은 전일제 무기계약직 노동자
의 근무 스케줄보다 주말 스태프의 스케줄이 더욱 불안정하다. 그

러나 (나)지점은 스태프직을 고용하지 않았기 때문에, 예측 불가능성이 무기계약직 사원들에게 집중된다. 그래서 (나)지점 노동자들은 다른 지점 노동자들에 비해 "스케줄이 권력"으로 작동한다는 사실을 잘 알고 있었다.

> 저희가 연차 소진을 의무적으로 16개를 해야 되거든요. 근데 그거를 우리가 원하는 날짜에 주지 않고 자기가 연차를 이렇게 집어넣고. 그리고 또 주말에 안 줘. <김선희, (나)지점 근무>

(나)지점 파트장은 휴무뿐 아니라 연차휴가 또한 마음대로 규칙 없이 배치하고 있다. 노동자들은 휴무일을 아예 선택할 수 없다. 노동자들을 위해 휴무나 연차를 규칙적으로 배치하면 노동자들을 효율적으로 배치할 수 없을 뿐더러 관리자들의 업무가 늘어나게 된다. 그래서 (나)지점의 파트장은 노동자들이 직접 휴무일을 교환할 수 있도록 여지를 남겨 두면서도, 원칙적으로는 사측이 원하는 시간에 노동자를 배치함으로써 관리자 업무의 효율을 높이고 있다.

이렇게 "쪽대본" 방식으로 근무 스케줄이 운영될 수 있는 이유는 무엇일까? 이는 기혼여성을 둘러싼 시간에 대한 인식 때문이다. 사회적으로 기혼 유자녀 여성은 남편과 자녀를 중심으로 생활 시간을 조직할 것으로 기대된다. 특히 자녀가 어릴수록 '엄마'인 유자녀 여성의 시간은 자녀를 기준으로 두고 구성되어야 한다. 어린아이를 자녀로 둔 엄마가 자기 삶을 우선하면 도덕적인 비난을 받기 쉽다. 특히 자녀가 초등학교에 들어가기 시작하면 비난은 심해진다. 엄마들은 낮 시간에 청소, 환경 미화 등을 이유로 학교로 호출되는 경우가 잦은데, 이 때 '일하는' 엄마들은 이러한 비난에 자주 노출되며, 결국 퇴직을 선택하게 된다.

　　그러나 중년여성은 기혼여성에 대한 사회적 인식에서 빗겨나 있는 존재인데, 이미 자녀들이 성인기에 접어들어 생활의 중심인 자녀가 그녀들의 삶에서 사라졌기 때문이다. 따라서 이 여성들의 생활은 무無로 상상된다. B대형마트 근무 스케줄은 중년여성에 대한 사회적 인식과 상상력의 부재라는 인식이 드러나는 장소이다. 회사는 인력 부족에서 비롯된 시간의 예측 불가능성을 조정하지 않고 이를 유지한다. 중년여성은 그렇게 해도 괜찮은 존재이기 때문이다. 40대 후반에서 50대 중년여성은, 이미 자녀들이 어느 정도 커서 성인이 되었거나, 성인에 가까워지고 있어 자녀들의 시간을 기준으로 시간을 맞추어야 할 필요에서 벗어나 있다. 자녀 양육이 끝난 여성들은 할 일이 없으니 그들의 노동시간은 회사에서 마음대로 배치해도 괜찮은 시간으로 탈바꿈된다. 사실상 B대형마트의 근무 스케줄은 노동자들의 생활시간을 볼모로 잡아 유지된다고 할 수 있다.

노동시간의 배치는 사실상 생활시간을 규정짓는다는 점에서 중요하다. 따라서 노동시간 단축 이후 노동력이 부족한 상황에서 노동자들의 시간을 어떻게 효율적으로 배치할 것인가, 하는 문제는 중요한 쟁점이 된다. 기업은 노동시간 단축과 함께 노동생산성을 증진시켜 단축 이전과 마찬가지의 생산성을 확보하고자 하기 때문에, 노동시간의 길이뿐 아니라 노동시간 배치에도 관심을 갖는다. 그 결과 많은 경우 노동자가 시간에 대한 통제권을 박탈당하고 있다.

휴식을 계획할 수 없는 일상, 건강을 우선할 수 없는 생활

B대형마트 노동자들은 근무 스케줄이 늘 바뀌기 때문에 생체리듬을 유지하기 어렵다. 교대근무로 인한 건강 악화는 여성에게 두드러지게 나타나는데,[88] 한 주 단위뿐 아니라 일 단위로 조금씩 바뀌는 B대형마트의 출근시간은 중년여성 노동자의 건강을 악화시킬 수 있다. B대형마트의 스케줄상 가장 빨리 출근하는 오픈타임 근무자와 제일 늦게 출근하는 마감타임 근무자의 출퇴근시간은 6시간가량 차이가 난다. 이 시차를 고려해 마감타임 근무 직후에 오픈타임 근무를 하는 일이 없도록 '오픈-마감-중간'의 순서로 출근시간

을 배치하지만, 그럼에도 여전히 노동자들은 생체리듬의 균형을 찾지 못해 불면증을 호소하고 있다.

마감했을 때는 [새벽] 2시, 3시에 잤었어요. 정말 내일 쉰다고 그러면 그때는 부담이 없으니까. [새벽] 5시에도 자고. 쉬는 날 전날에는 있잖아요, 마음이 편해서 잠이 안 와요. 내일 출근한다고 그러면 이게 잠이 안 와도 엎드려서[라도] 자야 된다는, 내일 아침에 일어나서 출근을 해야 한다는 그 강박관념에 잠이 안 와도 억지로 아, 나 자야 돼. 자야 돼. 이러고, 이러고 있어요. 그러면 또 잠이 안 오면 옆으로 엎드렸다가 누웠다가 한참 실갱이를 그렇게 하다가 잠들어요. 근데 이제 내일 쉰다 그러면 편하게 TV도 보다가. 내일은 하루 종일 잘 거니까. 그게 근데도, 피곤하면 잠이 올 건데도 잠이 안 오더라고요. 피곤한데도. <김나연, (가)지점 근무>

생체리듬 파괴는 노동자들이 일터 밖에서의 생활시간을 자유롭게 사용할 수 없게 한다. <김나연>은 집에 가기만 하면 눕고만 싶고, 쉬는 날 누워 가지고 꼼짝도 안 하고 누워 있다가, 출근하는 생활을 반복했다. 그러다 보니 체력이 떨어졌고, 운동을 해야겠다 싶어 운동을 시작했지만, 매일 바뀌는 근무 스케줄 때문에 꾸준히 하지 못하고 지금은 그만두었다. <김나연>은 생체리듬을 유지하기 위해서, 오픈타임 근무를 원하는 노동자들과 시간을 바꾸어 주로 마감타임에 근무한다. 오픈 근무를 원하는 사람은 많지만 마감 근무를 원하는 사람은 적기 때문에 가능한 일이다.

규칙적인 생활을 하기 위해 자발적으로 마감 근무를 하는 <김나연>과 달리 <이미애>는 원하지 않음에도 주로 마감 근무를 하고 있다. 패션영업 부서에 종사하는 <이미애>는 캐셔와는 달리 세분화된 개인 근무 일정이 존재하지 않는다. 부서 안에서 자율적으로 오픈, 중간, 마감 시간을 정해 순환근무를 한다. <이미애>가 속한 부서에는 인원이 3명뿐이기 때문에, 그 안에서 휴무를 조정하고, 오픈, 마감, 중간타임 근무를 결정한다. 노동자 한 명당 일주일에 이틀을 쉬어야 하기 때문에 혼자 근무하는 경우도 잦다. 혼자 근무할 경우 회사 측에서는 오픈 근무가 아닌 마감 근무를 지시하기 때문에 평일에는 대부분 마감타임인 오후 3시 10분부터 오후 11시 10분까지 일하고 있다.

마트 들어가기 전에는 굉장히 바지런했었거든요. 운동 열심히 다니고. (중략) 그때는 헬스, 그리고 강아지 데리고 2시간씩 걷고. 늘 그랬었어요. 근데 B대형마트 들어가면서 정신적으로 육체적으로 이상하게 제가 좀 힘들었나 봐요. 그때부터 운동도 못 다니겠고. 그저 퍼지는 스타일? 그래서 요즘은... 이제 마감을 하고 오면은 아침 한 8시, 9시까지 자요. 자고 일어나서 밥을 먹어야 되나 말아야 되나 고민하다가 지금 안 먹으면 저녁에 폭풍 흡입을 할 거 같아서, 밥을 먹고 설거지도 뭐도 못 하고 그냥 TV만 보면서 시간만 봐요. 출근하기 전에… 아 이때쯤 씻어야지. 어떻게든 한숨이라도 더 자고 나가야지, 내가 덜 힘든데? 이런 생각이 굉장히 지배적이어서. (중략) 마감하면… 그냥… 저녁에 일한다는 게 사실 그렇게 밤을 꼴딱 새지는 않지만 밤일이 오래하다 보면 몸이 축나는 것도 같고. 축이 나요. 그러니까 개운하지가 않지. 아무래도. 아침에 오픈[타임 근무]했다가 제시간에 끝나면은 굉장히 상쾌하거든요? 끝나고 나서도. 근데 이상하게 마감하면은 몸이 축축 늘어져. 그리고 잠을 일찍 못 들어요. 그러니까 보통 [새벽] 두세 시에 잠드니까. 마감하고 오면 12시잖아. 그럼 씻고 뭐 어쩌고저쩌고 하다 보면 12시 반. 뭐 누우면 바로 잠이 오는 게 아니라서 우리 모든 사람들이, 그러니까 유통업이 있는 사람들이, 마감하는 사람들이 다 잠에 대한 게 굉장히 떨어져요. 얘기 들어 보면. (중략) 개중에 한두 명이야 뭐 나는 누우면 바로 곯아떨어져 이러지만… 여자들이라는 게 50 정도 되면 갱년기도 오고… 그러니까 평상시에 맨날 잠을 늦게 자 버릇해서 그게 힘들어. <이미애, (다)지점 근무>

생체리듬이 파괴되면 피로가 누적되고 쉽게 잠자리에도 들지 못한다. <이미애>는 이런 상황이 반복되어 어제의 피로에 오늘의 피로가 매일 새로 누적되는 상황을 겪고 있다. 과거에는 체력이 좋아 부지런하게 움직였던 그녀지만 요즘에는 가사 노동 외에는 집에서 아무 일도 하지 않는다. 노동시간 단축 이후 인력 충원을 하지 않아 노동력이 부족한 상황이기 때문에 노동자들은 병가도 마음대로 사용하기가 어렵다. 감기, 몸살에 걸린 채로 출근을 하는 날도 있는데 특히 주말에는 지점에 관계없이 바쁘고, 누구나 주말에 쉬고 싶어 하기 때문에 회사에서는 병가를 쓰지 못하도록 눈치를 주기도 한다. 노동자들 또한 다른 노동자들에게 피해를 주기 싫어 주말에는 웬만해선 병가를 쓰지 않는다.

아줌마들이다 보니까 정이라 그래야 되나. 딴 사람들 나 때문에 피해 갈까 봐. 그런 것도 많이 생각을 하지. 내가 빠지면 누구를 이렇게 [보충]해 주면 좋은데, 내가 빠지면 그 자리가 빠지니까. 그 일을 다른 사람이 해야 되니까. 그런 것도 많이 신경 쓰다 보니까 아파도 그냥 하는 사람도 있지. 특히 주말 같은 경우는... 죽지 않는 이상... 그냥... 하지. <김선희, (나)지점 근무>

부서원이 3명뿐인 <이미애>는 불가피한 경우라면 3명 모두 주말에 쉴 수도 있다고 생각하지만, 한편으로 정말 그렇게 해도 되는지, 다른 사람에게 피해를 주는 것은 아닌지 걱정스럽다. 그래서 개인 일정을 조정하고, 업무에 차질이 없도록 스케줄을 잡는다. 회사에서는 행사 변동으로 제품 가격을 교체해야 하는 수요일과 고객 방문이 많은 주말에는 휴무를 잡지 않기를 바라기 때문에, 동료들과 휴무 배치로 갈등을 겪기도 한다. 각자 자기가 원하는 휴무를 고르게 되면 3명이 다 출근하지 않는 날이 생기기 때문이다.

> 이게 스케줄 문제가 저희 집(부서)이 3명인데, 보면 하루라도 자기 필요한 날을 찍다 보면은 3명이 다 출근 안 하는 날이 있어요. 그런 날이 생겨요. 그러면은 이 두 사람은 그러면 안 된다는 거지. 그런 날이 없게 하기 위해서 조율을 해야 된다는 거지. 그럼 저는 그래요. 왜 다 세 사람이 중요한 일이 있으면 그날을 비워 두는 거지. 매장을 비워 두면 뭐가 어때서? 이렇게 저는 말을 해요. 지금은. 근데 그게 과연 옳은 건가 하는 생각이 들 때가 있어요. 왜냐면은... (중략) 그런 게 있는데, 직원이면은 내가 그래도 여성복에 있으면, 여기가 돌아가게끔 해야 된다는 게... 웃기죠. 그 생각이 저도 바탕에는 있거든요. <이미애, (다)지점 근무>

지금까지 B대형마트 노동자들은 감기 몸살이 나거나, 자녀 문제, 은행 업무, 결혼식이나 장례식 참석 등 갑작스러운 일정이 생겼을 때, 동료들과 스케줄을 변경하여 개인적으로 근무 일정을 조정해 왔다. 이처럼 불규칙한 교대제 업무를 수행하는 노동자들은 동료를 통해서 개인 일정을 확보해, 노동시간의 예측 불가능성을 조정한다.[89] 이런 비공식적 일정 교환은 근무일 하루 전까지만 가능하다. 원하는 근무시간대가 있을 경우 다른 동료들과 의논해 시간을 맞교환한 후 휴게실에 비치된 근무 스케줄표에 바뀐 근무시간을 표시하는 것이다.

그러나 노동시간이 단축된 이후 근무 스케줄 공지가 늦어졌을 뿐만 아니라 동료 노동자들과 얼굴을 마주칠 시간도 사라져 스케줄을 교환하기도 어려워졌다. 물론 스마트폰 메신저로도 소통할 수 있지만, 만나서 얼굴을 보고, 상황을 설명하고 설득하는 기존 방식보다는 훨씬 부담이 크다. "좀 많이 바꾸는 사람"인 <양선자>는 이러한 상황이 어렵다고 토로했다.

[스케줄이 늦게 나오면] 짜증 나지. 왜냐면 바꾸고 싶어도 못 바꾸니까. 미리미리 [바뀐 근무 스케줄을] 냈어야 하는데, 만약에 내일 거 바꾸고 싶은데 오늘 쉰다, 안 나왔다. 그러면 바꾸기가 참 힘들지. 왜냐면 회사에 있어야, "선희야. 너랑 나랑 바꾸자." 이렇게 되는데. 카톡을 하면 상관은 없지만 그래도 나 같은 경우는 좀 많이 바꾸는 사람이라... 그게(카톡으로 바꾸는 게) 좀 힘들더라고. 그냥 옛날에는 진짜 한 일주일씩 쭉쭉쭉 나왔는데, 어느 날부터 더

잘 안 나와 지금. <양선자, (나)지점 근무>

B대형마트 노동자들은 노동시간이 단축된 이후 더욱 예측할 수 없게 된 근무시간으로 인해 삶의 질이 좋아졌다고 느끼기가 어렵다. '일-생활 균형'이라는 목적으로 도입된 노동시간 단축에서, 노동시간 단축이 의미를 갖기 위해서는 생활시간의 활용이 가능해야 하는데 그렇지 않기 때문이다. 노동시간 단축이 생활에 시간을 쏟을 수 있도록 시행된 정책임에도 노동시간이 불규칙하게 배치되면서 노동자들은 시간을 더 활용하기가 어려워졌다. <서지향>은 노동시간 단축 이후 B대형마트를 다니지 않는 사람들에게서 '삶의 질이 좋아졌냐'는 질문을 받곤 한다. 그녀는 출퇴근시간이 유동적인 유통업의 특수성 때문에 노동시간이 단축되었다고 해서 일과 삶의 균형이 이루어진 것은 아니라고 말한다. 노동시간이 짧아진 것은 사실이지만, 노동강도가 높아지고 근무 스케줄이 불규칙적인 탓에 줄어든 한 시간이 별로 느껴지지 않는다. 생활에 더해져야 했던 한 시간은 아무것도 할 수 없는 한 시간이 된다.

다들 삶의 질이 좋아졌냐고 그러는데, 나는 주위한테 물어봐. 그러면 짧아진 건 맞잖아. 8시간에서 7시간으로. 근데 이제 짧은 건 맞지만 우리는 유통이기 때문에, 이게 여기가 정확하게 이 시간을 나눠서 내가 자기 계발을 한달지 운동을 한달지 이렇게 하면 좋은데 이 시간이 [근무 스케줄] 여기로 갈 수도 있고 여기로 갈 수도 있고 쪼개서 가고 쉬는 날도 월요일 쉬고, 수요일 쉬고, 막 이러니까. 불규칙하니까 온전하게는 [쓸 수 없지].... (중략) 그 사람들도 선심을 썼겠지만, 짧아진 건 사실이야 사실은. 근데 일의 강도가 조금 세지니까 아프고... 더 아픈 데가 많지. <서지향, (다)지점 근무>

출퇴근이 규칙적인 사람에게 한 시간 빨라진 퇴근은 헬스장에 가거나, 수업을 듣는 등 나를 위한 가능성을 탐구하는 시간으로 의미화된다. 그러나 일하는 시간이 불규칙하고 미리 예측할 수 없는 B대형마트 현장직 노동자는 단축된 한 시간에 할 수 있는 일이 실상 많지 않다. <박인혜> 또한 노동시간이 단축된 이후 한 시간을 어떻게 사용하느냐는 나의 질문에 <서지향>과 마찬가지로 한 시간 일을 덜 한 게 체감되지 않는다고 답했다.

이게 한 시간 줄어든 게 느껴지려면 보통 그냥 똑같이 6시에 퇴근하던 사람이 5시에 퇴근하면 느껴질 텐데. 근데 우리 같은 경우는 7시에 퇴근도 했다가 8시에 퇴근도 했다가 고정적이지 않으니까 한 시간을 일을 덜 한 건지... 더 한 건지. 체감할 수 없다는 거지. 맨날 바뀌니까. <박인혜, (가)지점 근무>

<박인혜>는 체감이 잘 되지 않지만 이미 7시간 일하는 데 익숙해졌고, 이전과는 몸 상태가 달라진 것 같다고도 말했다. 하지만 8시간으로 돌아가더라도 금세 다시 익숙해질 거라고도 했다. 같은 질문에 "일찍 끝나잖아(양선자)", "한 시간 일찍 끝나는 게 느껴지진 않는데, 지금 이 상황에서 8시간 하라고 그러면 너무 힘들 거 같다(이미애)"고 답한 노동자들도 있었다. 1시간에 대한 입장이 어떻든 노동시간이 단축된 이후 새로운 취미나 운동을 하는 등 1시간을 자신만을 위해 사용하는 노동자는 없었다.

이런 반응은 H그룹 사무직 노동자의 답변과 매우 다르다. 물론, 마트 노동자들은 중년이고, 사무직 노동자들이 더 젊기 때문에 체력의 차이가 만든 차이일 가능성도 있다. 하지만 그보다는 매일 같은 시간에 출퇴근을 한다는 것과 그로 인해 자기 생활시간을 계획할 수 있다는 점 때문일 것이다.

H그룹의 계열사에서 근무하는 사무직 노동자 K는 노동시간 단축의 가장 좋은 점은 "저녁 시간을 내 시간으로 쓸 수 있다"는 것이라고 답했다. 새롭게 시작한 취미가 있냐는 질문에 그는 운동이라 답했고, 그 밖에도 비누나 목공, 베이킹을 직접 배워 볼 수 있는 "원데이 클래스"에 가는 때에 천천히 저녁 식사를 하고 갈 수 있는 게 좋다고 말했다. H그룹 본사에서 일하는 L 또한 이전에는 "너무 힘들어서" 퇴근 이후에 다른 걸 하려는 생각을 못했고, 쉬는 데

전념했는데 이제는 운동을 시작했다고 답했다.

(어떤 점이 제일 마음에 드세요?) 저녁 시간을 내 시간으로 쓸 수 있다는 거. (뭐 새롭게 시작한 일이 있으세요?) 취미 생활? 저는 운동했었거든요. 클라이밍 했었고. 그거 외에도 원데이 클래스로 요즘 많이 배우잖아요. 그런 것들 다들 시간에 구애되지 않고 천천히 밥 먹고 갈수 있다는 거? <K, 본사 계열사 근무>

사실은 저는... 단축근무를 시행하기 전에가 너무 힘들어서 단축근무를 하고 나서 뭔가를 해야... 다른 걸 해야겠다, 생각을 못하고 그냥 쉬기만 했었거든요? 작년에는? 그래서 열심히 쉬고. 뭐 최근에 들어서 운동이나... 뭐 이렇게 취미 생활하고 있는데 대부분이 제가 알기로는 어떤 취미 생활들을 많이 만들고 있더라고요. 확실히 시간이 많이 남아서. 뭐, 운동을 하는 사람은 운동을 하고 모임을 하려는 사람은 모임 하고... <L, 본사 근무>

사무직 노동자들은 개인 일정이 있을 때, 전날에 일을 미리 처리하는 방식으로 시간에 대한 통제권을 확보한다. 하지만 B대형마트 노동자들은 현장직이기 때문에 같은 방식으로 업무 일정을 조정하기가 어렵다. 그래서 똑같이 한 시간이 단축되었지만 사무직 노동자들은 확실히 시간이 많이 남는다고 느끼고, B대형마트 노동자들은 그렇지 못하다고 느낀다. 이는 노동자가 다양한 스케줄을 선택할 수 있는지 여부보다는 일정 통제에 대한 인식이 일-생활 균형 인식에 영향을 미친다는 연구 결과와도 일치한다.[98]

노동자의 일-생활 만족도는 근무 스케줄이 얼마나 다양한가보다는 내가 원하는 시간에 근무를 할 수 있는지, 더 좁게는 내가 원치 않는 때에 근무를 하지 않을 수 있는지 여부가 더 많은 영향을 미친다는 것이다. 노동자들은 노동시간이나 노동 일수에 대해 회사가 아닌 자신이 통제권을 가지고 있을 때, 일과 생활에 균형이 있다고 느낀다.

H그룹 노동시간 단축은 사무직 노동자에게 노동시간뿐 아니라 노동시간 외의 생활시간에 대한 통제권을 주었다. 하지만 B대형마트 노동자들에게는 오히려 사회적 네트워크를 위한 시간과 기회를 없애고, 시간의 통제권을 빼앗아 갔다. '쪽대본' 방식 근무 스케줄은 노동자들의 시간 선택권을 박탈하는 대표적인 사례이다. 이로 인해 노동시간 단축으로 인한 '한 시간의 여유'를 얻게 된 사무직 노동자들과 달리, B대형마트 노동자들은 생활시간을 계획에 더욱 어려움을 겪게 되었다.

나가며 아줌마와 '워라밸' 다시 보기

─임금보다 '시간의 통제권'으로

자본주의 사회에서 임금은 모순적인 의미를 지닌다. 임금은 노동자로 하여금 자유를 획득하게 하는 도구인 동시에 노동으로의 종속을 뜻하기 때문이다. 우리는 임금노동을 하는 순간부터, 임금을 소비함을 통해 나로서 자유롭게 살 수 있게 된다(물론 이 자유는 자본주의가 우리에게 선사하는 환상에 불과하다). 하지만 그 때문에 임금노동을 시작하는 그 순간부터 중단할 수 없다. 소비를 하지 못하게 되기 때문이다. 일주일 혹은 이 주일 남짓 되는 휴가를 가기 위해 우리는 1년 내내 일하는 셈이다.

이 과정에서 노동윤리는 우리가 일을 긍정하도록 만드는 역할을 한다. 먹고 살기 위해 일해야 하는 삶은 노예의 삶과 다름없지만, 노동자들이 스스로를 노예로 인식할 경우 노동을 거부할 수 있기 때문에 인간이라면 반드시 해야만 하는 일, 인간답게 살기 위해서 해야만 하는 일로 포장하는 것이다.* 현대 사회에서 우리는 이제 돈을 벌기 위해서 일을 하는 것이 아니라 나를 드러내기 위해서, 나를 개발하기 위해 일을 한다.

그리고 우리는 많이 벌수록 더 좋은 삶을 살 수 있을 거라 기대하고 그렇기 때문에 장시간 노동을 인내한다. 이러한 인내는 사실 매우 비합리적인 행위이다. 더 잘 살기 위해서, 더 '좋은 삶'을 위해서 더 많은 시간을 인내하며 일하지만, 사실 우리는 건강을 스스로 파괴하고 심하게는 스스로를 죽음으로 몰아간다. 더 좋은 삶을 살기 위해 죽음을 향해 나아간다. 이 얼마나 비합리적인 행위인가. 자본주의 사회에서의 '좋은 삶'이란 결국 더 많은 것을 소비하고, 더 좋은 것을 소비하는 삶을 의미한다. 자본주의 사회에서 생산은 소비주의와 거울상으로 존재하며 생산중심주의가 소비를 부추기고, 소비는 다시 생산을 부추긴다.

노동시간 단축이 임금 문제로만 다뤄지는 것도 이런 맥락 위에 있다. 좋은 삶을 건강한 삶이라고 본다면, 노동시간 단축은 더 좋은 삶을 살게 하는 문제다. 그러나 생산과 소비의 굴레인 자본주의 사회에서 좋은 삶이 소비를 기준으로 구성되기에 임금만을 이야기하게 되는 것이다. 임금은 생산의 대가로 주어지기에, 고용주는

---

* 노동윤리는 시대에 따라 변화해 왔다. 이에 대해서는 다음을 참조하라. 케이시 윅스 지음, 제현주 옮김, 『우리는 왜 이렇게 오래, 열심히 일하는가?: 페미니즘, 마르크스주의, 반노동의 정치, 그리고 탈노동의 상상』, 동녘, 2016.

생산성을 이야기하고 노동자는 임금을 이야기한다.

B대형마트 노동시간 단축제도를 연구하면서, 처음에 나도 임금이라는 틀에서 벗어나지 못했다. 맑스주의에서 노동은 가치로운 일이기에 우리는 일을 해야만 한다. 자본주의가 문제인 것은 이러한 자본가들이 노동을 착취하고, 노동을 소외시키기 때문이다. 따라서 문제의 해결은 노동을 본래의 것으로 돌려놓는 것이지 노동시간을 단축하는 것이 아니다. 이러한 관점에서 나는 평가절하되어 온 노동은 임금 인상을 통해서 가치를 보전받아야 한다는 사고에 익숙해져 있었다. 다시 말해, 노동의 착취는 임금을 통해 보상받아야 한다고 생각했다. 그래서 나는 노동자를 위한 연구라면 반드시 임금이 감소되었음을 지적해야 한다고 아무런 의심 없이 받아들였다. 이들은 돈을 벌기 위해 일하고, 그렇기에 임금은 중요하다. 특히 중년여성 노동자에게 적절한 수준의 보상을 제공하지 않는 것은 여성의 노동에 대한 가치절하 문제라고도 생각했다. 그렇기 때문에 노동자를 위한 연구라면 노동시간 단축으로 이들의 임금이 감소되었음을 지적해야 한다고 생각했고, 그래서 이들의 임금이 충분치 않다는 것을 어떻게 하면 객관적으로 드러낼 수 있는지에 집중하려 했다.

그러나 노동시간 단축을 임금으로만, 생산성의 문제로만 바라보는 관점은 한계를 지닌다. 첫째, 노동시간 단축이 임금 감소로 의미화되면, 장시간 노동은 돈을 더 많이 벌기 위한 필수적인 행위로 위치 지어진다. 돈을 많이 벌기 위해서는 일을 많이 해야하는 자못 타당하고 정당해 보이는 명제에 어떠한 의문도 제기할 수 없게 되는 것이다. 우리는 덜 벌고 덜 쓸 수는 없는걸까? 우리는 꼭 많이 일하고 많이 써야 하는 걸까? 내가 이 연구를 임금으로 귀결시킨다면, 결국 나는 내가 의도하지 않더라도 장시간 노동에 정당성을 부여하게 된다.

둘째, 임금과 생산성에 집중하는 관점은 노동시간 단축 과정에서 시간의 문제를 삭제한다. 이런 관점에서 중요한 것은 생산성의 확보이고, 생산성만 확보된다면 노동시간 단축 자체뿐 아니라 노동시간이 어떤 방식으로 조직되는지, 노동자들을 어떤 방식으로 통제하는지, 그리고 노동시간이 노동자들의 생활시간에 어떻게 영향을 미치는지 같은 문제들은 은폐된다.

이렇게 임금으로만 의미화된 노동시간 단축은 실제 노동 현장과 노동자들이 각기 다른 모습으로 살아가고 있는 생활을 은폐한다. 나는 최저임금 수준의 임금에 노동자들이 만족할 리 없다는 문장에 갇혀 이들이 실제로 노동시간 단축을 어떻게 받아들이고 있는지 이해하지 못했다. 임금이 낮은데도 불구하고 노동시간 단축이 좋다고 말하는 그들의 말을 받아들이기 어려웠다. 그래서 계속 중요하게 생각했던 임금 문제를 지우고, 처음부터 다시 노동자들의 언어를 들여다보았다. 그러한 연구의 결과가 이 책이다.

　B대형마트 노동자들에게는 임금도 중요했지만 시간도 그에
못지않게 중요했다. <들어가며>에서도 이미 언급했듯 중년여성 노
동자들은 일평생 노동시간을 스스로 통제하기 어려운 삶을 살았
다. 어떤 고용주도 그들에게 그러한 권리를 부여하지 않았다. 회사
가 연장노동을 지시할 때 언제든 연장노동을 수행하라는 동의서는
시간에 대한 통제권을 가져가겠다는 선언이다. 나는 아르바이트를
하면서 단 한 번도 그와 같은 동의서는 보지 못했다. 하지만 중년여
성 사업장인 B대형마트에서 노동자들의 시간은 일터 밖에서도 안에
서도 회사의 것이었다.

　노동자들에게 노동시간 단축은 단순히 한 시간의 여유 이상
의 의미를 갖는다. 단축 이전, 노동자들은 수시로 연장노동을 강요
받았다. 이들에게는 거부할 수 있는 권리가 없는 것처럼, 회사가 요
구하면 당연히 해야 하는 것처럼 아주 자연스럽게 강요받았다. 노
동시간이 단축되면서 연장노동은 폐지되었고, 그래서 노동자들은
특별한 기간을 제외하면 정말로 하루에 7시간만을 일하면 되었다.
시간의 통제라는 측면에서 접근하자면, 단축 이후 노동자들은 원
래 마땅히 가졌어야 할 노동권을 회수했다. 물론, 타의에 의해.

　그러나 노동자들은 노동시간 단축되었다 해서 '워라밸(일-생
활균형)'을 이룬 것은 '아니'라고 지적한다. 근무 스케줄 변동폭이 심

한 마트노동의 특성상 한 시간 단축을 한다고 해서 취미 생활과 같은 여가를 즐길 수 있는 것이 아니기 때문이다. 반면 H그룹 사무직 노동자들에게 일터 밖 한 시간은 여가 시간으로 기능했다. 향초 등을 만드는 공방에 가기도 하고 운동을 하기도 하는 시간으로 사용되었다. 그러나 출퇴근시간이 매일 바뀌는 B대형마트 여성노동자들은 한 시간의 변화로 여가가 생겼다는 말 대신 몸이 편해졌다고 답했다. 이 노동자들에게 한 시간은 장기적인 계획을 가지고 정기적인 쓰임을 부여해 사용할 수 있는 시간이 아닌 휴식을 취하는 시간으로만 기능했다. 더불어 노동시간 단축 이후 강화된 노동강도는 이들이 한 시간을 오롯이 휴식에 사용하도록 한정지었다. 여가의 가능성을 제한한 것이다.

B대형마트 노동시간 단축 과정에서 쟁점화되는 문제는 스케줄의 배치와 인력 충원이다. 노동자들은 쉬는 시간이 조금 더 많이 배치되기를 바란다. 여기서의 쉬는 시간은 계산대 투입 사이사이에 배치된 교대시간을 의미한다. 출퇴근 준비시간은 노동자들이 자율적으로 시간을 투입하여 노동강도를 조절할 수 있지만 교대시간은 그렇게 할 수 없다. 교대시간 단축으로 인한 노동강도 강화는 단순히 육체적, 정신적, 감정적 피로를 넘어 노동의 의미를 잃게 만드는 기제로 작동하고 있다.

B대형마트는 생산성 측면에서만 노동시간 단축에 접근했고,

기존 노동력으로 노동시간 단축 이전과 동일한 생산성을 담보하는 것을 노동시간 단축의 목표로 삼았다. 따라서 노동력을 추가로 고용하지 않기 위해 초단시간 단기계약직 노동자를 고용하고 셀프 계산대를 배치하여 문제를 해결하고자 했다. 또한 노동자들의 근무 시간을 파편화하고, 일터에서의 시간을 쪼개어 노동자들에게 휴게 시간으로 기능해 왔던 교대시간을 줄였다. 이로 인해 노동자들은 계산대 투입을 위한 충분한 휴식을 하지 못하게 되었을 뿐만 아니라 저임금에도 노동을 지속하게 해 주었던 동료들과의 사회적 네트워크 또한 유지하기가 어려워졌다.

노동시간 단축에서 늘 임금이 주된 쟁점으로 자리 잡는 것은 아니다. 미국 캘로그사의 사례가 여기에 해당한다. 캘로그사는 대공황 당시 실업을 타개하기 위한 해결책으로 노동시간 단축을 통해 일자리를 나누었다. 기존 노동자들의 하루 노동시간을 8시간에서 6시간으로 단축함과 동시에 새로운 노동자들을 고용한 것이다. 회사는 이러한 단축이 단순히 노동력에 드는 비용을 줄이는 것이 아니라, 실업이라는 경제적 위기에서 새로운 노동자들을 고용하기 위한 것임을 명확히 했다. 동시에 켈로그사는 임금 감소 없는 노동시간 단축을 실시하겠다고 밝혔다. 그러나 실제 노동시간 단축 이후 임금은 소폭 감소되었는데, 노동자들은 '일자리 나누기'에 의미를 두었기 때문에 임금 감소에 문제를 제기하지 않았다. 더불어 노동시간 단축은 여성들을 중심으로 사회적 네트워크가 활발히 구성될 수 있도록 했고, 여성노동자들은 여기에 큰 만족감을 가졌다.[91]

캘로그사와 B대형마트의 차이에서 우리는 시사점을 얻을 수 있다. 일단 캘로그사는 노동자들의 의견을 물었고, B대형마트는 묻지 않았다. 캘로그사는 노동시간 단축 이전부터 노동시간 단축이 단순히 임금을 줄이기 위한 것이 아님을, 다른 노동자와 일자리를 나누어 위기에서 함께 벗어나는 것임을, 또한 노동자에게 여가를 누릴 시간을 주기 위함임을 공유하며 노동자들과 소통했다. 그러나 B대형마트의 노동시간 단축은 일방적으로 진행되었으며 노동자들은 언론을 통해 그 사실을 접했고, 스케줄 변동 또한 실제 노동시간 단축이 시행되고 나서야 알 수 있었다.

두 업체는 생산성 문제를 해결하는 방식도 달랐다. 캘로그사는 새로운 노동자들을 고용하여 생산성을 증진시키고자 했다(물론, 인센티브를 지급하여 노동자들이 단축 이전보다 생산성을 향상시킬 수 있도록 하였으나, 이는 어디까지나 노동자가 선택할 수 있는 문제였다). 그러나 B대형마트는 노동시간 단축 이후에도 기존 인력만으로 단축 이전과 동일한 수준의 생산성을 유지하고자 했다. <서지향>은 "자꾸 인원을 빼지 않"았으면 좋겠다고 말했다. 두 명이 해야 할 일을 혼자 다 해야 하는 지금 상황이 너무나 버겁기 때문이다. B대형마트 노동자들도 마찬가지로 노동력 충원을 바란다.

(노동시간 단축에서 바뀌었으면 하는 점이 뭐가 있을까요?) 지금 상황에서? 그러면 이제 노동강도 좀 줄이고 급여도 좀 많이 올라서 삶의 질이 좀 많이 높아졌으면 좋겠어. 인원을 자꾸 빼지 않고. 그대로 인원을 가지고 해야 되는데 여기서가 원하는 게 매출이라는 거에 인원을 줄이니까 또 매출이 올라간대요. 그래서 그 방법을 쓰잖아. 우리가 두 명이 해야 할 일을 혼자 다 하는 거.
<서지향, (다)지점 근무>

<김나연>은 노동시간 단축 이전 계산대 투입 시간이 6.5시간이었으니, 단축 이후 계산대 투입 시간이 5.5시간으로 변경되었다면 좋았을 것이라 지적한다. 사측이 고안한 생산성을 최대로 끌어올리는 방식, 준비시간을 단축하고 계산대 투입 시간을 늘린 노동시간 단축이 아니라 노동시간 단축 이전과 비슷한 환경에서 노동시간만이 단축되기를 바라는 것이다.

정확하게 5.5로 줄였으면... 정말 좋았을 거 같아요. 정말 이 회사 잘 들어왔다. 이렇게 자부심을 가지고 다녔을 거 같은데 지금은

우리가 너무 하대를 받고 천대를 받는구나. 이런 생각에 분하다
는 말이 맞을까.... <김나연, (가)지점 근무>

캐셔 노동자들에게 노동시간 단축은 임금의 감소보다는 노
동 준비시간 단축으로 인한 노동강도 강화와 사회적 시간의 소멸로
문제화된다. 중년여성 노동자에게 쉬는 시간은 동료들과 사회적 네
트워크를 형성하는 시간이며, 이어질 노동을 위한 준비시간으로 맥
락화된다. 쉬는 시간이 줄어들면서 노동자들은 노동강도가 강화되
어 피로해짐과 동시에 계산대를 원활하게 돌아가게 했던 정보를 공
유하지 못하게 되었다. 또한 스케줄 교환이 어려워지면서 시간의 예
측불가능성에도 대응하기가 어려워졌다. 노동자들이 언급한 노동
강도 강화는 단순히 노동과정에서의 강도 강화를 의미하는 것이 아
니라 노동시간 단축으로 인한 노동환경의 변화와 생활시간의 변화
를 함축하는 복합적인 맥락을 함의한다.

이 책은 가임기 여성의 노동시간만을 단축해 왔던 관행에서
나아가 성별에 관계없이 표준노동시간을 단축한 H그룹의 사례를
통해, 생산성에 집중한 노동시간 단축이 중년여성의 일과 생활에어
떠한 영향을 미쳤는지 살펴보았다. 중년여성에게 '일'은 단순한 소
득을 넘어 주체적 삶을 위한 활동이자 사회적 자본의 형성을 의미
한다. 이러한 관점을 바탕으로 임금과 노동강도 강화라는 측면에서

생산성 중심으로 노동시간 단축을 바라보던 기존 논의보다 한발 나아가 노동의 의미를 포괄한 분석을 시도했다.

물론 중년여성 집중 사업장의 만연한 저임금 문제는 강조되어야 하며, 반드시 해결되어야 한다. 대부분 여성 집중 사업장이 지급하는 급여로는 홀로 생계를 꾸리기 어렵기 때문이다. B대형마트는 저임금을 지급하기 위하여 주로 '남편이 괜찮은 회사에 다니는' 고졸 기혼여성을 채용해 왔다. 그러나 모든 중년여성 노동자들이 남편과 함께 공동 생계 부양을 하는 것은 아니다. 이혼 후 남편 없이 살고 있는 중년여성 노동자들도 많다. 이들에게는 한 시간의 노동과 임금이 더 좋을 수 있다.

그러나 임금을 필두로 한 생산성의 관점에서 노동시간 단축을 바라볼 때, 우리는 노동 현장을 구성하는 다양한 조건들을 파악하지 못하게 된다. 시공간을 넘나드는 기술이 나날이 발전하고 있는 지금, 이제는 임금이 아닌 시간으로 관점을 이동해야 한다. 앞으로 노동시간은 더욱더 쪼개어지고 파편화될 것이기 때문이다. 이때를 대비하기 위해 우리는 물어야 한다. 일은 무엇인가? 우리는 일을 왜 할까? 노동은 가치로운 것일까? 더 많은 시간을 일하고, 더 많은 돈을 받는 것이, 그래서 더 많은 것들을 살 수 있는 삶이 과연 행복한 삶일까? 더 적은 시간 일하면서 더 많은 사람과 나머지 시간을 나누는 삶은 어떠한가? 덜 쓰는 삶은 괴로울까?

그리고 여기에 더해 여성의 시간을 사유해야 한다. 지금까지 한국 사회에서 여성의 삶은 가족을 위한 삶으로 위치 지어지고, 여성의 생활시간은 가족을 위한 시간으로만 해석되어 왔다. 아이를 낳을 수 있도록 여성의 노동시간만을 단축하고, 유연화하는 정책이 과연 여성을 위한 것일까? 여성을 위한, 여성만을 위한 노동시간 단축은 사실은 여성이 아닌 '가족'을 위한 노동시간 단축이었다. 여전히 누군가에게 여성은 가족과 분리되어 상상될 수 없는 존재다. 혼자 살기를 결심한 여성에게 따라오는 의심, 비난, 회유가 그 증거다. 비출산을 결정한 누군가에게도 사람들은 항상 '늙어서 외로울 거야'라고 말한다. 이러한 인식은 가족이 나의 생활시간을 조직한다는 생각에서 비롯된다. 가족이 없는 생활은 텅 비어 있는 공허로 여겨지고, 홀로 쓸쓸히 죽어 가는 삶으로 상상된다. 남성이든 여성이든 반드시 '외롭지 않기 위해' 결혼을 해야만 하고, '외롭지 않기 위해' 자식을 낳아야만 한다.

그러나 이제는 가족을 넘어서 우리 삶을 상상해야 한다. 원하는 누군가와 함께 살 수도 있고, 그 누군가와 헤어질 수도 있다. 일이 끝나고 맥주를 마시며 출간하지 않을 소설을 쓰고, 사이버 공간에서 멀리 살고 있는 친구들과 함께 소설에 대해 수다를 떨 수도 있다. 낮에는 자급자족을 위해 밭을 갈며 농부로 살수도 있지만, 또 저녁에는 생선구이를 위해 낚시를 할수도 있고, 식사를 마친 뒤에는 영화를 보며 평론을 할 수도 있는 것이다. 마찬가지로 우리는 가족들과 함께 나의 시간을 보낼 수도 있고, 페미니즘 운동을 위해 헌신할 수도 있다. 나는 우리가 더 많은, 다양한 여가를 즐길 수 있게 되기를, 노동으로부터 해방될 수 있게 되기를 바란다. 그리고 이 책이 그러한 해방적 상상에 조금이나마 도움이 되기를 바란다.

감사의 말

　이 책은 나의 석사논문을 정리해 출간한 것으로, 도움을 받은 분들께 감사를 전하고 싶다. 이 연구는 많은 부분에서 김은실 선생님의 사유에 빚지고 있다. 선생님의 지도가 없었다면, 나는 여성노동자들의 삶을 여성노동자들의 삶 속에서 바라보지 못했을 것이다. 여성학과에 입학하여 첫 수업을 들었던 순간부터 졸업한 지금까지도 아낌없이 가르침과 혜안을 나누어 주시는 선생님께 감사드린다. 또한 논문을 심사하며 격려해 주신 허라금 선생님과 국미애 선생님께 감사드린다. 그리고 박사과정 지도교수이신 김영미 선생님께서도 많이 격려해 주셨다. 김영미 선생님은 질적 연구만을 분석하던 내가 데이터를 볼 수 있도록 도와주셨고, 이는 연구에 큰 도움이 되었다.

　언제나 조언과 격려를 보내 주신 최수영 선생님, 남승현 선생님께 감사의 말씀을 전한다. 두 분이 없었더라면 논문을 쓰는 과정은 내게 외로움으로 기억되었을 것이다. 항상 옆에서 응원을 해 준 민정 언니, 민열, 현태에게도 고맙다. 중학생 때부터 한결같이 삶의 혜안을 나누어 주신 박인숙 선생님과 나의 오랜 친구 수근에게도 감사하다. 또한 뜬금없는 연락에도 후배라는 이유만으로 부족한 석사논문 초고를 읽고 비평해 주신 김양지영 선생님과 허준기 선배, 그리고 책 출간이 결정되었을 때부터 지지해 준 산하와 내 원고의 부족한 부분을 정확하게 짚어 주신 갈라파고스 출판사 김지은 선생님께도 감사드린다.

또한 인터뷰를 할 수 있도록 도와주신 마트노조 활동가분들과 솔직하게 인터뷰에 임해 주신 익명의 참여자분들 덕분에 연구를 진행할 수 있었다. 감사하다.

논문을 쓰는 동안 내 곁에서, 지금까지도 언제나 따스한 눈으로 나를 바라보며 나에게 기쁨과 위안, 건강을 준 나의 반려견 소기와 소기의 이모이자 내 동생인 소현, 그리고 물질적 지원을 해 주신 아빠에게도 고맙다는 말을 전하고 싶다. 마지막으로 나의 엄마 김여숙씨에게 무한한 사랑을 전한다. 비혼여성으로 살아가면서, 여숙씨는 친구처럼, 조언자처럼 내 곁에서 나에게 사랑을 주고 계신다. 사랑하고, 감사하다.

주

1부 계산대와 '워라밸' 사이에 선 여자들

1장 아줌마에게 '워라밸'은 필요없다?—노동시간 단축과 지워진 목소리들

1) 저소득층 여성의 식당 노동에 관한 연구에서도 식당 노동자들은 식당 노동이 '재미있으면서도 힘들다'고 표현하는데, 이는 여성들이 노동을 그 자체로 인식하기보다는 사회적 관계망을 형성하는 포괄적 의미에서 노동을 경험으로서 인식하기 때문이다. 이에 대해서는 김효정, 「저소득층 기혼 여성의 노동의 의미에 관한 연구: 소규모 식당노동 종사자를 중심으로」, 『한국여성학』 26(1), 1~33쪽을 참고하라.

2) 바버라 에런라이크 지음, 최희봉 옮김, 『노동의 배신: '긍정의 배신' 바버라 에런라이크의 워킹 푸어 생존기』, 부키, 2012.

2장 무엇이 노동시간 단축을 두렵게 하는가—문제는 '돈'이다?

3) 택배노동자과로사대책위원회에 따르면, 지난해인 2020년 12월 7일 부산 기장에서 롯데택배 기사가 배송 도중에 뇌출혈로 쓰러졌고, 이어 같은 달 23일에는 수원에서 롯데택배 기사가 출근 중 쓰러져 사망했다. 12월 14일과 22일, 올해 1월 12일에도 한진택배 기사 3명이 각각 뇌출혈로 쓰러졌고 병원으로 이송됐다(방진혁, 〈택배기사들 "새벽 6시까지 일하고 7시 출근 … 대책 안 나오면 총파업"〉, 《서울경제》, 2021.1.18.).

4) 고용노동부, 「근로시간 단축, 특례업종 축소, 공휴일 민간 적용 관련 개정 근로기준법 설명자료」, 2018.5.

5) 박귀천, 「근로기준법상 근로시간 특례제도의 문제점 및 개선방안에 관한 소고—독일의 근로시간 법제에 대한 비교법적 검토를 포함하여」, 『법학논집』 제16집 3호, 2012, 57~78쪽.

6) 이경호, 〈현대차 기술직 연간노동시간 사상 첫 1800시간대 진입〉, 《아시아경제》, 2017.4.13.

7) 한기진, 〈[근로시간 단축] 현대기아차, 주52시간 시행… '8+8근무제'〉, 《뉴스

핌》, 2018.2.27.

8) 박태주, 「금속산별 중앙교섭의 경과와 결정요인: 현대자동차 사례」, 『경제와사회』 통권 제38호, 2009, 198~224쪽.

9) 황선자·김유선·김미영, 「임금체계의 실태와 정책과제-공정성과 노조의 역할을 중심으로」, 『한국노총 중앙연구원 연구총서』, 2013년 8월호, 1~238쪽.

10) 전슬기·정현수, 〈기형적 임금 실타래 풀 때… '통상' '최저' 기준부터 통일〉, 《국민일보》, 2019.02.15.

11) 변섭, 「포괄임금제의 노동법적 쟁점에 관한 연구」, 고려대학교 석사학위 청구논문, 2017.

12) 신은종, 「화이트칼라 근로자의 근로시간 관리규범에 대한 새로운 모색: 미국 White-Collar Exemption 제도를 중심으로」, 『산업관계연구』 제21권 1호, 2011, 115~151쪽.

13) 하갑래·최미나, 「포괄임금제의 운영실태 및 개선방안에 관한 연구」, 한국노동법학회, 2012.

14) 신은종, 앞의 글, 2011.

15) 김한울·여수진·박성우·공성수, 『포괄임금제는 어떻게 공짜 야근을 만드는가-<직장갑질119> 제보사례를 중심으로-』, 직장갑질119·재단법인 공공상생연대기금, 2020.

16) Martha May, "The Historical Problem of the Family Wage: The Ford Motor Company and the Five Dollar Day", in Nancy F Cott *The Intersection of Work and Family Life*, Munich ; New York : K.G. Saur, 1992, pp. 371~396.

17) 최성애, 「노동조합과 성의 정치학」, 조순경 엮음, 『노동과 페미니즘』, 이화여자대학교출판부, 2000, 298~296쪽.

18) Colin Creighton, "The Rise of the Male Breadwinner Family: a Reappraisal", *Comparative studies in society and history* 38(2), 1996, pp.310~337.

19) 신경아, 「신자유주의시대 남성 생계 부양자의식의 균열과 젠더관계의 변화」, 『한국여성학』 제30권 4호, 2014, 153~187쪽.

20) 모성 패널티에 대해서는 광범위한 연구가 진행되어 왔다. 대표적인 연구로는 다음을 들 수 있다. Shelley J. Correll, Stephen Benard and In Paik, "Getting a Job: Is there a Motherhood Penalty?", *American Journal of Sociology* 112(5), 2007, pp. 1297~1338.

21) 유럽의 모든 국가들에서 남성은 자녀 수가 늘어날 때 노동시간이 증가하며, 소득수준이 높아지지만 남성의 여성파트너는 반대로 노동시장 참여를 중단하는 경우가 관찰된다. 이에 대해서는 Anna Baranowska-Rataj, Anna Matysiak, "Does the European Country-Specific Context Alter the Fatherhood Premium", ISiD Working Papers, 2014를 참조하라.

22) Andrea Rees Davies, Brenda D. Frink, "The Origins of the Ideal Worker: The Separation of Work and Home in the United States from the Market Revolution to 1950", *Work and Occupations* 41(1), 2014, pp. 18~39.

23) Joan Williams, *Unbending Gender: Why Family and Work Conflict and What to Do about It*, Oxford ; New York : Oxford University Press, 2001. (신경아, 「시간제 일자리에 관한 여성주의적 소고(小考)」, 『페미니즘 연구』 제13권 2호, 2013, 121~141쪽에서 재인용.)

24) 신경아, 「시간선택제 여성노동자의 조직 내 주변화에 관한 연구」, 『한국여성학』 제31권 2호, 2015, 131~179쪽.

25) Ruth Simpson, "Presenteeism, Power and Organizational Change: Long Hours as a Career Barrier and the Impact on the Working Lives of Women Managers", *British Journal of Management* 9, 1998, pp. 37~50.

26) Alison Sheridan, "Chronic Presenteeism: The Multiple Dimensions to Men's Absence from Part-time Work", *Gender, Work & Organization* 11(2), 2004, pp. 207~225.

27) Sarah Fenstermaker, *The gender factory: the apportionment of work in American households*, New York ; London Plenum Press, 1985[2011], pp. 201~204.

28) Pamela Stone, *Opting out?: Why Women really Quit Careers and Head Home*, Berkeley: University of California Press, 2007.

29) 신경아, 「시간제 노동과 성평등: 박근혜 정부의 시간제 일자리 창출 정책에 대한 비판적 논의」, 『한국여성학』 제30권 1호, 2014, 81~112쪽.

30) 조주은, 「일-가정양립 정책의 문제점과 개선방안」, 국회입법조사처, 2009.

31) 박종서, 「일·가정 양립 정책 추진 현황과 개선 방향」, 『보건복지포럼』, 2017년 7월, 18~33쪽.

32) 이재경·이은아, 「기혼 취업 여성의 일-가족생활에 대한 주관적 인식: 세대별 차이를 중심으로」, 『여성학논집』 제20집, 2003, 39~69쪽.

33) 신경아, 「시간선택제 여성노동자의 조직 내 주변화에 관한 연구」, 『한국여성학』 제31권 2호, 2015, 131~179쪽.

3장 생산성의 마법, H그룹의 노동시간 단축
34) 류정민, 〈[주52시간]집중근무제, PC셧다운제...신세계 주35시간 근무제 비법〉, 《뉴스1》, 2018.3.2.

2부 계산대는 어떻게 '아줌마'의 자리가 되었나?

1장 주부 사원 구함: '엄마'의 '값싼 노동'을 사는 대형마트
35) 김영미·한준, 「내부노동시장의 해체인가 축소인가: 기업규모별 임금격차 분해를 통해 본 한국노동시장의 구조 변동, 1982~ 2004」, 『한국사회학』 제42권 7호, 2008, 111~145쪽.
36) 정이환 지음, 『한국 고용체제론』, 후마니타스, 2013, 199~201쪽.
37) 같은 책, 98~103쪽.
38) 정이환·김영미·권현지, 「동아시아 신흥 선진국의 여성고용: 한국과 대만 비교」, 『한국여성학』 제28권 1호, 2012, 147~181쪽.
39) 이순미, 「외환위기 이후 노동시장의 성불평등: 노동경력 및 임금 궤적의 성별 차이를 중심으로」, 『한국여성학』 제31권 2호, 2015, 91~129쪽.
40) 신경아, 「'저임금 여성노동자'와 노동시장 담론」, 『여성학논집』 제22집 2호, 2005, 3~34쪽; 이영자, 「신자유주의 노동시장과 여성노동자성: 노동의 유연화에 따른 여성노동자성의 변화」, 『한국여성학』 제20권 3호, 2004, 99~138쪽.
41) 김양희, 「유통서비스업 시간제 일자리의 실제: 경력 단절 여성의 판매노동 경험을 중심으로」, 『한국여성학』 제29권 2호, 2013, 39~66쪽.
42) 통계청에서 발표한 〈서비스업 조사〉 참고.
43) 루스 밀크맨 지음, 전방지 옮김, 『젠더와 노동: 제2차 세계대전기 성별 직무 분리의 역학』, 이화여자대학교출판부, 2001.
44) 로빈 스턴 지음, 신준영 옮김 『그것은 사랑이 아니다』, 알에이치코리아, 2018.
45) 신경아, 앞의 글, 2005, 3~34쪽.
46) 고한솔, 〈6개월마다 바뀌는 회사이름, 나는 '○○인력' 소속 '유령'노동자〉,

《한겨레신문》, 2018.5.16.

47) 고한솔, 〈33살 선희언니 "우린 기계잖아... 시급 7000원짜리 기계"〉, 《한겨레신문》, 2018.5.16.

48) Giovanni Costa, "Introduction to Problems of Shift Work", in Irena Iskra-Golec, Janet L. Barnes-Farrell, Philip Bohle, *Social and Family Issues in Shift Work and Non Standard Working Hours*, Cham : Springer, 2016, pp. 19~35.

49) 배규식·윤자영·김기민·조인경·윤정향·권현지·임주리·백다례·Bosch, G.·Anxo, D.·문정혜, 『노동시간과 일·생활 균형』, 한국노동연구원, 2013.

50) 〈「2019년 전국 노동조합 조직현황」 보도 자료〉, 고용노동부, 2020.12.30.

51) Charlotte Yates, "Challenging Misconceptions about Organizing Women into Unions", *Gender, Work & Organization* 13(6), 2006, pp. 565~584.

52) Lisa A Schur, Douglas L Kruse, "Gender Differences in Attitudes Toward Unions", *Industrial and Labor Relations* 46(1), 1992, pp. 89~102.

53) Jon Erik Dølvik, Jeremy Waddington, "Organizing Marketized Services: Are Trade Unions up to the Job?", *Economic and Industrial Democracy* 25(1), 2004, pp. 9~40.

54) 정대연, 〈"연대보다 내 것 먼저" 현실에 무릎 꿇은 정규직〉, 《경향신문》, 2021.6.1.

55) 권혜원, 「유통서비스 산업 조직화 사례 분석을 통해 본 노동조합의 이해대변 위기와 대응」, 『산업관계연구』 제24권 4호, 2014, 93~119쪽.

56) 재현, 〈마트노동자는 더 건강하고 안전해지고 싶습니다〉, 《오마이뉴스》, 2018.11.16.

57) 박현미·이주환·강은애, 「한국노총 조직화 전략과 과제 연구 - 신규노조 조직화 경험을 중심으로」, 『연구총서』, 2019년 3호, 1~308쪽.

58) Suzanne Franzway, "Women Working in a Greedy Institution: Commitment and Emotional labour in the Union Movement", *Gender, Work & Organization* 7(4), 2000, pp. 258~268.

59) 같은 글.

2장 최저임금과 함께 아줌마들이 벌어 가는 것

60) 오은진·박성정·민현주·김난주·송창용·김지현, 『경력 단절여성의 취업욕구조사연구』, 한국여성정책연구원, 2008.

61) 배호중·김정욱, 「신혼 여성근로자의 노동시장 이탈에 영향을 미치는 요인: 일자리 특성을 중심으로」, 『여성연구』 제106호, 2020, 93~126쪽.

62) 공선영, 『중년 주부의 생활양식에 관한 연구』, 이화여자대학교 석사학위 청구논문, 1993.

63) 로버트 D. 퍼트넘 지음, 정승현 옮김, 『나 홀로 볼링: 사회적 커뮤니티의 붕괴와 소생』, 페이퍼로드, 2009[2016].

64) 김영옥, 「안정투쟁 공간/장소로서의 결혼이주여성 다문화공동체: '아이다'마을을 중심으로」, 『한국여성철학』 제14권, 2010, 31~64쪽.

65) 김훈·임상훈·유규창·이희진·진숙경, 『무기계약직 고용관리실태와 개선과제』, 한국노동연구원, 2013.

3장 아줌마의 일과 시간—가정 밖에서 상상되지 않는 '텅 빈 시간' 너머

66) 조안 트론토 지음, 김희강·나상원 옮김, 『돌봄 민주주의: 시장, 평등, 정의』, 아포리아, 2014.

67) 사라 러딕 지음, 이혜정 옮김, 『모성적 사유: 전쟁과 평화의 정치학』, 철학과현실사, 2002.

68) 에바 페더 커테이 지음, 김희강·나상원 옮김, 『돌봄: 사랑의 노동—여성, 평등, 그리고 의존에 관한 에세이』, 박영사, 2016.

69) 김경희·강은애, 「한국의 여성노동 연구의 여성주의적 함의에 관한 연구: 「한국사회학」 과 「경제와 사회」 게재논문을 중심으로」, 『한국사회』 제15권 2호, 2014, 191~223쪽.

3부 계산대 앞에서 사라진 한 시간이 바꾼 것

1장 당신이 몰랐던 계산대 앞의 일—시간과 싸우는 숙련노동

70) 배규식·조성재·홍민기·김기민·전인·이영호·권현지·진숙경·이문범, 『장시간 노동과 근로시간 단축(I)—장시간 노동 실태와 과제—』, 한국노동연구원,

2011, 49쪽.

71) 김현아 지음, 『감정노동 그 이름의 함정』, 푸른사상, 2018.

72) Ron Sakolsky, ""Disciplinary Power," The Labor Process, and the Constitution of the Laboring Subject", *Rethinking Marxism* Vol. 5, No. 4, 1992, pp. 114~126(론 사콜스키, 이호창 옮김, 「규율적 권력, 노동과정, 노동주체의 구성」, 『문학과학』 제6권, 1994, 234~238쪽에서 재인용).

73) 앨리 러셀 혹실드 지음, 이가람 옮김, 『감정노동: 노동은 우리의 감정을 어떻게 상품으로 만드는가』, 이매진, 2009.

74) 같은 책.

75) 고미라, 「노동 개념 새로 보기: 감정 노동의 이해를 위한 시론」, 조순경 엮음, 『노동과 페미니즘』, 이화여대출판부, 2000, 13~41쪽.

76) 윤세준·김상표·김은민, 「노동과정/감정노동: 조직의 감정표현 규범에 관한 질적 연구」, 『산업노동연구』 제6권 1호, 2000, 215~254쪽.

2장 사라진 한 시간과 강화된 노동강도

77) 조돈문·신경아·김영미·황선웅·정흥준·남우근·노성철·박재철·홍춘기·박기옥, 『초단시간근로자 인권상황 실태조사』, 국가인권위원회, 2017.

78) 임용빈, 「초단시간 근로자 현황」, 『노동리뷰』 통권 제168호, 2019, 117~120쪽.

79) 루스 밀크맨, 앞의 책, 2001, 52~57쪽.

80) 김홍수, 〈"어딜 가나 셀프"... 유럽 '무인(無人) 판매' 확산〉, 《조선비즈》, 2009.11.18.

81) Salaire minimum interprofessionnel de croissance (Smic) Données annuelles de 1980 à 2021. https://www.insee.fr/fr/statistiques/1375188(검색일: 2021.8.31.)

82) 김용수, 〈영국 정부가 가장 성공한 정책은 '최저임금제'〉, 《오마이뉴스》, 2010.12.24.

83) 송지유·김태현, 〈[단독]이마트, 무인 계산대 '셀프 체크 아웃' 도입〉, 《머니투데이》, 2018.1.16.

84) 이에 대해서는 크레이그 램버트 지음, 이현주 옮김, 『그림자 노동의 역습: 대가 없이 당신에게 떠넘겨진 보이지 않는 일들』, 민음사, 2016을 참고하라.

3장 휴식도 건강도 계획할 수 없는 조각난 시간

85) Dan Clawson, Naomi Gerste, *Unequal time: Gender, class, and family in employment schedules*, New York: Russell Sage Foundation, 2014.

86) 같은 책.

87) 같은 책.

88) Colette Fagan, Clare Lyonette, Mark Smith and Abril Saldanã-Tejeda, *The influence of working time arrangements on work-life integration or 'balance': A review of the international evidence*, Geneva : ILO, 2012.

89) Dan Clawson, Naomi Gerste, 앞의 책, 2014.

90) Mark Tausig, Rudy Fenwick, "Unbinding Time: Alternate Work Schedules and Work-life Balance", *Journal of family and economic issues* 22(2), 2001, pp. 101~119.

나가며 아줌마와 '워라밸' 다시 보기—임금보다 '시간의 통제권'으로

91) 벤저민 클라인 허니컷 지음, 김승진 옮김, 『8시간 vs 6시간 : 켈로그의 6시간 노동제 1930~1985』, 이후, 2011.

시간을 빼앗긴 여자들
상상되지도, 계산되지도 않는 여성의 일과 시간에 대하여

1판 1쇄 발행 2021년 11월 12일
1판 2쇄 인쇄 2022년 9월 5일

지은이 이소진
책임편집 김지은 | 편집부 김지하 | 표지 디자인 나침반, 진다솜

펴낸이 임병삼 | 펴낸곳 갈라파고스
등록 2002년 10월 29일 제2003-000147호
주소 03938 서울시 마포구 월드컵로 196 대명비첸시티오피스텔 801호
전화 02-3142-3797 | 전송 02-3142-2408
전자우편 books.galapagos@gmail.com
ISBN 979-11-87038-79-5 (03300)

갈라파고스 자연과 인간, 인간과 인간의 공존을 희망하며, 함께 읽으면 좋은 책들을 만듭니다.